三|国|职|场|探|迹

魏天风雷

冯立鳌 著

中国书籍出版社

图书在版编目（CIP）数据

魏天风雷/冯立鳌著. --北京：中国书籍出版社，2023.1
（三国职场探迹）
ISBN 978-7-5068-9139-4

Ⅰ.①魏… Ⅱ.①冯… Ⅲ.①中国历史—研究—三国时代 Ⅳ.①K236.07

中国版本图书馆 CIP 数据核字（2022）第 155054 号

魏天风雷

冯立鳌 著

责任编辑	李 新
责任印制	孙马飞　马 芝
封面设计	中联华文
出版发行	中国书籍出版社
地　　址	北京市丰台区三路居路 97 号（邮编：100073）
电　　话	（010）52257143（总编室）　（010）52257140（发行部）
电子邮箱	eo@chinabp.com.cn
经　　销	全国新华书店
印　　刷	三河市华东印刷有限公司
开　　本	710 毫米×1000 毫米　1/16
字　　数	246 千字
印　　张	16.5
版　　次	2023 年 1 月第 1 版
印　　次	2023 年 1 月第 1 次印刷
书　　号	ISBN 978-7-5068-9139-4
定　　价	78.00 元

版权所有　翻印必究

前　言

2018年年底,我结束了近37年的在职工作正常退休,进入到人生另一新的阶段,面临着生活状态的自由选择。考虑到以前想做而没有来得及做的某些事情可以尝试完成,于是辞绝了教育机构的约聘,也退出了原有一些学会的职位,给自己准备了更为充足和大块的松散活动空间,想从事一些和自己几十年的职业职务活动没有直接关系的事情。经过半年时间的休整和思考,从2019年5月中旬起,我开始系统地阅读理解与三国历史有关的资料,主要有《三国志》全本,包括晋朝陈寿的原著与南朝裴松之的引注,还有《资治通鉴》以及《后汉书》《晋书》的相关部分。在阅读史书的同时,我围绕三国人物的职场活动作出应有的回味思考,书写出自己的看法与见解,同时表达个人相应的生活观、历史观乃至价值观,我自称这是对三国历史资料的系统"解读"。本人手头有一个与职场体会相关的公众号,每天写出二三千字的文稿,发到该公众号上,供几十亲友在小范围内选阅交流并作矫正。持续近两年半的时间,到2021年9月中旬,三国史料所能涉及的人物活动已全部搜阅回味完毕,结束了这一特定的解读。其后翻阅统计,共撰写了整七百篇文论,计176万多字,内容大体涉及叙述、议论与论理三个方面,即关于人物职场事迹的白话叙述、对人物职场行为方式的得失议论,以及针对相关社会问题的剖析说理。这些文字表达实际上相当于围绕三国史志全部人物职场事迹所做的"解读笔记",其中涉及的时段从东汉末年184年黄巾起义开始,到280年晋朝统一约一百年的历史。

三国人物在历史上乃至当世都产生过重要影响，对人物活动事迹的重述与评议总是灌注着不同的社会生活观与人生价值观，至今已衍生出了大量体现于文学、艺术、教育、游戏等多个领域、表现纷杂的三国文化现象，而三国人物的真实事迹及其形象反而湮没。事实上，对后世人们最有深刻教益作用的应该是发生过的历史，而不是演绎虚构出的东西。在世人特别看重三国文化教益的背景下，如能返璞归真，回归历史人物的本来面目作出体味反思，可能会成为三国文化和当代文化建设中更有意义的事情。出于这样的本心，我宁愿把自己对三国职场的解读拿出来，与有心的朋友和读者共享。现在呈现在读者面前的，就是对自己近三年解读文论的修订整理。整理后形成互相衔接的八本撰述：其中从汉末到三国的过渡《三国前奏》一本，《曹魏兴衰》四本，《蜀汉浮沉》一本，《孙吴起伏》两本，共合成一部成系列的"《三国志》解读笔记"，希望以此丰富当代历史文化的内容，并为三国文化增添新的枝叶。

　　叙述人物活动事迹占许多篇章中的重要分量，这里首先需要对资料的详尽占有。《三国志》全本既指陈寿"文辞简约"的原著，也包括裴松之"搜采广博"的引注，被称"本志简略，引注繁芜"。引注资料来源庞杂，文字远超原著，且有人物事迹相抵牾的情况；同时，史书中关于某一人物的事迹未必全部在关于该人的本传中，许多可能是在另一人物的本传及引注中出现，有些还在《晋书》相关的人物记述中。要弄清全部人物活动的事迹，需要资料的搜集辨析、穿插编排，以及必要的揣测推理。另一方面，人物事迹叙述还需要不可缺少的白话翻译。史书均为古文表达，其中有许多当代人不易理解的字词和文句，作者对许多人物的事迹也是初次涉猎，撰写叙述中参考过一些资料中对个别字词的译注解释，而对裴氏引注资料的翻译大体上都是从头做起，自认是在此做了些补阙的工作。

　　因为本书想要避免资料选用的片面性、随意性，追求对所涉人物事迹的全面把握，所以撰写中实际上需要对史志全部人物活动作出地毯式、不留死角的翻译叙述。当然，并非所有人物的事迹都有典型性，有些人物的活动可以说是记载不多且乏善可陈，但为保证人物出场的完整性，因而不能放弃对这些人物职场活动的叙述与评析，以尽力实现对三国职场活动作出全景式的扫描。本人在全部所涉人物事迹的叙述中力求扣紧原文，作出准确、精练的翻译，同时尽量少地舍弃个别极不合乎情理的资料，以保证内容的完整与协调。阅读本书，至少能够获得三国人物最原初的历史记录，了解到历史人物最接近真实的言论行为；能观瞻三国职场活动全面完整的场景，对当时职场活动的背景及各种因素的相互影响形成整体把握；由此也可对历史小说的剪裁虚构以及后来人们的各种演绎想象增强应有的识辨力。阅读该书的青年学生，不仅对三国人物活动可以形成初步印象，也会增进自身的古文翻译能力。

　　整个书系的绝大多篇章在叙述之后都有相应的评说议论，这种议论是结合人物活动的特定环境并观照其所引起的长远效果，针对指出其行为在职场的利害得失。在做这些议论时，会尽量探寻社会运动内含的底层逻辑，参照某种客观活动前后相继的内在因果，尽可能地指出相关人物思想理念的端正或偏失，也会关注其思维方式的特征及其正误。近代卢弼的《三国志集解》中辑录了不少前代学人对三国诸多人物事迹的评议，有时论及某一议题，会罗列多人发表的不同观点。本人参阅过这些观点，必要时把主要观点介绍出来，略加评议；有时仅介绍一种观点，当是作者基本认可的看法。从七百篇文论标题所涉及的对象看，全书粗略统计做出评说议论的共410多个人物，因为每个人物都有不同的人生路程和职场经历，也有不同的思想追求和行为方式，全书的评说议论因而是多角度、多侧面的，有时采取引而不发的态度，没有固定的格式，属随事而发，灵活展现，且与人物事迹的叙述相糅杂，总之是史论结合，以史带论，达到观史明理即可。"往者不可谏，来者犹可追。"本人探寻三国职场活动，实际是对一段社会历史演变过程的咀嚼和体认，不能保证全部认识深刻和到位，但却是尽量拓展观察社会的视角，激发人们看透现象世界的敏锐性。读者朋友一定能从中发现新的问题，再作反思，得出对自我人生和职场活动更多的经验教训，尤能助益养成优良的思想理念和上佳的思维方式。

　　全书在评说议论中试图逐步提升出关于社会人生不同层面的认识，而这种提升需要在人物活动与社会生活的相互观照前后联系中才得实现，也才能述说清楚。为建立这种联系，全书首先从结构形式上做了一些努力：

在七百篇章的小标题上，有两到三位数的序号，其中第一位数1、2、3，分别代表曹魏、蜀汉、孙吴三家人物，0则代表东汉末到三国的过渡人物；第二位数字是分类的，与前一数字用"."相分隔；第三位数字是同一类别中对不同人物或相异问题的更细划分，外带括号以示区别，如果内容较多，对其需作多篇论述，则各篇顺次按"上""下"或其他中文序号标注在小标题之后。如"1.5（18）曹叡的用人和处事（中）"，这一小标题即代表：针对曹魏集团中第五个解读人物曹叡，该题目下要叙述议论他的第18个论题，内容是关于他治国理政的中间一部分。全书对各家的类别划分并不严格，而标号却是严谨的；标题的序号数字越相靠近，文论间的联系就越紧密。全书有统有分，逐次开散，七百文论覆盖了本书所涉三国人物历史活动的全部场景，希望这些篇章间能产生聚散为一的整体系统。

同时还有与完善史料覆盖系统相配合的叙写方式。因为某一人物活动的事迹中总是有其他一到多位相关涉事人，因而书中的叙事往往是对涉事多人活动事迹的共同叙述。为此全书于某人解读篇章之外，在叙述其他涉事人活动的篇章中，对共同参与的活动事实，就只简单提及事情的根由，同时标明"参见"之处，尽量省略掉可能引起重复的表述。比如在曹魏部分关于《司马懿的为人（中）》，及《名士管宁的坚定心志》等篇章，行文中就有"（参见1.5.18《曹叡的用人和处事》中）"的夹注式提示。全书中的这种标注提示是极多的，为减少文中括号的重叠，第三位数字的外括号变成了前面的分隔号。这里是要尽量避免事情叙述和某些议论的重复，又要保持对涉事人解读的全面性。总之建立对一段历史过程全覆盖的解读系统，既要基本上无所遗漏，又要减少叙事的重复，也增加读者观瞻的联想感。

本书的解读立足人物，看重细节，并且力求把三国社会的微观细节与宏观历史运动过程无缝化衔接起来，这是该书系在表达形式上的一大特点。阅读本书的读者，如果能观照人物活动前后进展的线索，把握某些不同事件间的人物关系及其相互影响，对文中的各种评说议论就会有更深刻的体认，并能形成自己独立的思想与判断；读完全书，把握了三国社会运动的整体态势，不仅有助于对当时社会状况，包括各层职场的运作特征和不同人物的复杂心性产生更多的联想与认识，而且能对人生奋争、集团兴衰和整个社会运动形成应有的见解。

全书在各处评说议论的同时还有针对具体情景的剖析说理，这是在复杂事态和各种混沌理念中论证其中评说议论的合理性，希望把自己的认识观点明确地展现出来。一般说来，作者的思想观点及其对社会历史活动的认识，是倾注在或明或隐的各处评说议论中，寓含在资料排比和叙事之外的各类文字表达中。无论是关于人物活动的具体点评，关于个别领导人格特征的综合议论，还是某些政治集团沉浮兴衰的总体评说，全书都始终持有某些不变的理念，包括对历史及其人物的尊重态度，对英雄人物的尊崇心理，对为数不多女性人物的敬重之情；对公平、正义、善良、美好的崇尚，以及对丑恶的鞭笞；对历史主义、唯物主义、民族优秀传统思想、当代先进科学理念以及思维辩证法在学理上的推崇等。对本人难以把握的卜筮、相术等现象则尽量作出客观介绍，并表达出对史志记载的基本看法。而全书所持有的历史进步观、主体有为观，以及对职场活动中某些共通性、规律性的认识、某些方式方法的主张，都有多种灵活多样的表达，希望能对读者提供观察社会生活的有益方法与思考。总之，讲故事、发议论、明事理，是整个书系的三重内涵。

关注本人公众号的许多友人和读者数年间对上述文论曾表达了不少鼓励，多年从事文化工作和图书经营的诸位朋友也都高度赞赏和充分肯定了该书系的社会价值，并做出了如何奉献给更多读者的设想与策划。吸收他们的有益建议，也出于不负时代的衷心，本人自完成书系撰写的半年多来，对全部叙述做了检查、梳理与某些意境的提升，整理形成了既相互独立，又紧密关联着的"解读笔记"系列——《三国职场探迹》，并以《三国前奏》《曹家龙兴》《魏天风雷》《虎啸中原》《北国毓秀》《蜀汉浮沉》《江东激荡》《孙吴落花》八本图书呈现给广大读者，书名仅表征该书的论及对象与人物层级，具体内容尽在各篇章的微观解读中。希望这一书系对三国文化、职场文化、历史文化的认识发掘都能发挥独特作用。

1988年本人在西安读研的暑假期间撰写过分析《三国演义》中领导活动的单本论著《谋略与制胜》，为本人系统探索历史文化题目的初步尝试，到2006年的十多年间有多家出版社改变书名出版过四次，发行数量不小，中国书籍出版社现今以《争胜谋略》为名，将其与《三国职场探迹》同时出版发行。《争胜谋略》属于多年后的再版，这次恢复保持了初始内容。该书的分析对象限于历史小说，而八本新著《三国职场探迹》则完全摒弃了文学小说的描写，纯粹以历史资料为据，两书各自属于不同的论述系统，希望有心的读者能够在比较中发现两者的区别，从中体味出对真实历史过程分析认识的意趣和深邃。

作者

2022年5月8日

于广州燕塘轩

目 录
CONTENTS

前 言 ·· 1

1.6 魏王的其他后裔 ·· 1

 1.6（1）特能作战的黄须儿 ·································· 1

 1.6（2）文学天才的失落（上）·························· 4

 1.6（2）文学天才的失落（中）·························· 6

 1.6（2）文学天才的失落（下）·························· 9

 1.6（2）文学天才的失落（末）······················· 13

 1.6（3）曹植的遗憾 ·· 16

 1.6（4）德行嘉美的曹衮 ·································· 19

 1.6（5）被特别关照的诸侯王 ·························· 22

 1.6（6）"反叛"朝廷的白马王 ·························· 26

 1.6（7）掌政四天的曹宇 ·································· 29

 1.6（8）几位接近皇位的王子 ·························· 32

 1.6（9）生性顽冥的王子 ·································· 35

 1.6（10）那些凡常的儿子们 ···························· 38

 1.6（11）一份政治改革的意见书 ···················· 42

1.7 被废黜的帝王曹芳 ... 46

    1.7（1）十年政局的走向 ... 46

    1.7（2）高平陵之变（上）... 49

    1.7（2）高平陵之变（中）... 53

    1.7（2）高平陵之变（下）... 56

    1.7（3）司马懿的最后一搏 ... 59

    1.7（4）再起的对外战争（上）... 62

    1.7（4）再起的对外战争（下）... 65

    1.7（5）事变后的曹芳 ... 68

    1.7（6）君臣结怨 ... 71

    1.7（7）曹芳出局（上）... 74

    1.7（7）曹芳出局（下）... 78

1.8 志图恢复的曹髦 ... 81

    1.8（1）只身进京 ... 81

    1.8（2）淮南的两次平叛 ... 84

    1.8（3）与敌国的较量 ... 88

    1.8（4）皇帝能做的事情 ... 91

    1.8（5）曹髦的经学探讨（上）... 94

    1.8（5）曹髦的经学探讨（中）... 98

    1.8（5）曹髦的经学探讨（下）... 101

    1.8（6）曹髦的自述与处境 ... 105

    1.8（7）曹髦的拼争（上）... 107

    1.8（7）曹髦的拼争（中）... 110

    1.8（7）曹髦的拼争（下）... 114

1.9 禅让魏政的曹奂 118
1.9（1）帷幕背后的帝王 118
1.9（2）忙活起来的曹奂 121
1.9（3）连发的诏书 124
1.9（4）禅让帝位 127

1.10 魏王的族亲之臣 131
1.10（1）忠勇亲贵的夏侯惇（上）......131
1.10（1）忠勇亲贵的夏侯惇（下）......134
1.10（2）殉身疆场的夏侯渊（上）......137
1.10（2）殉身疆场的夏侯渊（下）......140
1.10（3）智勇辅魏的曹仁（上）......143
1.10（3）智勇辅魏的曹仁（下）......146
1.10（4）统领虎豹骑的曹纯 149
1.10（5）忠诚而受屈的曹洪 151
1.10（6）曹家"千里驹" 154
1.10（7）养子曹真 157
1.10（8）曹爽如何失政（上）......160
1.10（8）曹爽如何失政（下）......163
1.10（9）曹爽的同罪人何晏 166
1.10（10）夏侯尚的遗憾 169
1.10（11）清流名士夏侯玄 171
1.10（12）曹魏的忠贞之臣 175

1.11 功业彪炳的智谋之士 179
1.11（1）算无遗策的汉末谋臣（上）......179

1.11（1）算无遗策的汉末名臣（中） …………………… 182

1.11（1）算无遗策的汉末名臣（下） …………………… 186

1.11（2）荀攸的战术谋划 ………………………………… 189

1.11（3）以谋略成就人生（上） ………………………… 192

1.11（3）以谋略成就人生（下） ………………………… 195

1.11（4）颍川奇才郭嘉（上） …………………………… 198

1.11（4）颍川奇才郭嘉（下） …………………………… 202

1.11（5）胆识过人的程昱（上） ………………………… 205

1.11（5）胆识过人的程昱（下） ………………………… 208

1.11（6）深察远谋的董昭（上） ………………………… 211

1.11（6）深察远谋的董昭（下） ………………………… 214

1.11（7）总被弃置的神策妙算（上） …………………… 218

1.11（7）总被弃置的神策妙算（下） …………………… 221

1.11（8）蒋济的风光与惭恨（上） ……………………… 224

1.11（8）蒋济的风光与惭恨（下） ……………………… 227

1.11（9）司马懿的为人（上） …………………………… 230

1.11（9）司马懿的为人（中） …………………………… 234

1.11（9）司马懿的为人（下） …………………………… 237

1.11（10）司马朗的才与情 ………………………………… 240

1.11（11）司马氏与曹家的交往 …………………………… 243

参考文献 ……………………………………………………… 247

后　记 ………………………………………………………… 249

1.6 魏王的其他后裔

曹操的儿子曹丕嗣位后受禅为帝，而魏王曹操尚有二十多位未做皇帝的儿子，可以称为王子，他们都是曹魏首任皇帝的同父兄弟，属于最为亲近的皇族人物，在国家政治中占有较高的地位和相应的话语权，有些人物在后期的国家政治生活中也发挥了重要作用。考察这群人物及其子孙的人生，能够对曹魏政治有更深的了解。

1.6（1）特能作战的黄须儿

三国时代的曹操文韬武略，创造了非凡的政治业绩，同时也依靠手中权势所提供的物质基础，建就了一个以自我为中心的妻妾不少子女众多颇具规模的家庭，史书上有记载的25个儿子除早逝的几个之外，后来都被封王（参见1.3.11《魏王也是个大家长》），由此成就了较庞大的个人家族。其中卞夫人所生的黄须儿曹彰，是一位特别能作战的优秀将领。《三国志·任城陈萧王传》及其引注记述了曹彰在短暂的生命历程中做出的突出功绩，展现了一位"官二代"努力拼争的人物形象。

曹彰，字子文，从小就善于射箭、驾车，臂力过人，徒手能与猛兽格斗，不避险难。多次跟随曹操征伐，志向慷慨高昂。曹操曾经批评他说："你不想着读书追求圣贤之道，却喜好骑马击剑，这只是对付一个人用的，不值得看重！"要求他学习《诗经》《尚书》。曹彰对身边人说："大丈夫一旦像卫青、霍去病那样，率领十万骑兵驰骋于沙漠，驱逐戎狄，立功建号就行，何必读那么多书呢！"曹操有一次问几个儿子的爱好，让他们各自说出自己的志向。曹彰说："愿成为将军。"曹操说："做将军干什么呢？"曹彰回答说："披坚甲，握利器，临危难不顾自己，身先士卒，有功必赏，有罪必罚。"曹操大笑。216年曹操被封魏王后，曹彰被封为鄢陵侯。

218年，代郡（治今山西阳高西南）的乌丸族人谋反，曹操任命曹彰担任北中郎将，行使骁骑将军的职责。临出发前，曹操告诫曹彰说："在家里我们是父子，接受了命令就是君臣，一切行动都要按王法行事，你要深加警戒！"曹彰北征进入涿郡境内，叛变的乌丸族几千骑兵攻到，当时曹彰的兵马尚未集结，只有步兵一千人，战马几百匹。军事参谋田豫根据所处的特殊地形提出用战车圆环列陈，让士兵在战车缝隙间作为疑兵，然后安排弓箭手在战车之后猛烈射击。曹彰采纳了这一战术方案，曹军坚守了阵地，敌人最终溃败逃散。曹彰追击，亲自与敌人搏战，箭射敌骑，应声而倒的前后连成一串。打了半天，曹彰的铠甲中了几箭，他气势更加雄壮，乘胜追击，直到桑干河（今河北阳原县境），距离代郡有二百多里。

军中长史和众将都认为部队远道而来，人马疲劳，又有命令不许越过代郡，不得轻敌深入敌境。曹彰说："率军出征，只是为了取胜，为什么要受限制呢？敌人还没跑远，追上去就能击溃他们。服从了命令却放跑敌人，决不是好将军。"于是跨上马，向部队发令："落后者斩！"一天一夜将其追上，连续攻击敌人大获全胜，斩杀并俘虏了几千人。战斗结束后曹彰超过常例几倍地犒赏将士，全军都非常高兴。鲜卑族的首领轲比能率领几万人马观望双方强弱，看到曹彰奋力冲杀，所向披靡，便请求臣服，于是北方得到了平定。

当时曹操在长安，应是前往汉中的途中，他召曹彰前来行营。曹彰从代郡经过邺县，太子曹丕对曹彰说："你刚立了功，现在去西边面见主公，注意不要骄傲自夸，回答问题要表现得谦虚。"曹彰到了长安，按照曹丕所说的，把功劳都归于众将。曹操很高兴，捋着曹彰的胡子说："黄须儿竟然很不简单！"曹操领军到了汉中与刘备的军队相对峙，驻军于山上的

<<< 1.6 魏王的其他后裔

刘备派自己义子刘封下山挑战，曹操大骂说："卖鞋的小子，只会叫你的假儿子抵挡太公！等我家黄须儿到了再来收拾你。"黄须儿是指长着黄胡子的儿子曹彰，曹彰受命连夜赶路前来，但出发不久曹操就已撤军（参见2.5.3《刘封在上庸的纠纷》上）。曹操看见刘备的养子刘封前来挑战时，想到了自己勇猛能战的儿子曹彰，由此生出了对于敌手刘备的优越感，一心想拿出来在两军阵前演示，只是没有等到展现的机会。

曹操自汉中东还京都后，任命曹彰行使越骑将军职权，留在长安。曹操到洛阳后于220年初生了病，通过驿站传召曹彰，曹彰没有赶到，曹操已经过世。曹丕继承了王位，要求各位诸侯王返回自己的封国，曹彰因为平定朔方建有军功，给他增加食邑五千户，连同以前的共一万户。另有资料说，曹彰赶到许都后，他对临菑侯曹植说："先王召我来，是准备立你继位的。"曹植回答说："不可以这样，没有看见袁氏兄弟吗！"魏文帝曹丕继位后安葬了父王，让曹彰到自己的封国去，曹彰觉得自己在先王任内立有大功，希望自己能在朝廷得到任用，听说要自己和其他诸侯王一样回到封国，心里很不高兴，因此没有等待发派就离开了。后来因鄢陵土地贫瘠，朝廷同意他在中牟建立治所。220年十月曹丕受禅做了皇帝，曹彰被封为中牟王。当时北方诸侯及官员都畏惧曹彰的刚严，每次路过中牟，都是快速通过。

221年曹彰晋封公爵，次年封为任城王。223年，曹彰进京相见，生病死于官邸，时年35岁，谥号为威，葬于鄢陵。下葬之时，朝廷仿照汉朝东平王（指刘秀儿子刘苍）的旧例，赐他銮辂龙旗、虎贲勇士一百人。曹彰的儿子曹楷承袭了爵位，转封在中牟县。224年，又改封到任城县。232年改封任城国，食邑五个县二千五百户。魏明帝曹叡在位的235年，曹楷犯了私派官属到中尚方衙门制作禁物之罪，削去食邑二千户。246年改封济南，食邑三千户。254年和260年，朝廷两次给他增加食邑，共四千四百户。这种曲折变化现象的背后反映的是曹魏政权内部相关政治关系的调整，无论这种变化多么频繁，背后存在的关系多么复杂，曹彰个人所获得的政治待遇保持到了265年魏国终亡之时，这在曹操的诸多儿子中是少有的。

曹彰生性喜欢武艺，一生从事了他喜爱的工作，并在自己的岗位上功绩卓著，为曹家的事业建立了其他兄弟难以企及的功勋，让父亲曹操曾经引以为自豪。这是一位以军事活动为个人喜好而几乎无心参与政治纷争的诸侯王，陈寿评价他"武艺壮猛，有将领的气质"。他本来可以成为捍卫和守护曹魏政权的坚强柱石，只可惜天不假年，留下了莫大的遗憾。

1.6（2）文学天才的失落（上）

曹操的卞夫人大约在179年20岁时来到曹操身边，先后生了曹丕、曹彰、曹植、曹熊四个儿子。三儿子曹植是三国时代最有文才的人物，也不乏对政治活动的兴趣。曹植一生创造了建安时代的文学高峰，但在政治领域却接连受挫，遭到了极大创伤，《三国志·曹植传》及其引注等史料记述了曹植一生的大致活动，能够从中看到魏王的这位天才儿子在政治领域中遭受到的人生磨难。

曹植，字子建，大约出生在192年。当时曹操刚结束了与关东诸侯共同讨伐董卓的活动，他担任兖州牧不久，为报复父死之仇而两次讨伐徐州陶谦，又与乘虚袭夺了兖州的吕布争夺失地，处在军事上非常困难的时期，曹植的少年是在极不稳定的争战环境中度过的。史书上说，曹植十多岁就能诵读《诗经》《论语》以及数十万字辞赋，并且还擅长写作。曹操曾看过他的文章，大概觉得超常出色吧，就问他说："你是请人代笔的吧？"曹植跪下答道："开口能析明事理，下笔能写成文章，可以当面测试，为什么要请人代笔呢？"当时正好邺城铜雀台（原址在今河北临漳西）落成，曹操把儿子们都带上台，让他们各自作一篇赋。曹植落笔而成，写得非常优美，曹操看了心里很是惊异。应该说，曹植一生的文学成就历史上无人能够否认，他这方面的出众才华在十多岁就崭露头角，得到了文学成就同样不凡的父亲曹操的肯定，而曹操在此并没有刻意培养他，似乎也根本没有闲暇对他作出细致指导，这些特出的才能完全出于他的天赋，称他是三国时代的文学天才实不为过。

<<< 1.6 魏王的其他后裔

曹植天性随和平易，生活中不追求威仪，他使用的车马和服饰，都不崇尚华丽，每次拜见曹操，曹操用不易回答的问题询问诘难，他都能应声对答，因此得到了父亲的特别宠爱。211年，曹操出征马超前封曹植为平原侯，做了魏公后于214年重新封他为临菑侯。曹操带兵征讨孙权时，安排曹植留守邺城，告诫他说："我先前作顿丘（今河南濮阳一带）县令时，年龄二十三岁，回想当时的作为，至今没有后悔的。现今你也二十三岁，能够做好事情了！"曹操把曹植与自己的年轻时代做对比，希望在实际军政活动中使曹植得到锻炼，当然包含着有心栽培的用意。

曹植既凭借自己出众的才华被另眼看待，同时丁仪、丁廙、杨修等人也尽力辅助他，曹操在选定继承人问题上犹豫不决，几次想把他立为太子，但曹植做事任性而为，言语不谨慎检点，饮酒没有节制。他的兄长曹丕却暗中用权术对付他，善于隐藏真实情感并做出逢迎，曹操宫中的人和身边的臣属都替曹丕说话，所以217年时曹丕被立为太子，同时给曹植增加封邑五千户，与前面的封邑共计一万户。这一增封大概是要尽量平衡一下两位兄弟的关系吧，应该属于对失落者的补偿。曹植有一次曾乘车在专供皇帝行车的御道上行驶，径直从司马门出宫。在传统社会，御道是专供皇帝车马行驶的，作为皇宫外门的司马门也只有皇帝可以出入，其他大臣不得擅自动用。曹操知道曹植做了如此犯禁的事情后非常恼怒，管理宫门的公车司马令被处死，朝廷还为此加强了对诸侯的法规禁令，而曹植自此日渐失宠。

219年，镇守樊城的曹仁被关羽领军所包围，曹操任曹植为南中郎将，这是相当二千石的四品官员，职位应算不低，并让他兼任征虏将军，派他领兵前往增援曹仁，行动前曹操对他做了约束劝诫，但出发前曹植喝醉了酒以致无法受命，曹操非常悔恨地罢免了他。另有东晋人撰写的《魏氏春秋》记述，曹植在出发前，太子曹丕请他喝酒，强求他喝的很多，以至醉不能起，等到魏王传呼时曹植无法前来接受王命，引起魏王大怒。按照这一补充资料，曹植的醉酒误事完全出于竞争对手曹丕的有意陷害，真正的原因在曹丕一方；然而，无论曹丕怀有怎样的险恶用心，采用如何阴险的

5

方式做引诱，是否喝酒的决定权总是在曹植自己一方，带兵出征的军国大事来不得半点马虎，无论曹植是否由于别人的引诱，他出征前醉酒误事，表明了他内心对军国大事的轻视，这却是无法被人谅解的。父亲曹操这时已到了晚年，应该至此彻底放弃了对他在政治活动中存有的各种希望。

　　史书上说，曹操担心自己死后几个儿子间会出现祸乱，又觉得辅助曹植的杨修很有智谋才华，并因为他是袁绍、袁术的外甥，于是就捏造罪名杀了杨修，致使曹植内心很不踏实。事实上，杨修是在219年随曹操出征汉中时把曹操的"鸡肋"口令解释为回师撤军的决定，并在军中随意散布，被曹操以扰乱军心罪杀掉的，真正的原因当然与曹植有关，应该是曹操出于保护儿子曹植的良苦用心而杀掉了他的党羽（参见1.3.15《为什么不宽恕杨修》）。传统社会的权力专制决定了得到权力的一方必然是赢家通吃，曹操在确立曹丕做太子后，应该是担心自己死后几个儿子间会发生相互残杀的事情而使曹植性命不保。曹操虽然在政治领域没有看好和选中曹植继位，但也不希望曹植在自己创就的江山中无法生存，为了确保曹植的生命，就要首先促使曹植对曹丕权力的忠诚和顺从，杨修以前常常教给曹植一些不安分的权力争夺，杀掉了杨修，至少可以保证曹植在权力面前更加安分些，这才是保证曹植生命安全的较好方式。

　　具有文学天赋的曹植对政治活动兼有兴趣，父王曹操也从政治活动的方面对他寄有希望，并给予了栽培，而遗憾的是，文学才士的天赋特性决定了他在政治活动领域常常出现不小的错失，加之他在这一方面思想单纯，难免误入陷坑，最终却是未酬心愿，自感失落。

1.6（2）文学天才的失落（中）

　　文学天才曹植因为聪明出众，在十多岁时就深得父亲曹操的看重，有心把他培养成继位人，而出生于将相之家的曹植本人似乎也没有打算一辈子专门从事文学活动，一直不乏参与政治活动的欲求。单纯参与政治活动是没有什么问题的，但要做曹操事业的继承人，则与大兄长曹丕产生了难以调和的矛盾。兄弟两人在曹操的眼皮下进行了十多年的明争暗斗，因为曹植本人任性放纵的行事特征，造成了他自己在权位竞争上的种种失误，曹植失宠败出，魏王曹操217年将曹丕立为太子。

曹植自15岁时就随父亲出征，这些活动在他的文学作品中也有间接的反映，如他206年八月至207年初曾随父东征海贼管承到达淳于（今山东安丘东北），207年随父北征柳城（今辽宁朝阳），后来在《求自试表》《白马篇》中提到"东临沧海""北出玄塞"等，都包含对出征活动的反映。208年七月，曹植随父南征刘表到达新野，后又随自家军队与孙刘联军战于赤壁。209年他随父征战首次回到家乡亳县。这些活动丰富了他的人生经历，为他的文学活动增添了不少色彩。

曹植争做父王继承人的活动受到了杨修、丁仪、丁廙几位朋友的推动和支持。在《三国志·曹植传》引注的多种资料中有记述说，丁廙少年时就有才学，在朝廷担任黄门侍郎，他曾对曹操说："临菑侯天性仁孝，发于自然本性，其聪明智识几乎无人可及，博学多识，文章绝伦，当今天下的贤才君子，无论老幼都愿意跟随他而效死，实在是上天赐给大魏的无穷之福。"曹操回答说："我很爱曹植，但他怎么能像你说的那样！"曹操表达了些客气的自谦之辞，但也表示了有心立曹植为继承人的心意。丁仪是丁廙的兄弟，曹操曾听说丁仪才学美盛，没有见到其人，心里就非常愉悦，丁氏兄弟的父亲丁冲是早年首先支持曹操迎请汉献帝的朝臣，曹操一直非常感念丁冲，决定把自己的爱女清河公主嫁给丁仪，但儿子曹丕却借口丁仪的一只眼睛有毛病，向曹操劝阻了这件事情（参见1.3.12《既爱美色，也爱才俊》），其真实的原因应该是不愿意让支持曹植的丁氏兄弟在父王心中取得更高地位，曹氏兄弟的继位之争已经在朝臣的推动下在曹操面前公开上演。

杨修是汉太尉杨彪的儿子，25岁时就以名家公子并富有才能而为曹操所看重，他与丁仪兄弟都想协助曹植做曹操的继承人，曹丕非常担忧，于是用车拉着大竹筐，筐内装着朝歌（治今河南淇县）县长吴质，要与他商议事情。杨修把这事报告给了曹操，但曹操没有来得及审查。曹丕知道后很恐惧，就告诉了吴质，吴质说："这有什么担忧的？明天再把竹筐装在绢车里迷惑，杨修必然再次报告，报告后必会审查，审查后得不到验证，那当然就有罪了。"曹丕照此办理，杨修果然又去向曹操报告，曹操派人审查后车内无人，曹操于是怀疑杨修是诬陷曹丕。杨修与贾逵、王凌同时为主簿，都是曹植的朋友，每次曹操召见曹植问事，杨修等人恐怕曹植回答问题有所缺失，就揣度曹操的心意，给曹植预先准备下应对问题的十多条答案，告诉门下人，让按次序拿出回答。曹操的问题刚一出来，回答就传进去了，曹操对回答这么快捷感到奇怪，于是询问追查，方才知道了事情的缘由。又有一次，曹操派曹丕和曹植出邺城一门去办事，私下告诉守门人不得放人出去，想以此观测两位儿子的作为。曹丕到了城门前，因为出不去只好返回；杨修事先告诉曹植："如果守门人不让你出城，你接受的是王命，可以将守门人斩掉。"曹植就按杨修的办法办理。杨修给曹植出的这些主意，表现了他对曹植的坚定支持，但终归属于一些非正常的方式，是对曹操客观公正地考察继承人活动所做的干扰和影响。杨修的这些事情做得多了，曹操自然有所觉察，这些活动表现了杨修对曹操的不真诚，也体现了杨修在权力面前的不安分态度。为了维护身后的政局安定并保护曹植的生命安全，曹操在219年借机会杀掉了杨修。

曹植因为自身不守宫中禁忌和醉酒误事等原因，最终失宠于父王，导致在竞争继承人的事情上失败。220年曹丕在曹操身后继位为魏王，他上台后欲治丁仪之罪，将其转任为右刺奸掾，这是丞相府中督捕奸猾的官职，后来又逼迫丁仪自裁，据说丁仪曾向中领军夏侯尚叩头求情，夏侯尚为丁仪的事情流泪但无法相救，最终丁仪因为职务上的事情被收捕处死。史书没有写明涉及的具体事情及其过程，而明确记述说曹丕后来将丁家的男人都全部斩杀。

曹丕220年初刚上台，即令几位兄弟诸侯回到自己封地，曹植应是回到了今山东临淄。同年十月曹丕称帝，《三国志·苏则传》中记述，曹植、苏则听说曹丕废汉自立，都穿上丧服为汉朝悲哀哭泣。曹丕听说曹植如此行事，对人说："我顺应天命当了皇帝，却听说有人哭，这是为什么呢？"从此对曹植严加防范，他在各封国专门安排了监国谒者从事监视活动。

221年，监国谒者灌均上奏说："曹植醉酒后违逆不敬，胁迫使者。"有关部门要求对曹植治罪，曹丕因为卞太后的原因，将其贬为安乡侯，当年又改封为鄄城侯，受邑二千五百户。

223年，曹植被徙封为雍丘王，他当年进京都入朝。《世说新语·文学》中记述，曹丕让他走七步即作出诗，作不出来就处以死刑，这里没有交代事情的背景和对诗作内容的要求，曹植很快作出来的诗是："煮豆持作羹，漉菽以为汁。萁在釜下燃，豆在釜中泣。本自同根生，相煎何太急！"这里的"持作羹"，指用来做羹汤；"漉菽"指对豆类作过滤。豆萁和豆粒是一个根上生出的两种相近物，曹植的诗是借用做羹过程中豆萁煮豆粒之事，比喻同胞兄弟相逼迫的残酷现实，曹丕听罢深有惭色。历史小说对诗作作了精炼化改动，并加上了命题人提出诗作论题的要求及其缘由，对读者的印象更为深刻些。还有其他一些难被证实的事情，表明曹植在此已受到曹丕的蓄意迫害。

本传引注《魏氏春秋》记述，当时曹丕对待各诸侯国法律严格，任城王曹彰病亡，各诸侯王心中痛楚，曹植与白马王曹彪返回封国，准备同路东归，想顺便叙谈分离的思念之情，但监国使者不允许。作为曹魏皇族的诸侯王，与兄弟同行也受到禁止，曹植是愤而返回封国的，其内心的郁闷和失落可想而知。

1.6（2）文学天才的失落（下）

曹丕继承了魏王之位并篡汉立国后，开创了魏国事业的新局面，同时对内部曾长期威胁自己执掌政权的曹植及其党羽进行打击迫害，只是由于曹植本人的不断忏悔，以及母亲卞太后的保护，他才得以勉强维持生命。然而，遭受了不幸命运的曹植对在政治领域建功立业仍然怀有极大的热忱，他对兄长和侄儿两任皇帝再三上书，表达他对国家事业的忠诚和希望领军队上战场杀敌的雄心壮志。

从史料中能看到的曹植罪错即是，他醉酒后违逆不敬，胁迫使者；在曹丕废汉立魏时穿上丧服为汉朝悲哀哭泣。《三国志·魏书·后妃传》引注《魏书》中记述,曹植犯了法,被有关部门上奏,魏文帝曹丕让卞太后的侄子奉车都尉卞兰带着朝廷公卿的议论去见太后,太后说:"没想到这儿子如此做事,你回去告诉皇帝,不要因为我的缘故坏了国家大法。"不久太后见到曹丕,并不说起这件事情。当面不表态大概也是显示一种态度吧。曹植本传引注《魏略》记述说,曹植当年进洛阳时过了某关口,他觉得自己有过错,应该当面向曹丕道歉,于是留下其他行人暂停原地,单独带着两位亲信便服入京,首先进城去见了清河长公主,想通过她向兄长道歉,守关人员已把曹植到达关口的事报告了曹丕,曹丕派人去迎接,但没有找到本人,太后以为曹植已经自杀,对着曹丕哭泣不止。不久曹植背着腰斩的刑具,赤脚来到宫门,这是一种自知有罪而请求惩罚的表示,曹丕和太后见了都转忧为喜。而在正式相见时,曹丕脸色严肃庄重,不与曹植说话,也不命他穿鞋戴帽,曹植趴在地上哭泣,太后很不高兴,曹丕于是让曹植穿上诸侯王的服饰。后来有史家认为曹植去宫门伏锧请罪的记载,雷同于《史记·梁孝王世家》所记梁孝王刘武犯罪后朝见兄长汉景帝刘启的事情。卞太后对曹植的保护史书上并没有明确记载,但从两件互不相关的事情上,大致可以看到曹丕在惩处兄弟曹植时对母亲卞太后的顾忌,相信这也合于正常的情感关系。

  应该说,在曹丕心目中,曹植的罪错主要在于当年不顾长幼关系而对魏王继承人的争夺,其他罪错则是曹丕对他进行迫害的借口。在曹丕继承王位并做了皇帝后,曹植已经明白了双方地位的变化。《三国志·曹植传》中记述,曹植223年赴洛阳入朝时就向曹丕上疏,一是对自己进行了深刻反省。这里并未提到犯罪内容,他只说自己回到封国后,深刻反省了自己的罪错,感到寝食难安,痛彻肺腑。二是颂扬了皇帝的恩德。他表示说,当今的皇帝"德像天地,恩隆父母",施给人们春风和时雨,使自己这样的愚顽之人也能感受到慈父般的恩泽而不致自弃。曹植还献出两首诗篇,其中有:"笃生我皇,奕世再聪,武则肃烈,文则时雍,受禅炎汉,临君万邦。"他不厌其烦地表示说皇帝让自己获得了再生,对自己有天地父母般的恩情,其夸张性的表述达到了读者近乎难以接受的程度。三是他在诗篇中明确表达了上疆场为国立功的心愿："愿蒙矢石，建旗东岳，庶立豪氂，微功自赎。危躯授命，知足免戾，甘赴江、湘，奋戈吴、越。"魏帝曹丕看到这篇上疏后，肯定了他的心情，并有文字回复勉励他，其回复的具体内容不详。

尽管如此，曹植次年从京城返回封地时要求与另一兄弟白马王曹彪一路同行，仍然不被监国使者所允许，朝廷严苛的管制方式并未放松。曹植忧愤作诗，其中说："苍蝇间白黑，谗巧反亲疏。""感物伤我怀，抚心长叹息。叹息亦何为，天命与我违。奈何念同生，一往形不归！"曹植借诗作抒发他"回顾恋城阙，引领情内伤"的悲愤。两年之后的225年，曹丕东征吴国到达广陵（今扬州），返回时路过雍丘（治今河南杞县），来到曹植的王宫，为他增五百户封邑，曹丕此行大概是有意显示兄弟关系的缓和吧。

曹丕在226年五月病逝后，其子曹叡继位魏国皇帝，他227年把叔叔曹植徙封浚仪（今河南开封），次年，又复还雍丘。曹植经常心有怨愤，觉得自己有才能而无所施展，于是向魏明帝曹叡上疏，后世称为《求自试表》，其中表达了许多复杂的心绪：①表达了为国家建功立业的愿望。他从明君"论德而授官"的前提出发，表明自己身受魏国三世（指曹操、曹丕、曹叡）之恩，现在享有上等爵位和俸禄，过着可以奢华的生活，但绝不想尸位素餐，他说自己现在"无德可述，无功可纪"，如果这样无益于国家而终老，将会被人所嘲笑，自己也会感到惭愧。②明确提出自己要上战场抗击蜀吴。他说现在国家"西有违命之蜀，东有不臣之吴"，九州尚未一统，自己想到这些时常常食不知味，故此愿意为国效命。如果能给自己一队人马，隶属在西线大将军（指曹真）或东线大司马（指司马懿）麾下，自己即便不能擒获孙权或斩掉诸葛亮，也一定能够俘虏他们的大将，会很快取得胜利，消除自己终身之愧，使名载史册，这样即便死在战场，也虽死犹生。③曹植表达了自己的决心和志向。他说，如果我的这点小才能不能试用，世上无人知晓，只是白养着我的躯体，我活着对国家没有益处，死了也没有什么损害，名列上位，拿着厚禄，像鸟兽一样生活，直到白首而死，这就成了圈养的动物，不是我的志向。听说目前东线有些失利，我吃不下饭，时常抚剑东往，心思早已驰骋到吴国了。④曹植表示了对自己军事才能的自信。他说："我早先跟随武皇帝（指父王曹操）南极赤岸（今江苏六合东南二十公里处的江北之山），东临沧海（指大海），西望玉门（今甘肃敦煌西北小方盘城），北出玄塞（今河北宽城与迁西之间约五十公里被称卢龙之塞的一段东西向长城），私下观察他行军用兵的方式，真可称得上神妙。用兵没法提前预料，只能面临危难而应变。"曹植在这里表明了自己所以具有军事才能的原因，其根据应该是可靠的，以他的聪明灵透，大概对曹操当年的用兵原则有深切领悟，并且会有更好的发挥。曹操在219年委派他领军以救援樊城的曹仁，后因醉酒误事而被罢职取消，相信曹操当时选择曹植去对抗关羽也不会毫无考虑。⑤曹植提议让朝廷考察自己。他说："我听说明主用人不抛弃有罪之臣。先帝（指曹丕）和威王（指曹彰）这么早就去世了，我算什么人，不能够活得更长久，经常恐怕自己身死沟壑，坟上的土未干，而身名并灭。听说骐骥长鸣，伯乐就能发现其能力，让它在前往齐、楚的千里路上跑跑看；卢狗悲号，韩国就知道其才能，让它追赶狡兔以验证它搏噬的敏捷。我立志成就狗马那样的微小之功，不知能否得到伯乐、韩国的荐举，所以心中有些暗自发痛。"⑥曹植表白了他违反常规自我举荐的原由。他说："我们魏国人才很多，也不乏慷慨死难之臣。我现在自我荐举，就像女子自己做媒人出嫁一样不光彩。干涉事务自求进取，是道家明确忌讳的事，而我敢于向陛下公开表明，实在是我与国家表形分而气息同，应该忧患与共。我希望以尘土露水的微小来补益山海，用萤火蜡烛的弱光来增辉日月，所以宁愿露丑而献出一片忠诚。"

曹植写给侄儿曹叡这篇很长的上疏当时并没有得到对方的回应，他多年遭受到政治上的迫害和打击，但这并未动摇他为国效忠的赤诚之心，也许他正是想通过斩敌立功的行动证实自己对曹魏的忠诚。从几次上疏中能够看到，曹植想要在战场上为国效力的态度非常坚决，心情极其迫切，用心也异常透明，相信这位文学天才内在素质上也不乏用兵布阵的天才，他希望借助军事活动的功绩名留史册,但似乎没有意识到文学成果同样具有的不凡意义和价值,在不被政治对手所允准的领域内自我作践地一再祈求,增添了后半生无名的苦闷与失落。

1.6（2）文学天才的失落（末）

魏明帝曹叡226年继位执政后,继续沿用对亲族内部疑忌势力的打压方式,对34岁的叔父曹植仍然实行政治防范,身为诸侯王的曹植希望为国家在战场上建功立业,他两年后向曹叡上疏了《求自试表》,表达了为国效力的热忱和决心,自认是"冒其丑而献其忠"。他说:"爵禄不应该是虚设的,有功德的人能得到,那是合适的;没有功德的人爵厚而禄重,有人觉得荣耀,有能耐的人会觉得可耻。所以人应该以立德立功名垂于世。"曹植上表后觉得曹叡未必会任用自己,曾对身边人说:"我说的话未必管用,但我要让后世君子知道我的心意。"

当时未见到曹叡对曹植上表的反应,只是在次年(229年)将其徙封于东阿(今山东东阿西南),背后的用意尚难知晓。《三国志·曹丕传》及其引注记述,231年曹植再次向曹叡上疏,后世称为《求通亲亲表》,其中主要表达了相互联系的两个意思:第一,强调了"亲亲之义"并指出了魏国在此存在的问题。他说:天所以称其高,因其无物不覆;地所以称其广,因其无所不载;日月所以称其明,因其无所不照;江海所以称其大,因其无水不容。古代的尧是以天为法则而治理天下的,遵循着"先亲后疏,自近及远"的原则,周文王就是按此方式治理,所以广封亲族以拱卫王室,就不会有"仁而遗其亲"的事情发生。陛下也是想依此广弘仁德,恩昭九族的,但近些时间亲家互不往来,兄弟间相隔绝,吉凶问候的路被堵塞,庆贺吊唁的礼仪遭废黜,亲近的人变得就像路人,相互隔阂超过了异族胡越。按照现在的制度,我永远都没有朝觐的希望,但我对朝廷的关爱和对亲人的赤诚,只有神明知晓。各诸侯王经常心中悲戚,希望陛下能予关注。第二,曹植仍然提到了自己的任用问题。他说:我私下反省自己也没有什么用处,而观察陛下所提拔任用的官员,假如我是异姓之人,相信也不会比朝中人士为差，如果给我军队中任何职务，或者让我在朝廷做些辅助的事情，这都是我的赤诚之愿，符合我的梦想。现在我每到四时节日都是只身独处，身边只有仆人，面对的只是妻子儿女，有些想法无处陈述，只能对着酒杯叹息。何时能得到天地的恩施和日月的光明，全由陛下决定。

时年29岁的皇帝曹叡这次回复了曹植，大意是说：任何教化的推行都会有始隆而终弊的现象，现在造成诸侯国各兄弟礼数简慢，婚亲之家有所疏离，纵然我不能督促他们和睦起来，但也赞成你的想法，崇尚亲亲、礼敬贤良这都是立国的纲纪，本来就没有禁止诸侯国相互往来的诏令，是下面的官员惧怕受到谴责，做事过了头，造成了这种结果。已经责令有关部门按照上疏中所说的去办。曹叡的回复承认基层官员矫枉过正，看来事情的源头是颁发过一个对诸侯王作某种限制的政策法规，他要求官员把过头的行为纠正过来，而对叔父曹植所提到的个人任用并未表态。

曹植再次上疏，其中列举了历史上举贤用人的诸多事例，表达了自己的不少想法：①提出职位与责任的关联。他说：古书上云："有不世之君，必能用不世之臣；用不世之臣，必能立不世之功。"殷汤周文二王就是这样。国家政事得不到治理，那是三公的责任；边疆战场上不能安定，应是镇守将军的事情，受到国家的宠用而不称职，那是不能允许的，职位越高应该责任越重。②列举国家现存的问题。他说：陛下继位以来追求圣世之治，而几年间，水旱不依时，百姓少衣食，军队连年出征增加徭役，加上东线有覆败之军，西线有死伤之将，边境不得安宁。每当想到这些，我就吃不下饭，只能对着酒杯而长叹。③指出亲族诸侯的拱卫作用。他说：当年汉文帝从代地（治今山西平遥西南）赴长安就位时，心疑长安宫中会有危险，宋昌告诉他："长安城中有亲族朱虚侯刘章、东牟侯刘兴居，外部有齐、楚、淮南、琅邪等刘姓诸侯，这些都是磐石一样拱卫皇家的宗亲，大王不必怀疑。"周代天下也靠姬姓诸侯的扶助。如果所用得人，就不劳陛下前往边境。④自荐用兵之才。他说：人常说"披着虎皮的羊，看见草就高兴，看见豺狼就战栗，忘记了有张虎皮在身"。现在所任用的将军不

1.6 魏王的其他后裔

优秀,就和这个道理相同。古语说:"怕的是做事的人不知道,知道的人做不上事。"我生于乱世,长于军中,多年受到武帝(指曹操)的教诲,私下观察他行军用兵的要领,不用看孙、吴兵法就与其义暗合,经常在心中揣摩,愿意将其奉献给朝廷,希望列为有职之臣,让我能一展所长,死而无恨。⑤表达自己的苦闷。他说:收到朝廷下发的信息,听说军队出征,陛下又要亲自出征,我心中非常不安。我希望能策马执鞭,作为先锋而效命,把孙吴的兵法要领充分发挥,即便没有大益,也会有小的弥补。现在天高听远,我的心情没法上达,只能扪心而独观青云,仰望高天而叹息。⑥提议国家要任用曹氏亲族。他说:能使天下倾耳注目的是当权的人,权力在手,即便是疏远之族也会成为重臣;不拥有权势,即便是亲族也必定轻微。所以取代齐国的人是田姓家族,而不是吕姓亲族;瓜分晋国的是赵姓、魏姓,而不是姬姓,请陛下明察。太平时专擅权位,临难时逃避的都是异姓之臣;希望国家安定、家族高贵,共担吉凶的都是皇族之臣。古书说:"无周公之亲,不得行周公之事。"而今皇族被疏远而异姓受亲近,我感到迷惑不解。⑦表达对上疏建议的高度自信。我与陛下践冰履炭,吉凶与共,始终不能相离,现在内心不胜愤懑,上书陈情,如果不合圣意,请求不要毁弃,暂且交由书府收藏,我死之后,或许可以回想起来,看到有少许合于圣意的,请在朝堂公开,使博古多识的人士纠正我上书中不合大义之处,这样我的愿望就满足了。"曹植文字极长的上疏所表达的想法很多,但归结起来,是强调儒家的亲亲原则,表明自己的一腔忠诚和从未发挥的用兵才能,希望曹叡重用亲族人物,给自己战场立功的机会。

对于曹植的上疏,曹叡只是以措辞感人的文章作为回答。另有史料表明,曹叡在231年冬颁发诏书说:"先帝颁布诏令,不让亲王们留在京都的原因,是因为皇帝年幼,母后摄政,需要防微杜渐,这关系国家的盛衰。我没有见到各亲王已有十二年,悠悠情怀,怎能不思念!现令所有亲王及皇族公侯,各带嫡子一人于明年正月来京朝会。但以后如有皇帝年少、母后在京城宫中的情况,仍按先帝的诏令办。"这一诏令不知是否是受到曹植上疏的影响而颁发，但对曹植要求上战场斩敌立功的要求始终置之不理，实在是莫大的遗憾。

本传引注《魏略》上记述了其后曹植另一文字颇长的上疏，主要是表明诸侯王应该对国家负有重大责任，问题在于限制太多，力量极其有限，希望能改变这种情况。232年正月，按照曹叡的诏书安排，曹植应该是参加了一次进京朝觐活动，二月他被徙封为陈王，有陈郡（治今河南淮阳）四个县的三千五百户封邑。曹植多次都想与曹叡单独会谈，准备议论时政，希望得到试用，但终究没有得到独谈的机会。这次朝觐后返回，他怅然若失，感到绝望。按照当时的规定，诸侯藩国配备的兵卒大多不过二百人，又多属残疾和老年，王家的僚属都是干体力的下层人才。又因为曹植本人前面犯有罪错，各处配备的人员都要减半，他做王十一年中三次迁都，因为极不得意，经常落落寡欢，这次返国不久就发病而逝，终年41岁。

曹植当年登上鱼山（今山东东阿西八里处），邻近东阿，他在此叹息，即有终老而逝之感，于是在这里建造了坟墓，临逝前遗令薄葬，死后儿子曹志继承了王爵，其后被徙封为济北王。约238年，曹叡发诏书说："陈思王早年虽有过错，但他通过克己慎行来弥补以前的缺失，而且自少年到终逝，文章篇籍从不离手，确实难能可贵。现在收回黄初中（约223年）以来上奏的各种罪状，曾经下发给各位官员的有关议论文字全部销毁。他本人前后所撰著的百余篇赋颂诗铭杂论，予以收藏并备下副本。"曹叡比曹植小14岁，这一诏书是曹叡临逝不足一年时所发，不知是出于曹叡"人之将死"的怜悯心，还是曹叡临逝前真正感到了托孤亲族而无人的窘迫，想到了天才叔父曹植的多年忠诚而心有愧悔的最后弥补。朝廷解除了曹植长期戴有并因此不予信任使用的罪名，而一生期冀为国效力的曹植这时已在地下长眠了六年，他非常自信的用兵之才终于没有像他的文学才情一样向这个世界做出淋漓展示。

1.6（3）曹植的遗憾

三国时代的文学天才曹植对自己的用兵才能极其自信，生前一直希望

1.6 魏王的其他后裔

在战场上为国效力,但220年前父亲曹操在世时,他因醉酒误事,错过了119年领军出征的机会;父亲去世后,在兄长曹丕和侄儿曹叡掌政时期,主要因为曾经的"夺嗣之罪"而被朝廷列为政治防范的对象,因而多次上疏中的忠诚表白和请战愿望始终没有被当权人所理睬,他自认"不必取于孙、吴而暗与之合"的天才军事才能始终未能在这个世界上得到展现。曹植是把自己的一生定位在政治活动方面的,在政治上建功立业应该是他人生确立的目标追求。然而"有锅盔时牙没长齐,牙长齐后没了锅盔"。以220年为界,曹植一生正是处在上述"锅盔"与"牙"两者不能齐备的不同状态中。

无论如何,曹植在不长的一生中留下了不少光焰闪烁的华彩篇章,把一个时代的文学推向了高峰,军事天才的被埋没并没有降低他的历史地位。南北朝时的文人谢灵运说:天下才共一石,曹植独得八斗。其中虽有夸张性表述,但也反映了后世文人对他的敬佩与推崇。41岁的曹植是在自己壮志难酬、一生遭受政治疑忌的愤懑中去世的,令后世的万千知音们扼腕叹息的是,以曹植的才情,只要终生埋头于文学创作,为世界留下更多不朽的珍贵作品也就足够伟大了,何必非要执着于战场立功,在执政人有意限制打压的恶劣环境中一再上疏求职,以致自造出终生的烦恼,毫无意义地伤害了自己宝贵的健康和生命。

事实上,在曹植生活的时代,文学似乎并没有取得一种独立的地位,它仅是附于人们政治议论的方式技巧,因而志向非凡的曹植必定设想过自己成为政治家、军事家的前景,却唯独没有想到自己能成为文学家,这就是时代的局限,也是世代烙印在个人身上的局限,这种局限即使天才人物也不能幸免。从曹植给兄长和侄儿的多次上疏中,人们能够看到撰写者对国家怀有的赤诚,对自己用兵才能的自信,以及一位不凡之人追求理想目标的执着。曹植希望投身于为国效力的宏大事业中,而不愿在诸侯王的位置上徒有虚名毫无责任地养尊处优,从这个意义上看来,他首先是一位高尚的人,是杰出的高尚者在遭受疑忌打压时忍悲争取为国效力的功业而不得,而满身洋溢的天才无意间成就了他文学家的崇高地位。

曹植本传中没有记述曹植的家庭状况，他在231年给曹叡的上疏中埋怨亲族间不能交往时提道："现在我每到四时节日都一身独处，身边只有仆人，面对的仅是妻子儿女。"根据《三国志·崔琰传》引注《世语》以及《艺文类聚》所载有关资料记述，曹植的妻子崔氏是大臣崔琰的侄女，清河东武城（今山东武城东北）人，崔氏的衣装过于华美，曹操登台看到后认为她违反了穿着华丽的禁令，回家后就将崔氏赐死。后妻谢氏召陵县（今河南郾城东）人，曹植232年初被封为陈王时谢氏一并被封为陈王妃，曹植在《谢妻改封表》中提及她，谢氏一直活到晋代，享年八十余岁。

曹植有两个儿子，从《艺文类聚》所载曹植《封二子为公谢恩章》中可见，当时他的长子曹苗，被封为高阳乡公；次子曹志，被封为穆乡公。后来曹苗早夭，曹志少年好学，才行出众，曹植称赞他是曹家的"保家之主"，继承了曹植的爵位，后来被徙封为济北王。据曹植所撰《金瓠哀辞》和《行女哀辞》，他还有金瓠和行女两位女儿，都不满一岁即夭折，曹植是通过他的美文保留下了两位爱女的点滴信息。

儿子曹志在几处资料中有记，他与担任中抚军的司马昭儿子司马炎似乎很有交情，司马炎早先经常把他迎接到邺城，两人从傍晚一直谈话到第二天早晨。265年司马炎受禅让建立晋国做了皇帝，改封曹志为鄄城公，发诏书任曹志为乐平（治今山西昔阳西南）太守，多次调任后任他为博士祭酒，为掌国子学的博士长官。《晋书·曹志传》中记述，司马炎曾读《六代论》（参见1.6.11《一份政治改革的意见书》），问曹志说："这是你先王写的吗？"曹志回答说："先父有亲手写的著作目录，请让我回家查一下。"查后回来上奏说："查看目录没有这篇。"司马炎又问："那是谁作的？"曹志说："以我所听到的，这是我的同族叔父曹冏写的。因为先父的文章名声卓著，族父想让书流传后世，因此假托我父所作。"皇帝说："自古以来也多有这样的事。"回过头对公卿说："父子相证，足以审明，今后可以不再存疑了。"

后来司马炎的弟弟齐王司马攸将到封国去，司马炎下诏让讨论给他赏赐的文物。当时有人认为司马攸应在朝廷匡助朝政，不应到边远的封地。

曹志常常遗憾父亲曹植在魏国时不得志，于是怆然感叹说："哪有这样的高才，这样的亲族，不让他在朝中辅助教化，而让他远去封国呢？晋朝的兴盛，大概危险啦！"就上书发表议论。写好后让他的堂弟高邑公曹嘉观看，曹嘉说："兄长写的奏议很恳切，将来一定会写入晋史，但现在会受到责罚。"司马炎看后果然大怒说："曹志都不能明白我的心，何况天下人呢！"于是有关官员提议拘捕曹志，司马炎下诏免除了曹志的官职，让他回到府第。曹志后来复职任散骑常侍，为侍从皇帝随事规谏的三品官员，不久他的母亲，即曹植的后妻谢夫人去世，曹志回家居丧，因过于悲痛而患病，喜怒失常，精神上出了问题，288年去世。

　　曹植没有实现他政治家和军事家的目标追求，这是他一生的遗憾，但历史终究留给了他文学家的崇高地位，他通过自己的上疏诉说向后世人们昭明了一生鲜亮的心迹，用自身的勤奋文笔记录了几位家人的生存信息，悲苦的命运并没有延续到儿代，反以自己的文学天才赢得了身后世代人物的敬仰，聚结了中国文学的炽热辉光，他的一生是无憾的！

1.6（4）德行嘉美的曹衮

　　按史书上的记载，曹操的十三位妻妾共生了25个儿子，曹操198年十二月在下邳城消灭吕布后收纳了秦宜禄妻子杜氏为夫人，后来杜夫人为曹操先后生了曹林、曹衮两个儿子（参见1.3.11《魏王也是个大家长》），他们两人在曹操晚年都得到了封地，曹魏建国后又都成了诸侯王。《三国志·魏书二十》记述了众多曹氏诸侯王的事迹，其中有较多文字介绍了曹衮的独特出众之处，观察曹衮一生好学喜文、谨慎处事，及其嘉美德行，能够窥见当时曹魏上层的政治态势，看到身处贵族阶层的某种生存自保方式。

　　曹衮，史书上没有表字，也没有表明出生之年。因为他是杜夫人199年之后出生的第二位儿子，其出生大约也应到了205年曹操争夺袁氏河北之地的后期。曹衮少年时喜好学习，十几岁时能写文章。每次读书，文学官员和身边近侍总怕他精力损耗而得病，屡屡劝谏，但他天性喜欢读书，不能中止下来。曹衮在216年曹操做了魏王后被封为平乡侯，217年被徙封为东乡侯，当年又改封为赞侯，封地在襄阳附近，多次变换封地的原因并不清楚。

曹丕篡汉建立魏国的次年，即221年，曹衮晋爵为公，称赞公，官员都向他祝贺，曹衮说："我生长在深宫之中，不知耕种庄稼的艰难，有很多骄奢逸乐的过失。各位贤者既然祝贺了我的吉庆，也就应当辅助我弥补缺失。"作为没有见过庄稼的十多岁贵族子弟，脑子里存有"稼穑艰难"的意识，同时没有经历过艰难的人能体味出"艰难"的内涵，这的确是难能可贵的，曹衮应该是从大量的读书中反复强化了这种意念吧。在兄弟们每次游玩娱乐时，曹衮则独自深思经典，他对传统文化经典应是看得多，信得深。

当时魏国在各封地设置了监督封地王公的官员，称为防辅，曹衮身边的文学与防辅们商议说："我们接受诏令考察赞公的举止，有了过失应当奏闻；现在有了善举，也应当上报，不能隐藏他的美行啊！"于是共同上表陈述曹衮的好事。曹衮知道后大为惊惧，责备文学官说："修身守善只是普通人的行为，但各位却向上面奏报，这恰恰是为我增加拖累；况且如果真有善行，何必怕别人不知道，非要匆忙一起上奏，这不是在帮助我。"曹衮做人的警戒慎重一直就是这样。从这里既可以看到曹魏朝廷对诸侯王在组织体制上的控制防范之严，也可以看到曹衮履行朝廷各种严格规范的高度自觉。

222年曹衮受封为北海（治今山东潍坊西南）王，当年一条黄龙出现在邺县西边的漳水中，曹衮上书就此表示赞颂，文帝曹丕下诏赏赐他十斤黄金，并表彰了他深通三坟五典的文雅气质。曹衮在这里是要把吉祥的事件归于朝廷，尽管朝廷对诸侯王严加防范，但他仍然要尽力发挥自己精通文典的所长，积极和好与朝廷的关系，当然这也是出于他对朝廷的忠诚，该行为立刻得到了曹丕的赞赏，223年朝廷改封曹衮为赞王。魏文帝曹丕去世的226年，朝廷徙封他到濮阳，228年曹衮到了封地。他崇尚节约俭朴，敦促妻妾纺织，熟悉普通人家的日常事务。在曹衮看来，无论诸侯王的身份多么尊贵，都应始终热爱劳作，保持节俭的品格，他是把俭朴和劳作作为培养美好德行的手段来坚持。231年冬曹衮回京朝觐，232年改封他于中山。

当初曹衮来京朝觐时，违犯了朝廷关于诸侯王不得与宾客私自接交的禁令。233年，主管官员上书指责曹衮，明帝曹叡下诏书说："中山王素来恭敬谨慎，偶然来到这里，还是按皇家亲族参加典礼的规则来评判这事吧。"主管官员坚持己见，明帝下诏削减了曹衮两县、七百五十户的封邑，并在诏书中提醒他多加警戒，不要再犯同样的过错。曹衮忧虑害怕，告诫属下要更加谨慎。明帝曹叡赞赏他的心意，次年恢复了所削减的两县封地。从对曹衮违犯交通禁令的追究惩罚中，依稀能看到掌政人曹叡打压控制诸侯王的权术，他似乎是想要宽恕亲族而不得，这里应该是与京都有关官员成功地演出了一次双簧剧，其目的是要让叔父辈的诸侯王们面对朝廷心有警戒。

235年秋，曹衮得了病，明帝下诏派遣太医为他诊治，朝廷属官带着皇帝手书的诏令和赏赐的珍贵膳食相跟随，又派遣太妃（指曹操杜夫人）、沛王曹林一同探视病情。曹衮病得很厉害，对属下官员说："我缺少德行，愧受天子的恩宠，现在生命将要到头了。我喜欢俭朴，但朝廷有临终报告的制度，属全国遵行的法典。我断气的时候，从停放灵柩到下葬，务必遵奉诏书的命令。过去卫国大夫蘧瑗埋葬在濮阳，我看到他的坟墓，常常想到他遗留的风范，但愿依托贤士的灵魂遮蔽我的形体，为我营造坟墓一定选在其近旁。根据《礼》的规定，男子不死在妇人手里，请赶快按时建成东堂。"东堂建成，他将其命名为"遂志之堂"，坐着车子急去那里居住。从临死前对丧事的安排叮嘱看，曹衮对传统伦理和各种礼仪的尊崇是发自内心的。

曹衮又对继承王位的世子曹孚说："你年龄幼小，没有接受过家教，这么早就成了诸侯王，只知道乐，不知道苦，必会有骄傲和奢侈的过失。接待大臣，务必按照礼仪。即使不是大臣，对老人也应该答谢礼拜。侍奉兄长要恭敬，体恤弟弟要慈爱；兄弟有不良的行为，应当屈膝劝谏，劝谏不听从，就流着泪给讲道理；讲道理还不改，那就禀告他的母亲；要是仍然不改，应当上奏给朝廷，一起辞掉封地。与其依守恩宠遭到灾祸，不如贫贱地保全自身；这也不过说的是大的罪恶，至于微细的过错，应当为他们遮掩。可叹息的孩子啊，你应当谨慎地做好自身修养，用忠诚坚贞来侍奉朝廷，用孝顺来侍奉太妃。在家里听太妃的话；在外面接受沛王的教诲。心思不要懈怠，这样才是对我灵魂的安慰。"曹衮临逝时应该在三十岁左右，他的儿子最多十余岁吧，接受父亲教育的机会当然不会很多。按照一般的成长规律，曹衮料定其最有可能出现的问题必然在骄和奢两个方面，为此他向儿子提出了应该特别遵守的行为规则，也指出了处理家内兄弟矛盾时，在分清轻重的前提下应该采取的一些方法，强调了修身、忠诚和自我保全的重要。这是曹衮离世前最为牵挂的事情，也是他嘱托最为周详和细致之处。

这一年曹衮去世，明帝下诏让沛王曹林留在那里直到葬礼结束，让朝廷大鸿胪持节符执掌护理丧事，并让负责皇家宗族事务的宗正前去吊唁祭祀，赠送的丧葬礼品十分丰厚。曹衮著有文章共两万多字，才华不如陈王曹植，但爱好与其相同。儿子曹孚继承王位，后来朝廷屡次为曹孚增加封邑，约二十年后连同以前封邑共有三千四百户。从后来的事实看，曹衮的最后嘱托对曹孚是起到了积极作用的。

后世史家评论说，曹操的几个儿子都善于写文章，曹植身后留有文集，曹衮的著述却没有流传下来，他一生是有幸的，但又有不幸。现在能看到他的著述只有两篇短小文论，包括本传中所记临终前对儿子的谆谆嘱咐，这是颇令人们有所感慨的。也有史家说，在曹操的儿子中，文章写得像曹植，德行能像曹衮，那后世宗族就完美了。

1.6（5）被特别关照的诸侯王

曹操临终时身边尚有一位五岁的儿子曹幹，因为幼小时失去了父母，他一直受到文帝曹丕和明帝曹叡的关照，在曹魏朝廷严控诸侯王的环境中，曹幹享受到了特别的对待。《三国志·魏书二十》介绍了曹幹的出生

1.6 魏王的其他后裔

状况与主要事迹，从中能够看到曹魏亲族内部的紧张关系以及少有的例外情况。

曹幹，215年曹操做魏王前即被封为高平亭侯，在曹操做魏王的次年，即217年徙封赖亭侯，当年改封弘农侯。曹魏建国次年（221年）晋升爵位，迁封为燕公，治今北京西南隅，一年后晋升爵位为河间王，224年封地移至乐城（治今河北献县东南）县。文帝曹丕去世的226年，曹幹徙封巨鹿（今河北平乡一带），232年明帝曹叡改封他为赵王。

史书上说，曹操的王昭仪生了曹幹，这位王昭仪被曹操所宠爱，她先前对曹丕被立为太子是出了力的，所以曹丕对待曹幹比其他兄弟更为亲厚。史书引注《略略》中进一步记述，曹幹又名曹良，他本来是曹操的陈妾所生，生下曹良后这位陈妾去世了，曹操就让王昭仪（亦称王夫人）养育。曹良五岁时曹操病重，曹操给其时33岁的太子曹丕留下遗言说："这孩子三岁丧母，五岁失父，就托付给你了。"曹良年纪小时常喊曹丕为阿翁（父亲），曹丕对曹良说："我是你兄长！"从这些史料中可以看到，曹良应是215年所生，他刚出生不久就被封为高平亭侯，其生母陈氏应是曹操身边没有正式名分的女子，陈氏去世后，曹操觉得自己宠爱的王昭仪尚未有子，就将失去母亲的幼子曹良托付王昭仪养育，曹良大约此时改名为曹幹，曹操临终前特将五岁的曹幹托付给曹丕照看。由于王昭仪当年对曹丕竞争太子时的支持，以及曹幹小时候对曹丕的亲近，虽然曹幹在兄弟辈中年龄不大，但却在曹魏建国后享有朝廷很好的对待。史书上说，文帝曹丕226年临终时，也有遗诏给曹叡，因此明帝曹叡对曹幹也给了特别的恩宠。

234年，曹幹私自结交宾客，被官员上奏报告。明帝曹叡写给他一封盖有玺印的诏书，对其做出告诫和教诲，其中说："《易》书中称'创立国家和继承家业，都不要使用小人'（指《易经》师卦上六爻"开国承家，小人勿用"之语），《诗》载有'大车扬尘，遮人眼目'（指《诗经·小雅·无将大车》中"无将大车，维尘冥冥"之句）的告诫。自从太祖（指曹操）受命创业，深察天下治乱根源，借鉴国家存亡的枢机，刚开始分封诸侯，就用恭敬慎重的箴言作训导，并派天下正直的贤士来辅佐，常常称赞马援给后辈的遗诫（指《后汉书·马援传》所记马援在征战交趾的前线写给侄儿后辈极有教益的书信），强化诸侯与宾客的结交禁令，将其与妖恶罪同等看待，这难道是淡薄亲族间的骨肉感情吗？只不过是想让曹氏子弟没有过失犯罪，士民没有相互伤害的悔恨罢了。高祖文帝即位后，恭敬慎重地处理繁冗政务，颁布诸侯不得入朝的命令。我又感于诗人作《常棣》赞颂兄弟之情（《诗经·小雅·常棣》中有"凡今之人，莫如兄弟""兄弟阋于墙，外御其侮"的句子），写《采菽》讥刺周幽王对来朝诸侯侮慢无礼的喻义，也因为诏书中说过'如果有诏相召，可以来到京都'，所以命令各诸侯王履行朝觐礼仪。但楚王（指曹彪）、中山王（指曹衮）一同触犯了私自交往结纳的禁令，赵宗、戴捷都因他们的罪过受到了惩罚。近来东平王（指曹徽）又使他的下属官员殴打寿张（治今山东东平西南）县吏，官员举报，我裁削了他的封地。现在有关官员奏报曹纂、王乔等人为了九族的定期节日，在你的家里集会，不合时宜，是违背禁令的。我考虑你年轻时就很恭顺，加之先帝临终有关照，想要给你以尊崇的恩礼待遇，并延续到后代，何况现在才到你本人！不是圣人，谁能无过？所以我已诏令有关官员原宥你的过失。古人说过：'要警戒谨慎那些别人看不到的时候，要心中敬畏那些别人听不到的地方。没有什么比隐蔽的东西更能说明问题，没有什么比细微的小事更能显露本相，所以君子在个人独处的时候也极为谨慎。'（《中庸》有言："是故君子戒慎乎其所不睹，恐惧乎其所不闻。莫见乎隐，莫显乎微，故君子慎其独也。"）希望叔公您遵循先世圣人的典则，以继承先帝的遗命，战战兢兢、恭恭敬敬地保守你的王位，以称我的心意。"

魏明帝曹叡出生于206年，比他这位家叔曹幹年长约十岁，因为受过父亲曹丕临终前的托付，对曹幹也给了特别照顾。时年十九岁的诸侯王曹幹因为违犯了朝廷早先规定的封国诸侯不得私自交往宾客的禁令，让曹纂（曹休之子）、王乔等人在他家里集会而被报告给了朝廷，掌握国政的曹叡不曾犹豫地对这位叔父网开一面，他认为这是叔父年纪轻而不知规矩严肃

1.6 魏王的其他后裔

性的表现，于是写了一份类似家书的文字予以劝告教育，曹叡在这份较长的书信中应用了《周易》《诗经》《中庸》等古典文献中的名句和理念来论证自己所要表达的思想，显得很有学识和文采，也增强了书信的说服力。

同时曹叡也向曹幹表达了自己的不少心思，读者通过该书信能够看到当时曹魏朝廷与诸侯国之间关系的真切信息。这包括：①从曹操创业执政晚期到曹丕继位建国，曹魏最高执政人对作为本族子弟的封国王侯，一直都实行着严格的政治控制，不允许他们私自交往和结交宾客，不允许他们随便进入京都朝觐，朝廷委派官员对封国王侯的执行情况有所监督报告。曹叡掌政后坚持了这些规定，宣布有诏书召请可以进京入朝，竟也成了曹叡施给封国诸侯王的宽松政策。②朝廷对违犯了这些规定的几位诸侯王，如对中山王曹衮、楚王曹彪已经做过了削地的处罚，并且牵连了相关的属官，其他违背规定的情况也要做相应的处理。这些事实表明，朝廷对诸侯王犯禁问题的处置是不会马虎的，谁也不能心存侥幸。③赵王曹幹自小就很恭顺，现在尚且年轻，因为文帝曹丕有特别嘱托，这次犯禁可以宽恕；以后想让曹幹的尊崇之位延续给他的后代，为了保证实现这一目标，曹叡希望做诸侯王的年轻叔父一定要遵守法典，做事谨慎，不能再次犯错。

曹叡这份家信是特意告诉曹幹已决定宽宥其犯禁过失，他亲手书写，也显示了对叔父的少有温情，同时加盖了皇帝印玺，采用了正式诏书的形式，则展现出了内文的严肃性，希望叔父能认真对待。史书上没有记述曹幹收到诏书后的事情，也没有关于其后赵王与朝廷的任何具体互动情况，只是记录了此后三十年间曹幹的封邑有过几次增加，到魏国终灭的264年共达五千户。《三国志·魏书·三少帝纪》中记述，魏景元二年（261年）"八月戊寅，赵王幹薨"，年近47岁的曹幹在司马炎篡魏的前四年去世。曹幹应是曹操最晚离世的儿子，王位及其待遇保持到了终国之时，兄长曹丕的悉心关照和侄儿曹叡的苦心劝导无论如何是起了作用的，最为遗憾的只是，由于诸侯王的权力受限制等原因，他对父兄开创的曹魏大业没有发挥出起码的守护之力。

1.6（6）"反叛"朝廷的白马王

曹操的众多儿子间具有复杂的关系和不同的个人结局，白马王曹彪是曹操的孙姬所生，年龄比赵王曹幹大二十岁，他谨守法规，但却最终走上了"反叛"之路，其背后的原因令人唏嘘不已。

曹彪，字朱虎，从资料推算出生于195年，他出生之时，40出头的曹操在兖州赶走了吕布夺回失地，次年迎请汉献帝驻于许都，开始了挟天子令诸侯的时期。曹彪少年时期的生活应是相对稳定的，他在众多兄弟中年龄居于中上，但因生母地位较低，因而后来的封爵晋级甚至比小他20岁的曹幹总要缓慢半步。据《三国志·魏书二十》所记，曹彪216年被封寿春侯，曹丕受禅建魏的次年（221年）他晋爵徙封为汝阳公，222年封为弋阳王，同年又徙封为吴王，224年封地移至寿春县，226年再迁封地到白马，被称白马王。

白马封地距离袁曹200年的白马之战地约六十里。曹植曾有《赠白马王彪》之诗，即是从京城返回封地时要求与弟曹彪同行，不被监国使者允许时的忧愤之作；当时曹彪亦有《答东阿王诗》，其中有"盘径难怀抱，停驾与君诀。即车登北路，永叹寻先辙"之句。两位兄弟在共同朝觐结束后要求同行返国，事情应该是发生在234年，但时间上与诗题中"白马王""东阿王"的称谓并不能对应起来，这主要是曹魏朝廷出于某种敏感的政治顾忌，对各位诸侯王的徙封非常频繁，而两首诗题均为后人所加，编纂文集时可能误加了另一时期的王位称谓所致。从诗作中看，两兄弟对朝廷同样不公正的对待，曹彪的反应更为平和些，远没有兄长曹植那样反应激烈，这主要因是曹植为曹操正妻所生，自负着嫡系儿子的责任，而曹彪则不具有曹植那样的优越感，对朝廷的政治控制则表现了更多的忍耐力。

明帝曹叡掌政后的第五年（231年）冬，曹彪进京朝见做了皇帝的侄儿，次年他被改封为楚王。这次来京，曹彪与中山王曹衮一同触犯了私自交往结纳的禁令，233年他们同时被主管官员上奏指责，曹叡下诏削减了曹彪三个县、一千五百户的封邑。当时裁削曹衮封地时曹叡还与主管官员表演双簧剧般地委婉了一番（参见 1.6.4《德行嘉美的曹衮》），而削减曹彪的封地连一点客气也没有，这仍然与双方的地位和影响有关。不知什么原因，234 年朝廷大赦，曹彪所削掉的封地又得以恢复。

239 年，34 岁的明帝曹叡离世，八岁的齐王曹芳继位为帝，大将军曹爽和太尉司马懿受遗诏辅政。朝廷为曹彪增加了封邑五百户，连同以前的共有三千户。249 年正月司马懿发动了高平陵事变，诛除了朝廷曹爽的政治势力，实现了司马氏主政。当时担任豫州（治今安徽亳县）刺史的王凌，他的外甥令狐愚担任兖州（约今山东西南部）刺史，二人都领有军队，掌握着淮南地区的主要军事力量，他们觉得曹芳年龄太小，不足以承受皇帝之位，又觉得楚王曹彪年龄大、有才能，于是决定迎立曹彪到许昌重建朝廷。《三国志·王凌传》记述，当年九月，令狐愚派部属张式到白马与曹彪往来联系，十一月张式再去白马联络，还没等他回来，令狐愚就病逝了。其时司马懿并不知道他们的活动，为了稳定淮南局势吧，派人在王凌治所拜任他为太尉。

250 年出现了"荧惑守南斗"的天象，即火星在北斗星之南的斗宿附近停留了二十天以上，王凌听说东平人浩祥懂得星象，就把他招来询问，浩祥怀疑王凌会挟持自己，就故意讨好他的心意，不说当地会有死丧的凶事，对他说："淮南，是楚地的分界，看来在吴、楚之地会有王者兴起。"王凌于是决意行动。251 年四月，王凌听说吴人占据了涂水，他于是整顿各路军队准备发兵行动，同时他上表请求讨伐吴军，但朝廷没有同意，王凌派遣将军杨弘把自己废立君主的打算告诉了兖州刺史黄华，但黄华与杨弘却把此事连名报告了司马懿，司马懿于是率领中军乘船从水路讨伐王凌，王凌没有料到大军突然到达百尺堰（今河南沈丘北五公里），自知大势已去，无奈自缚前去谢罪，最终于次月被迫服毒自杀。

未见曹彪在事件中的态度和行为表现，但他应该是认可和接受了被推举做皇帝的事情吧。王凌兵败死去后，朝廷派遣太傅和侍御史来到曹彪的封地考察验证，将所有有牵连的人逮捕治罪。廷尉请求征召曹彪治罪，于是依照西汉惩治燕王刘旦的旧例,使兼职的廷尉大鸿胪持节符,赐给曹彪用玺印封记的诏书,对其严厉谴责。玺书中说:"你作为诸侯王,是皇室至亲,朝廷的屏障,不能遵守法度,给各位宗亲做出表率,反而和奸邪之人同谋,危害社稷,存心叛逆,没有忠孝之意。如果宗庙有灵,你有何面目去见先帝!现在朝臣上奏要把你交给大理(朝廷最高司法长官廷尉)审罪,我不忍把你暴尸于外,所以派使者赐给你书信。你自作孽,与其他人无关,燕王刘旦的事情大家都看得见,还是你自己处理吧!"这封信当然出自朝廷执政者司马懿的安排,而表面上是以魏帝曹芳的名义所写,信中羞辱和斥责了曹彪的行径,特意给他指出了西汉武帝儿子燕王刘旦的前例。无论曹彪当初对参与王凌事变持有怎样的态度和想法,他已经没有任何申辩的机会,于是自杀而死。

当初沛地有一位善于看相的人,名叫朱建平,曾给魏国曹丕、荀攸、钟繇等多人看相,早先他给曹彪说:"您在藩国,五十七岁时会被兵祸所困,应当善加提防。"曹彪自杀的251年正好57岁。他自杀后,家中王妃和几个儿子都被废黜为平民,迁移到平原(治今山东平原南)居住,属下官员以及监国谒者,因知情和辅导不义的罪名全都被杀,曹彪的封国被改为淮南郡。

陈寿曾评价曹魏的诸侯王说:曹魏的各封国王公,徒有封土之名,而没有社稷之实,又受到严格防备阻隔,就像身陷囹圄一般;没有稳定的爵位封号,封国大小连年改动;亲族骨肉的情义已被扭曲。从史书上对曹彪一生的记录看,他尚且是一位能够满足于现状并善于忍耐的平和之人。然而,在曹芳为帝期间,尤其是在司马懿清除了曹爽势力之后,眼看着曹氏的国政有落入异姓权臣手中的危险,曹彪作为依稀尚存的曹操之子,他难免不生出清除权臣、匡扶曹家社稷的心意,正好王凌和令狐愚抱着同样的目的要扶助他代替年轻的曹芳为帝,这与他长期遭受压抑、期盼出头的想法一拍即合。事情最终失败了,朝廷应是给他定了反叛之罪,但在曹彪的心目中,他要替代暗弱的曹芳,要借助正义之师清除司马氏的专权,正是要恢复和重振曹魏的兴旺景象。但成王败寇,司马氏正是操纵着曹魏的庞大国家机器扑灭了这股"正义"的火苗，并假借曹芳的名义宣判了这一行为的邪恶，四五十年前曹操挟天子令诸侯的往事又换了主角而重新上演。

应该说，曹操建就了一个以自我为中心的曹魏大家庭，而继位的执政人为了保持自己的专制地位不受侵犯，于是连续两代都严格限制亲族活动，监督打压诸侯王的势力，不允许他们染指朝政，这一治政方式造成了异族权臣在朝中势力迅速膨胀，而长期受到政治限制的诸侯王已没有任何力量能够抑制朝中权臣对国家权力的侵夺，先前执政人造成的恶果最终还是要他们的家族来承受。

曹彪自杀后第三年（254年），朝廷又下诏说："已故楚王曹彪，背叛国家而依附奸人，自己身死，后代被废为平民，虽然咎由自取，还是哀痛怜悯他。容忍包涵是亲近亲人的道义，特封曹彪的世子曹嘉为常山真定王。"260年为曹嘉增加封邑，连同以前的共有二千五百户。另有资料记述，曹嘉在265年建立的晋国被封高邑公，曹植的儿子曹志给晋帝司马炎上书，曹嘉还做过劝谏（参见1.6.3《曹植的遗憾》），曹嘉在晋朝曾任国子博士，掌太学国子学的五品官员，后为东莞（治今山东沂水东北四十公里）太守，应属个人事业有成之人，比父亲白马王的生存环境似乎更宽松些。

1.6（7）掌政四天的曹宇

曹操的环夫人196年生了神童曹冲，其后还生了曹据和曹宇。曹宇，字彭祖，211年被封都乡侯，217年改封鲁阳侯。曹丕称帝次年（221年）晋爵为公，222年被封下邳王。224年改封单父（治今山东单县南）县。232年明帝曹叡改封其为燕王，治今北京西南隅。《三国志·魏书二十》中记述，曹叡少年时与曹宇一同游玩活动，非常亲爱他，所以掌政后给叔父曹宇的待遇比其他各诸侯王更优厚。曹叡生于205年，据此大体推测，能与曹叡做少年玩伴的曹宇应该生于200至205年间，即出生在202年左右官渡之战结束后，他是在不到十岁时被首次封侯的。

曹宇约三十岁时被曹叡封为燕王，在三年后的235年受征召来洛阳入朝，237年返邺城（河南安阳北），这次应是没有回到燕国封地，受命在旧都邺城停留。238年曹宇再次受征召来到京都，当年十二月曹叡病重，任命曹宇为大将军，给他托付了后事。但曹宇任大将军四天之后却辞了职务，当时曹叡的主意也有了改变，于是免掉了曹宇的朝廷任职，把后事托付给了曹爽和司马懿。本传中没有叙述这次任命变化的原因，给读者留下了一处难以理解的谜团。

《三国志·魏书·明帝纪》引注《汉晋春秋》记述了一段惊心动魄的宫廷内变，《资治通鉴·魏纪六》对史实作了必要的补充，将曹宇任职一事的转折变化作出了说明：最初，曹操还是魏公时，任命赞县（今河南永城西）县令刘放、参军事孙资同时担任秘书郎；文帝曹丕在位时改称秘书为中书，任命刘放担任中书监，孙资担任中书令，两人共同掌管机密；明帝曹叡继位后，两人尤其受到宠信，都加任侍中、光禄大夫，分别封为方城侯、中都侯，均在他们的出生县封地为侯，表示了极大的恩宠。曹叡屡次出兵，中枢事务都由他俩掌管；每有国家大事，朝臣集会议事，也经常让他俩决断是非，择定而行。曹叡这次病重，他考虑身后的事情，觉得太子曹芳年龄小，需要有人辅佐，就任命自己一直信任的叔父燕王曹宇为大将军，安排他与领军将军夏侯献、武卫将军曹爽、屯骑校尉曹肇、骁骑将军秦朗等在身后一起辅政。但中书监刘放和中书令孙资久专权宠，秦朗等人平时与两人不相友好。秦朗是曹操杜夫人带进曹府的孩子，曹操将他作为义子抚养（参见1.3.11《魏王也是个大家长》），也是颇为有权势的人物。刘放和孙资害怕这些人进一步得势后对自己不利，于是心怀离间图谋之意，但因曹宇经常在曹叡身边，所以没有得到说话的机会。

曹宇任大将军第四天，明帝曹叡气息微弱，曹宇离开宫殿去见曹肇商议事情，一时没有返回，只有曹爽一人在曹叡身边，刘放获悉这一情况，立即与孙资商议，孙资说："恐怕没法改变了。"刘放说："我们就要被人放在锅里烹杀了，为什么不争取自救呢？"于是到曹叡的病床前流着眼泪说："陛下气息微弱，万一有什么事故，将把天下托付给谁呢？"曹叡说："你们没有听说我任用了燕王吗？"刘放说："陛下难道忘了先帝（指曹

> 1.6 魏王的其他后裔

丕）关于藩王不得辅政的诏令吗？况且陛下刚一生病，曹肇、秦朗等人便对伺候疾病的后宫才人言语相戏；燕王他拥有军队，不让我们几人进入宫中接近陛下，这就是竖刁、赵高一样的人。现在皇太子幼弱，还不能亲理朝政，外面有强暴之敌，内部有劳怨的百姓，陛下不远虑国家存亡，只考虑过去的友情，把祖宗之业托付给二三个才能平凡的人，在病床上躺了几天，就被隔绝了内外消息，社稷如此危险，自己尚且不知道，我们为臣的感到非常痛心。"曹叡听了刘放这番话，大概对调戏后宫才人的行为难以忍受，对关于曹宇已经隔绝内外交通的消息也非常敏感，春秋霸主齐桓公身边的竖刁和秦始皇临终前身边的赵高正是利用君主的信任及由此获取的权力来隔绝内外消息，坑害君主和国家的，曹叡由此对形势做出了误判，他发怒道："现在可以任用谁？"刘放、孙资看见曹爽在旁边，就说曹爽可以代替曹宇，又说："应该征召司马懿让他参与协助。"曹叡听从了他们的提议。

刘放、孙资两人离开后，曹肇进来面见曹叡，听说身后安排有所变化，他流着眼泪坚持劝谏，曹叡接受了，他让曹肇去终止刚才召回司马懿的诏令，曹肇急忙离去。刘放、孙资二次进入，再次劝说曹叡，曹叡又听从了他们的意见。刘放说："应该有手写的诏令。"曹叡说："我实在困顿，不能动笔了。"刘放立即上床，他拉着曹叡的手勉强写出了诏令，随后将诏令拿出宫殿，对群臣大声说："有诏免去燕王曹宇等人的任职，不得在宫廷停留。"于是曹宇、曹肇、夏侯献、秦朗等人在一块哭泣后返回府第和封国。

秦朗一直随母亲在宫中生活，这位公子哥儿一有机会就与后宫才人相狎昵，后世史家认为不是没有可能；曹宇本是一位恭顺温良的人，他听过几位同僚的劝告，对刘放、孙资心生成见，关键时刻隔绝两人与曹叡的联系也极有可能。他们几位受命人最失误的地方，一是已经担任大将军的曹宇竟然在紧急关头离开了自己必须坚守的岗位，给了对手可乘之机；二是一同受命的曹爽就在曹叡身边，竟然不能发现、制止刘放和孙资的翻盘行为，他本来有充分的机会向曹叡说明事情的真相，进而对曹宇做出应有的保护，也可以向群臣揭露刘放他们的违规行为，但却听任和放纵了刘放的翻盘活动，也许他沾沾自喜于自己获得了首辅大臣的地位，宁愿与他们的阴谋活动同流合污。曹爽这里没有信念和见解，一直在听任刘放的拉拢摆布，他的才具在此似乎已经显露了出来。另外，曹宇与侄儿曹叡友好了一生，他这次受到免职之令，竟然不去争取入宫辞别、说明情况的补救机会，也显示了他政治斗争经验的严重不足。

总之，做了四天大将军的曹宇终被免职，很快离开了京城。曹叡在239年正月离世时，把辅佐太子曹芳、掌控朝政的权力交给了曹爽和司马懿，他任命曹爽为大将军，觉得曹爽才能不足，又任命尚书孙礼担任大将军长史以做辅助。有史家认为，曹宇这次退出朝政，让曹爽和司马懿辅佐曹芳，使司马氏参与朝政，直接影响到魏国的存亡。

曹宇返回封地，史书上没有记录其后续的活动信息，只说他此后多次被增加封邑，后来达五千五百户。这应是表现良好，受到了朝廷认可和奖励吧。曹宇的儿子曹璜（后改为曹奂）在260年夏14岁时被司马昭掌政的曹魏朝廷选中，接替被杀死的曹髦为皇帝，当年十一月曹宇曾上书祝贺冬至节日，受到朝廷表彰，其时他已将近60岁，史书上没有记录他的卒年。曹奂在位五年后（265年），被迫将帝位禅让给晋王司马炎，曹家的大魏江山无可奈何地终结了，后世知情者无不对曹宇大将军的四天丢失而惋惜。

1.6（8）几位接近皇位的王子

曹操220年正月去世后，34岁的嫡长子曹丕继承了父王的权位，数月后篡汉建魏做了皇帝，226年曹丕（魏文帝）离世时传位给自己21岁的嫡长子曹叡（魏明帝），239年没有生子的曹叡病逝前传位给自己八岁的养子曹芳，曹芳在254年被司马师废黜而另立了13岁的曹髦，曹髦在260年为人所杀，司马昭另立燕王曹宇15岁的儿子曹璜（曹奂）为帝，直到265年司马炎篡魏建晋。四十多年间魏国不长的帝谱是清晰明了的，而观看《三国志·魏书二十》的人物事迹并结合另外几处相关资料，即能够看到，

1.6 魏王的其他后裔

除曹植曾与曹丕争夺太子之外，曹昂、曹冲、曹据三位曹操的儿子都曾存在继位为帝、改变帝谱的机会。

丰愍王曹昂 曹昂，字子脩，他应是曹操20岁出任洛阳北部尉时身边刘夫人所生，时为174年，刘夫人去世后由曹操正妻丁夫人养育。曹昂二十岁举孝廉，197年跟随曹操南征张绣（参见0.8.5《张绣与贾诩的将相璧合》），不幸死于张绣投降后的反叛之战中，死年23岁。221年追谥为丰悼公。曹昂无子，以樊安公曹均的儿子曹琬为后嗣，曹琬被封中都公，当年被徙封长子公。224年追加曹昂为丰悼王，229年曹叡改曹昂谥号为愍王。254年曹髦在位时曹琬承袭了曹昂爵号为丰王，后两次增加封邑，共有二千七百户。曹琬死后，其子曹廉继嗣。

曹昂的养母丁夫人虽然没有被曹操立为王后，但他是曹操最早的嫡室夫人，过了多年被立为王后的卞夫人反而是丁夫人的继室，曹操因为感念儿子曹昂，到终了时还是觉得没有照顾好丁夫人，心中尚存有对这母子两人的负疚感（参见1.3.10《曹操背后的那位女人》）。如果曹昂没有出现战场上的意外，曹操极有可能安排他来继位。

邓哀王曹冲 曹冲，字仓舒。他是曹操的环夫人196年所生。曹冲是父亲曹操最为喜爱的天下神童，他五六岁时就有成人一样的智力，并且极具仁爱情怀（参见1.3.12《既爱美色，也爱才俊》），曹操曾想让其继位，不幸208年病逝，时年不到13岁。曹操非常悲痛，一提起就流泪。当时曹操属下担任司空掾的邴原，其妻甄氏生的女儿亡故，曹操想聘其亡女与曹冲合葬，邴原以礼辞谢，曹操只好作罢（参见《三国志·邴原传》。曹操赠给曹冲骑都尉印绶，后来又命环夫人次子曹据所生的儿子曹琮作曹冲的后裔。217年特封曹琮为邓侯。曹丕为帝后次年（221年），他追加亡弟曹冲为邓哀侯，又号为公，还将曹冲的棺椁迁葬于高陵，发诏书哀悼，表达的感情极为诚挚。222年曹丕徙封曹冲的嗣子曹琮冠军公，次年改封己氏公。231年曹叡加曹冲谥号为邓哀王，237年曹琮私进为皇宫制造器物的尚方署制作禁物，违犯禁令而被削户三百，贬爵为都乡侯，239年曹叡逝后朝廷又复其为己氏公。曹芳在位时247年转封平阳公，后来累次增邑至一千九百户。

当时曹冲病逝时曹操非常悲痛，曹丕前去宽慰曹操，曹操对他说："这件事是我的不幸，却是你们的幸运。"曹操一生看重人的才能，因而是一直看好这位天才神童的，因为他的过早离世，才有曹丕和曹植之间对太子之位的竞争，也才有220年曹丕称帝的事实。史书引注《魏略》中记述，做了皇帝的曹丕经常对人说："家兄孝廉，自其分也，若使仓舒在，我亦无天下。"他认为兄长曹昂德行完美，弟弟仓舒（曹冲）才智出众，他们两人若在世，自己就难做父王的继位人。

彭城王曹据 曹据是曹操环夫人所生次子，史书上没有他的年龄信息，因为环夫人生的长子曹冲出生于196年，所生第三子曹宇大约出生在202年左右，推测曹据约出生在199年。其时曹操处在全力对付袁术、围剿吕布和官渡之战的准备时期，曹据的少年应是在许都度过的。史书上介绍，211年他被封范阳侯，217年徙封为宛侯。曹丕称帝次年（221年）他晋爵为公，222年被封章陵王，当年徙封义阳，约今河南信阳西北。因曹操有儿子的妃妾晚年都随儿子去封地生活，曹丕觉得环太妃是彭城人，又因为南方卑湿，所以后来把曹据封于彭城（今江苏徐州）。224年他发诏将诸侯王都降改为县王，当时徙封曹据在济阴（今山东定陶一带）。

232年曹叡实行以郡为国，曹据重新被封彭城王。237年曹据私自派人至宫廷尚方署制作禁物，被朝廷削县二千户。这一违规事件应该是和曹冲的嗣子曹琮同时进行的，朝廷削曹琮封邑三百户，对做叔父的曹据处罚更重些，曹叡还给曹据写书信指责说："有关部门上报，你派司马董和，带着珠玉来到京师宫禁尚方制作了不少禁物，与负责制作的官员联络结交，在署府及周边随便出入，奢侈超过了规定，无视诏令，违反法度，必须惩处。""诸侯王有皇室近亲的尊贵，处在护卫辅助朝廷的地位，圣贤的典籍每天摆在面前，有专人在身边不断诵读，平时就应注重修身，处事恭敬慎重，最重要的是要遵循道义，时时勤勉不能松懈。"书信同样是用盖了玺印的诏书形式下发。在朝廷看来，尽管诸侯王是用自己带来的原料打造物品，但违反法禁即是严重的罪错。在曹叡去世的239年，朝廷恢复了曹据被削夺的户邑，这应该是新上台的哪位执政人笼络诸侯王的行为，其后二十多年间曹据的封邑两次增加，曹魏亡国前共达四千六百户。

继承了曹叡地位的曹芳在位 15 年，中间经历了 249 年的高平陵事件，司马氏诛灭曹爽势力掌控了魏国之政，大臣夏侯玄、李丰、张缉等拥曹派谋削司马氏的权力而未遂，司马师在 254 年清除了反对派，并找借口决意废掉 23 岁的魏少帝曹芳，准备立曹据为皇帝。《三国志·魏书·三少帝》引注《魏略》记述，司马师派担任虎贲中郎将的郭太后族父郭芝入宫禀告，当时郭太后（明帝曹叡的郭夫人）与曹芳正在后宫面对面坐着说话，郭芝对曹芳说："大将军要废黜陛下，立彭城王曹据。"曹芳站起身离开了，太后很不高兴，他听说司马师已经为此调来军队预防意外，于是对郭芝说："我想见大将军，有话对他说。"郭芝出宫去告诉司马师，司马师把曹芳打发到安排好的齐王封地后入宫去见郭太后，郭太后说："彭城王是我的叔父，他当皇帝，那我处什么地位？难道要让明皇帝（指曹叡）断绝了后嗣吗？我以为高贵乡公（指曹霖的儿子曹髦）是明皇帝的侄子，从礼仪上讲，小宗可以给大宗作后嗣，请予以考虑。"司马师召集群臣，向大家说明了郭太后的意思，最后确定迎立曹髦为皇帝。曹据因为是曹叡的叔父，辈分高于郭太后，他做皇帝后除非废黜郭太后，否则双方关系难以理顺，司马师不想在宫廷闹出太大的动静，就立曹髦为帝，55 岁的曹据于是失去了做皇帝的机会，他与皇位失之交臂。

其实，曹据当时即便做了皇帝，也只能作为别人的傀儡而存在，无法扭转司马氏操持国政的局面，这是曹魏建国后连续两代皇帝严厉打击同族诸侯王、长期限制他们政治参与权而积成的结果，不是几无任何政治建树的彭城王曹据上台为帝就能轻易改变得了的。史书上没有记述曹据去世的时间及其谥号，后世有史家认为，曹据与几位诸侯王没有被记录卒年和谥号，大概不是撰史者的疏漏，而是几位诸侯王活到了晋朝建立以后。这种说法可权作一家之言。

1.6（9）生性顽冥的王子

曹操一生妻妾众多，一共生有 25 个儿子，子辈中除白马王曹彪陷入

"反叛"之坑外，有曹冲、曹植等才不世出的时代俊杰，有曹昂、曹丕等文武兼备的军政领袖，以及呈勇疆场杀敌立功的曹彰，也有曹衮、曹宇、曹据、曹幹等看重修身、谨守法度的诸侯王。然而，在这些不同凡响的人物之外，曹操也有一位顽冥作劣的儿子，他是赵姬所生的曹茂。

史书上没有记述曹茂的字号，也没有提到他的生卒之年，涉及曹茂的史料也很少。《三国志·魏书二十》中把他放在众多兄弟的最后一位做介绍，这不是因为曹茂在兄弟中年龄最小，史书中主要是按照生母的身份地位来排列顺序，生母地位相同的应该是考虑了儿子的生平作为，将成就大的置于前面。曹茂就是一位生母在魏王府中地位低下而他自己又顽劣不良的王子。

从资料中难以推断出曹茂的出生之年，只是看到，曹茂自小生性"憨佷"，即骄倨凶狠，因而不被父王曹操所喜爱，217年他被封为万岁亭侯，应是活着的兄弟中最后一批获得侯爵的人，次年改封平舆侯。文帝曹丕建魏称帝后的第三年（222年），曹茂晋爵，被徙封乘氏公，地在今山东巨野西南，曹丕去世当年（226年）徙封至中丘（治今河北内丘西南十公里），他是曹丕执政期间唯一没有获得王号的兄弟。

侄儿曹叡继位为帝的次年（227年），曹茂被徙封为聊城公，当年晋封其为聊城王，曹叡为此发出了一份前所未有的封王诏书，其中说："古时象（舜帝之弟）作恶很多，而大舜尚且将他封侯于有庳（今湖南道县北），汉代淮南王、阜陵王都是乱臣逆子，也给他们本人，或者给他们的儿子封国赐地，这些发生在上古和汉代的事情，都是为了遵循亲亲的道义。聊城公曹茂少年时不用礼教约束自己，长大后不守为善之道。先帝（指曹丕）觉得古代封立诸侯都是选定贤良的人，故此周代姬姓中也有不能封侯的，按照这样的原则办，所以唯独不给曹茂封王。太皇太后（指曹操卞夫人）多次提出这事情，又听说曹茂近来对过去做的错事有些悔悟，准备以后修身向善。君子看人注重未来，不纠缠过去，所以现在封曹茂为聊城王，以慰藉太皇太后对后世亲族的关爱私情。"

曹叡为曹茂封王时下发的诏书并不是表彰，纯粹是揭丑和斥责。诏书表明了以前文帝不为其封王的理由，以及现在为其封王的原因和根据。舜帝封作恶的弟象，汉文帝给犯罪的弟弟淮南王刘长之子封侯复地，汉章帝也曾给谋反的叔父阜陵王刘延封地增邑，曹叡的诏书向人们表明，是太皇太后不能接受曹操儿子辈中有人不被封王的事实，多次提出了请求，所以他不得已将这位顽冥为劣的叔父曹茂封了王号，好在受封人已有认错改过的传闻，而历史上也有过为犯罪亲族封爵赐地的先例。给接受封号的人作出这样的介绍说明，恐怕是旷古未有的吧。针对曹叡所发的如此诏书，有史家就认为，这样的封王策书说尽了受封人的丑话，实际起到了"欲荣反辱"的效果。232年，曹叡又改封曹茂为曲阳王，地在今江苏沭阳东南。如果做了诸侯王的曹茂此后能够改正过失重新做人，侄儿曹叡的那一通介绍就近乎成了一种有意的抹黑，曹茂如果对那样的介绍心有不满，完全可以在行动上为自己扳回形象，同时用自己的优秀表现对曹叡的言论做出回击，这里的主动权回到了曹茂自己身上。

然而后来发生了一件事情，魏少帝曹芳在位第四年（242年），曹茂的一位兄弟东平灵王曹徽去世，当时在世的兄弟应该都来参加了丧葬仪式吧，但曹茂推说自己咽喉痛，不肯前来哀悼，却在他自己的住所照常出入。为此有关官员请求收回曹茂的封地，朝廷下诏削去一县五百户封邑。曹茂在这里以喉痛为借口拒绝出席兄弟的葬礼，应该是不合于礼数和规矩吧，以至于又受到了有关官员的检举上奏，导致了不该有的惩罚。能够在自己家中照常出入，就应该不是身体上的问题；如果找借口不愿出席，干脆就一装到底吧，但他偏偏又在自己的住所照常出入，不避人众而被别人抓住了把柄，这究竟是怎样一种为人做事的心性！从中可以看到他蔑视礼教、不惧舆论和逞性而为的性格特点，那种不守礼教故意违逆的不良心性看来并没有完全改掉。史书上没有记述曹茂早年骄倨凶狠的具体事情，而从这件事情上人们大体可以窥见他无视礼仪规矩、不顾后果而我行我素的行为特征，也使人们明白了他所以不得父兄和侄儿喜欢、身受诏书斥责奚落的合理性。

曹叡身后的朝廷执政人对各地安分生存的诸侯王似乎颇有情分，244

年曹茂被徙封为乐陵王，封地在今山东乐陵东南。朝廷这次徙封时下诏书说，曹茂封地被削，租奉收入少，但其家里儿子多，所以恢复以前削去的封地，同时再增加七百户封邑。其后约二十年间，曹茂的封地三次获得增加，到司马炎建立晋国时封邑共有五千户。他的封邑增加了，只表明生活待遇有所提高，说明朝廷执政人对他并无任何成见，但并不表明他已获得了受人尊重的地位。

晋国建立时曹茂的年龄至少已近六十，他应是目睹了曹魏建国直到灭亡的全过程而始终无意为其增添半分力量的人，由于自身的原因，他是作为兄弟中骄横顽冥的一员而一直受到家族与国人的不屑和鄙夷。

1.6（10）那些凡常的儿子们

曹操有许多凡常的儿子，他们曾经作为魏王和曹魏皇室的重要成员而存在，《三国志·魏书二十》及其相关资料比较真实地记述了魏王嫡子以外二十多位儿子的主要活动，魏文帝曹丕以外曹植、曹冲、曹茂等十位王子的事迹此前已各有涉猎了解。其余凡常的儿子们，由于种种原因他们并没有对当时的政治活动发生人们想象中的影响，观察和认识他们的生存状态及其代际更替，能够窥见当时一个大家族中发生的许多复杂事情。

萧怀王曹熊 曹熊，曹操卞夫人所生第四子，三位同母兄为曹丕、曹彰、曹植。曹熊早死，曹丕称帝次年（221 年）为他追封谥号为萧怀公，曹叡在 229 年又追封为王。234 年曹熊的儿子曹炳继嗣为王，食邑二千五百户，做王第六年（239 年）离世，无有子嗣，国除，封国被取消。

相殇王曹铄 曹铄，曹操刘夫人所生次子，曹昂的同母弟。（另有《魏略》中记述："刘夫人生子脩（曹昂）及清河长公主，刘早终，丁夫人养子脩。"此处未记刘夫人生曹铄。）刘夫人在曹昂少年时去世，那曹铄不会小于曹昂五年，他应是 179 年之前出生，大概在二十岁左右早逝，生有儿子曹潜。史书上记述，229 年曹叡为其追封谥号相殇王，233 年儿子曹潜继承了爵位，不幸当年去世，他的儿子曹偃继嗣，有封邑二千五百户。236 年曹偃死，因无子而国除。255 年少帝曹髦在位时，朝廷让其兄弟曹

1.6 魏王的其他后裔

茂的儿子曹竦为其后嗣。

沛穆王曹林 曹林，为杜夫人的长子，曹衮的同母兄。杜夫人是曹操198年底收纳的吕布部属秦宜禄前妻，推测曹林大约出生于200年。211年曹林被封饶阳侯，217年徙封谯。曹丕称帝次年（221年）他晋爵为公，222年被封为谯王，224年改封谯县（今安徽亳州），曹丕去世的当年（226年）徙封鄄城（今山东鄄城北）。曹叡执政时的232年改封于沛，其后三十年间朝廷几次增邑，曹林的儿子曹赞、曹壹先后做了异母弟曹玹的后嗣，他256年去世后儿子曹纬继嗣，魏亡前共有四千七百户。另有资料称曹林的孙女曾嫁晋朝名士嵇康为妻。

济阳怀王曹玹 曹玹，曹操秦夫人所生，211年封西乡侯，早逝而无子。215年以沛王曹林的长子曹赞继承曹玹爵邑。曹赞早逝无子，后来文帝曹丕再次让曹赞的弟弟曹壹做曹玹的后嗣。221年改封为济阳侯，223年晋爵为公。曹叡执政时于230年追谥曹玹为怀公，232年又进号为怀王，追谥曹赞为西乡哀侯。曹壹死后追谥为悼公，其子曹恒嗣。其后三十年间朝廷三次增邑至一千九百户。

陈留恭王曹峻 曹峻，字子安，曹玹的同母弟，211年被封郿侯，217年徙封襄邑，在今河南睢县。曹丕称帝次年（221年）晋爵为公，次年被封为陈留王，224年改封襄邑县。曹叡执政时在232年又封陈留。259年去世，儿子曹澳继嗣。朝廷前后几次增邑，魏亡时共有封邑四千七百户。

范阳闵王曹矩 曹矩，为曹操尹夫人所生，尹夫人原是汉灵帝朝中已故大将军何进儿子何咸的夫人，尹夫人带着儿子何晏来到曹家，为曹操生了曹矩，曹矩是何晏的同母弟，他早逝而无子。217年曹操让曹均的儿子曹敏作了曹矩后嗣，封临晋侯。曹丕为帝时的222年追谥曹矩为范阳闵公，224年改封曹敏为范阳王，封地在今河北涿州一带。226年徙封句阳（今山东菏泽北）。曹叡在执政时的232年，追进曹矩为范阳闵王，改封曹敏为琅邪王。其后三十年间朝廷三次增邑，魏亡前共有三千四百户。曹敏死后谥号原王，儿子曹焜继嗣。

临邑殇公子曹上 曹上，早逝。他是曹操的孙姬所生，为195年出生

39

的白马王曹彪的同母兄，曹上本人无子，相关资料极少。曹叡于231年为这位叔父追封谥，尊为公，也未见以其兄弟之子为继嗣的安排，应与生母的低下地位有关。

刚殇公子曹勤 曹勤也是曹操的孙姬所生，为白马王曹彪的同母弟，早逝，本人无子。曹叡在231年为他追封谥，尊为公，也没有安排继嗣，情况与曹上相同。

谷城殇公子曹乘 曹乘，为曹操的李姬所生，早逝，没有儿子。231年曹叡为其追封谥，未见其他安排。

郿戴公子曹整 曹整是曹操李姬所生次子，被曹操安排为堂弟曹绍的后嗣。203年曹操在争夺河北之地时袁谭写信求和，曹操即为曹整娶来袁谭的女儿为妻，次年因袁谭负约，又将其女送归（参见1.3.24《玩了一次骗婚》）。217年曹整被封为郿侯，218年先于父王两年离世，本人无子。曹丕在221年为曹整追进谥号为戴公，以彭城王曹据的儿子曹范为其后嗣。222年封平氏侯，次年徙封于成武（今山东成武）。曹叡在229年将曹范晋爵为公。235年曹范逝世，谥号悼公，本人无子，236年曹叡安排曹据的另一儿子曹阐作曹整的后嗣，封为郿公。后来三十年间朝廷几次为其增加封邑，魏亡前共有一千八百户。曹绍曾担任过东汉朝廷的郎中，为朝廷负责宿卫的三百石八品官员，曹整是作为曹绍的后嗣而得到了比兄弟曹乘更好的对待。

灵殇公子曹京 曹京，是曹操李姬所生的第三子，曹整的同母弟，早逝，本人无子。曹叡在231年为这位叔父追封谥，未见其他的安排。

樊安公曹均 曹均，为曹操周姬所生，曹操安排他做了弟弟曹彬的后嗣。从资料上看，曹彬曾在曹操的军队任职，约在曹军南下荆州前后去世，生前受封蓟公，死后谥恭公，被称蓟恭公。张绣199年第二次投降后，曹操为曹均娶了张绣女儿为妻（参见0.8.5《张绣与贾诩的将相璧合》）。217年曹均被封为樊侯，229年逝世，本人爵位由他的儿子曹抗继承。曹丕在221年将曹均追进公爵，谥号安公。222年徙封侄儿曹抗为蓟公，223年又徙封为屯留公。曹抗237年逝世，被曹叡谥号为定公，儿子曹谌继承爵位。其后近三十年间朝廷三次增加封邑，魏亡前共有一千九百户。曹均因为作了曹彬的后嗣，生前和身后也获得了更好的待遇。

广宗殇公子曹棘　曹棘为曹操的刘姬所生，不幸早逝，本人无子。231年曹叡为这位叔父追封谥，史料中没有其他的相关信息。

东平灵王曹徽　曹徽，为曹操的宋姬所生，曹操安排他做弟弟曹玉的后嗣。曹玉生前受封朗陵侯，死后谥哀侯。曹徽217年被封历城侯。曹丕在221年将兄弟曹徽晋爵为公，222年晋封为庐江王，223年将其徙封寿张王，封地在今山东东平西南，次年改封寿张县。曹叡在232年改封曹徽为东平王。234年，曹徽的属官击打寿张县的官吏，为此被监察部门上奏朝廷，曹叡下诏削去其一县五百户的封邑。不久又恢复了所削之地。曹徽在242年逝世，儿子曹翕继承了爵位。其后二十年间朝廷几次为其增加封邑，魏亡前共有三千四百户封邑。曹翕在晋朝被封廪丘公，据说他撰写了《解寒食散方》二卷，当时在社会上颇为流传。

曹操的大家族，如同后来《红楼梦》中反映出的家族一样，表面温和的亲情下充斥着复杂的内部关系，能够看到：①生母为曹操之姬的，儿子一般都被封到公爵；而生母为曹操夫人的，儿子基本都可封到王位，子随母而贵贱，其等级关系是比较分明的。②曹操有三个儿子被过继给自己的兄弟做继嗣：曹均和曹徽分别做了弟弟曹彬和曹玉的后嗣，曹整做了堂弟（或族弟）曹绍的后嗣。当年曹操父亲曹嵩带全家人路过泰山时被人所害，同时遇害的有曹操之弟曹德（参见0.8.1《陶谦保徐州》下），这里又出现了曹操的两位弟弟，看来曹嵩应有四个儿子，曹操不是独子，他的兄弟有三位，这里尚不计算曹绍等几位堂弟。③送给别人的儿子，一般都是不具夫人地位的女性所生，大家庭中的妻妾晚年是随生子在封地生活，将其生子过继他人，应该是很少考虑他们生母的感情和需要，这是女人在家族中基本地位的反映。④家长是家族中一切问题的绝对主宰，儿女的婚姻关系也必然服从于家长视野中的政治交往关系。曹操几位史籍有载的女儿婚配，儿子曹均的婚姻关系及曹整婚亲关系的正反变化都清楚地表明了这一情况。⑤如果对曹操的男性后裔做完全归纳，可以发现一个严重的问题，

41

这个家族相当多的人寿数不长，有不少早逝之人。作了皇帝的曹丕曹叡父子并不是最短命的，也分别只有40岁和34岁，这是埋在魏王家族中的一大隐患，事实上成为导致曹魏事业中途断裂的一个重要原因。

1.6（11）一份政治改革的意见书

曹操的谯县同族中有一位叫曹冏的子侄辈人物，颇有思想和文采，大约生活在265年晋朝建国之前的五六十年间。他目睹了族父曹操创业的艰辛以及曹魏立国治理的现状，从现实的个人感受出发，联系逾千年历史上各代治理的正反经验，发现了曹魏国家治理中一个被严重忽视了的问题，出于对亲族政权的真诚爱护，他向执政者上书提出了自己的见解，希望能够从巩固政权的高度重视问题，吸取历史经验，及时改正存在的弊端。这是一份出自曹氏家族内部且针对现实弊政的政治改革建议书。《三国志·魏书二十》文末引注《魏氏春秋》中记述了其篇幅颇长的论述，后世称为《六代论》，这里表其概要如下：

其一，提出亲疏兼用的治理观，强调重用亲族的必要

曹冏说，古代治理国家的人，必须建树同姓以表明亲近本族，也必须扶助异姓以表明尊重贤才，许多古书上提倡"亲亲"和"贤贤"，就是因为缺少贤才就不能建功，不依靠本族就无法掌政。一味地亲近本族，国家就逐渐变弱；仅仅专用贤才，就会导致权力被夺。古代的圣人知道这些道理，所以把亲疏两种人才兼相并用，既保证同宗护卫的坚固，又收获贤才辅助的功业，这样使国家无论盛衰安危都有依靠，能保证社稷长久百世。现在国家推崇尊贵之人的法理都是清楚的，但亲近同族的政策制度并未具备。同族的兄弟在战乱中能互相援救，因为他们面临的祸难是共同的，虽然有家室内的争吵之怨，但不会忘记对外御侮的大事，这就是因为有共同的忧患。现在我们魏国不是这样，对亲族要么是任用而不看重，要么是根本不予任用，这样下去，一旦战场上出现危急情况，要抗拒外敌的侵扰，手足四肢不能相扶持，胸口心脏就得不到保护。我私下想到这些事情就寝不安席，愿意把自己的赤诚和解决方法献给朝廷。

其二，论述三代的治国经验，指出秦朝短命灭亡的教训

曹冏认为，三代之君是与天下共有其民，所以与天下人具有共同的忧患；秦朝是一人独制其民，所以国家倾危时没有人出手相救。曹冏在这里用大量的篇幅主要介绍分析了周朝在天下分邦建国，对同姓与异姓一并分封，兼亲疏而两用的策略方式，认为这样的政治治理才达到了轻重平衡，亲疏相卫的效果，以至春秋时期的齐桓、晋文两霸仍然在护卫王室，保障了王纲弛而复张，各诸侯不得恣意妄为。后来因为吴、晋、鲁、郑等同姓诸侯国变得微弱，周室难以得到同姓亲族的守护，所以周王就只剩下了空虚之位，实际上和平常人一样了，导致四十年间天下没有共主。后来秦国以诈力夺得天下，认为周朝是因为力量弱小被取代的，所以采取郡县制，亲族子弟无尺寸封土，功臣没有立锥之地，既无宗亲子弟的辅助，又无天下诸侯的拱卫，亲戚和同族子弟没有得到任何好处，这就像断掉了手足，只保留胸腹，凡是看到的人都觉得可怕，而秦皇还自以为关中牢固，子孙可享万世帝业，这真是太荒谬了。如果秦皇当初听从劝谏，给亲族子弟和三代后裔分封国土，并给功臣分封土地，保证士人百姓都有恒常稳定的君主，危难时能够同根枝叶相扶持，那么，即便后世子孙中有失道的行为，如果有人产生作奸图谋，他事情未发动，就已经被周边的人杀掉，哪能容得小小的陈胜、项氏插手生事！

其三，分析说明汉朝治国的成功与失误

曹冏说，汉高祖领着一群乌合之众，五年间就开创了帝业。开天辟地以来，兴立帝业还没有这样容易的，这是因为挖倒根深的树木很难，而摧折枯朽的腐株就不费力。汉朝有鉴于秦国的失误，建国后分封子弟，后来吕氏擅权危及刘氏，天下百姓所以不跟随，因为各诸侯国强大，拱卫着皇室，政权犹如磐石一样坚固。如果汉高祖效仿秦国的做法，不守先王的制度，那天下就不是刘氏所有了。曹冏进一步论述说，汉武帝实行推恩令，使各诸侯逐渐微弱，他们的子孙只得到衣食租税，不参与政事，以至导致了后来王莽擅朝窃位。这并不是刘氏的子孙早先忠孝，而在西汉末叛逆，只是后来权轻势弱，自己没有力量做主。后来光武帝复兴汉朝天下，也是

刘氏宗族的力量发挥作用。但他没有吸取秦朝的失国教训，所以到了桓帝、灵帝执政时，朝中没有死难之臣，天下没有同忧之国，君主在朝孤立，大臣从中弄权，头与身体四肢不相配合，导致了天下战乱，宗庙被焚，天下丢失。总之曹冏认为，汉朝治国的成功在于分封子弟，其不成功之处正在于削弱了亲族的权力。

其四，指出了曹魏国家治理中的问题

曹冏高度评价了族父曹操开创魏国天下的神武之功，赞颂了亲族兄弟受禅建国的顺天应人之举，然后尖锐地指出，大魏的建立，至今已有二十四年，但是并没有参考五代的存亡教训，没有采用他们的优长方法，主要是将亲族子弟封在空虚之地，做君王的不能指使属地的民众，宗室子弟与街巷的普通百姓没有区别，他们不能参与国家政治，无权无势。这使国家不具有深根不拔的根基，外部没有宗亲相助的坚强拱卫，曹氏的社稷当然就没有万世之安。曹冏说，现在各地的州牧、郡守就像古代的方伯诸侯，都占有千里之地，又有军队上的统兵之任，而宗室子弟却没有一人间插其间来维持相互间的平衡，这根本不是强干弱枝的万安之策。现在所用的外族贤才很有权势，而宗室有文才的人仅限于做小县令，有武才的人只做百人长，这不是劝勉贤能尊崇宗室的方式。

其五，曹冏提出了改革弊端的设想

他说，树木的根朽就会导致枝叶枯萎，而枝叶繁盛就可以荫庇本根，枝叶全部脱落了树根也孤独难存。有道是"百足之虫，至死不僵"，因为扶持者众多，可以用这样的小事来想象治国的大道理。他说，种树需要提早行动，时间长久才能扎下深根，保证枝叶茂盛，如果把树木在山林经常迁徙移动，或者在没有土壤的基地上栽种，即便给根部培上土，让其照上春日阳光，也不能挽救它的枯槁。在这里，曹冏说到解决问题的方式时，大概心存极深的顾忌，因而并没有做出直截了当的表述，只是作了自认为清晰的比喻，主要是强调重用亲族，让他们参与国家战争，保证他们有权有势；同时也隐约地表示，对亲族的封地不要随意变更，使他们与属地百姓有亲密联系，以培养出他们足够的威望来实现对民众的统御。

1.6 魏王的其他后裔

曹冏与曹魏皇家的亲族关系远近如何呢，看看曹操的上辈关系就能清楚。曹操的祖父曹腾字季兴，他有三个哥哥，分别是伯兴、仲兴、叔兴。曹冏是叔兴的曾孙，他与曹丕、曹植为同族兄弟。曹植的儿子曹志曾向晋武帝司马炎说，《六代论》是他的族叔曹冏所写，假托父亲曹植的名字发表（参见 1.6.3《曹植的遗憾》），应该说，曹冏与曹魏皇家的关系并不疏远，有人据此认为他的这份建议具有济私之心。史书上没有说明曹冏的从政经历，不知道议论中的感慨和想法是否包含有他自己的某种情绪。其实，与其说曹冏是借此为自己谋取利益，不如说他是为曹魏的前途命运而着想。他与国家政权相互间都对对方保持着温情，而他写的全篇文字明显是理性地着眼于一个强大政权的长治久安，而不是个人感情和利益的索取。

从建议书的内文中看，曹冏的上书是在曹魏建国 24 年之时，按照传统的计算，应是 243 年，为少帝曹芳在位第四年，主要辅政人为曹爽。有史家说，以魏明帝曹叡的聪明，尚且不能采用曹植的建议，何况曹爽这样的愚昧之人，怎么能采纳曹冏的建议？也有史家说，曹冏提出建议之时，司马氏的羽翼已经生成，正准备把各地诸侯王集中在邺城管理，曹冏的上书非但不能让曹爽醒悟，反而忤逆了司马懿。但应该注意的是，当时高平陵政变尚未发生，司马懿并未获得首辅大臣的绝对权力，对曹魏政权一直心有期盼的曹冏，在曹丕和曹叡当政之时不好公开表述这些不合圣意的想法，现在向辅政的宗室亲族曹爽提出来，与曹爽的政治追求没有大的冲突，其安全系数应该更高些，可惜的只是没有被领会和采纳。

1.7 被废黜的帝王曹芳

239年正月,魏国第二代皇帝曹叡英年病逝,八岁的养子曹芳继位皇帝。按照曹叡临逝前的安排,大将军曹爽和太尉司马懿辅助年幼的曹芳执掌国政,曹魏建国不到20年,国家政权就落入了权臣之手。两位辅政大臣有着不同的执政理念和政治追求,他们之间的权力争夺及其结果影响了曹魏政治发展的进程,也导致了曹芳本人的悲惨结局。

1.7(1) 十年政局的走向

魏国在240年改曹叡末年的景初年号为正始年号,皇帝虽是没有实际权力的人物,但正始年间朝廷的决策都以曹芳的名义发布诏令。《三国志·魏书四》及其引注与《资治通鉴·魏纪六》大体反映了曹芳在位前十年间魏国政治中枢的运作和国家政局的变化,从中能够看到年轻皇帝从上台到254年被废黜的前期所经历的重要事件。

政治权力的转移 并州刺史毕轨及邓飏、李胜、何晏、丁谧等一批拥有才名、趋炎附势的人物,先前曹叡厌恶他们的虚浮不实,所以对他们抑制而不录用,但曹爽一向与这些人物交好,掌权后马上提升并引为腹心。何晏等人认为大权不能托付他人,于是给曹爽出谋划策,让他通过皇帝发布诏书,改任司马懿为太傅,用虚名使他更加尊贵,而削减他的行政事务权。开始时曹爽和司马懿各自领兵三千人轮流在宫内宿卫,曹爽对司马懿非常尊重,每有事情必去拜访咨询,而曹芳上台当年的二月,朝廷果然发了诏书，表彰了司马懿的功绩，然后提出："现在任太尉为太傅，持节统兵与都督军事的事务不变。"《晋书·宣帝纪》中记述，曹爽由此取得了尚书奏事先交自己处理的权力，他接到事情后直接报告皇帝，不必经过司马懿，司马懿于是逐渐失去了实际参政权，而统兵指挥军队的权力并没有被取消。

曹爽势力的加强　司马懿担任太傅后，曹爽仍对其恭敬有礼，但各项政务大事很少再经他认可。朝廷人事也立刻发生了重大调整，曹爽让吏部尚书卢毓为仆射，而让何晏做了专管人事任免的吏部尚书，旋即任命邓飏、丁谧担任尚书，毕轨担任司隶校尉。曹爽的弟弟曹羲担任中领军，曹训担任武卫将军，曹彦担任散骑常侍、侍讲。曹爽、何晏等人对迎合的人升官进职，违抗的人罢黜斥退。黄门侍郎傅嘏对他们的做法提出过意见，被免去官职；卢毓后来一度丢掉了职务，因为舆论为其辩冤，才又任命他为光禄勋；曹叡临终安排做大将军长史以辅助曹爽的孙礼因耿直不屈，使曹爽感到不快，也被外调担任扬州刺史。朝廷内外都看风向行事，不敢违抗曹爽他们的意旨。

各种惠民措施　曹芳在位的正始年间，新的朝廷遵循德治理念实施了一些惠民措施：①解放奴婢。以明帝遗诏的名义罢黜了修建宫殿的劳役后，同时宣布官家奴婢凡到60岁以上的免为平民；246年八月大概又发现了一些问题，于是发诏书说："市面上还见到买卖七十岁衰老残病的官家奴婢，应将他们全部作为良民。如果有不能自食其力的，郡县应给予赈济。"朝廷是真下决心要解决奴婢的遗留问题。②安置流民。辽东汶县（治今辽宁营口东南二十里）、北丰（今辽宁复县）百姓渡海内迁，朝廷在齐郡的西安（治今山东桓台东二十里）、临菑、昌国（治今山东淄博市东南郊）几县设置新汶、南丰县以安置流民，保证他们有稳定的生活。③减免赋税。当年数月没有下雨，百姓生活困难，朝廷拿出御府库存黄金银物一百五十种，计一千八百多斤以资军用，减免了百姓赋税；朝廷还派人在秋天驾车巡察洛阳附近的庄稼，给高龄人、孝悌者和踏实耕作的人家按等次赐予粮谷。

国家的政务活动 曹芳在位前十年间国家也推进和发生了许多重要事情：①垦荒积粮。241年，朝廷派尚书郎邓艾到陈县、项县以东至寿春一带巡视，邓艾参考曹操早年实行的屯田制，建议在扬州、豫州之间开荒垦田，积蓄粮谷，太傅司马懿非常支持，于是在当地挖河渠增加灌溉，开通漕运，积累了不少粮食。②中枢换人。中书监刘放和中书令孙资在前朝拥有专任权，两人作为侍中，经常侍从皇帝左右，他们在240年被调任为左右光禄大夫，几年后又将左光禄大夫刘放调任为骠骑将军，右光禄大夫孙资为卫将军，两人逐渐离开了中枢机构。248年二月，孙资、刘放退职回家，这是曹爽等人权力加强后的必然趋势。242年三月太尉满宠去世，任领军将军蒋济为太尉。244年司空崔林去世，245年二月以骠骑将军赵俨接任司空，赵俨六月去世，再任太常高柔为司空。另外244年八月曹叡的另一位养子秦王曹询离世。③藩国归附。243年十二月，倭国（指日本九州岛一带的小国）女王俾弥呼派遣使者来奉献当地产物；244年九月，鲜卑有部族内附，朝廷设辽东属国，立昌黎县将他们安置。④245年十二月，宣布以已故司徒王朗所作的《易传》作为学生课试内容。

军事活动 曹芳在位前十年间没有大的战争，但国家也有一些军事活动：①司马懿讨吴。240年，吴国军队滞留荆州，柤中（今湖北宜城西）魏民十多万被隔在沔水南岸，无家可归，太傅司马懿请求亲往讨敌救民，他率军到达樊城，吴军闻讯后连夜遁逃，魏军追至三州口（今湖北云梦南），缴获大量物资和俘虏。②曹爽伐蜀。244年二月，曹爽奉诏令率领步骑兵十余万进攻蜀国汉川（指汉水流域一带的汉中之地），他是想通过战争在国内树立自己的威信，征西将军夏侯玄同时领兵参战，魏军前锋部队已到骆谷（今陕西周至西南的四百里长谷）。蜀国镇北将军王平派军据守兴势山（今陕西阳县北）险要关隘，魏军难以进入，后又听说蜀国后方的援军马上赶到，曹爽只好引军退还（参见2.7.3《不识字的名将王平》），这次用兵只是一次劳民伤财的耗费。③东北再拓展。246年二月，幽州刺史毌丘俭讨伐高句丽，五月再讨濊貊（国境在今朝鲜临津江流域以东至海），都取得了胜利，韩那奚（今朝鲜半岛东北部）等几十国各率部落归顺。毌丘俭在辽东以远的战场上取得了重大胜利，彰显了他的用兵才能。

祭祀活动 祭祀礼仪是皇帝曹芳必须亲自参加的活动，这包括：①241年二月，曹芳刚能读通《论语》，使太常（掌管宗庙祭祀礼仪的九卿）以太牢之礼在辟雍之堂祭祀孔子，以颜渊为配享。②243年正月，十二岁的曹芳举行加冠仪式，这是男子在十一岁到十七岁之间举行的成人礼，朝廷给百官群臣均有不同的赏赐。不久宫中立皇后甄氏，该女是文昭皇后（曹丕甄夫人）兄长甄俨的孙女。③243年七月，发诏书在太祖（指曹操）庙庭祭祀已故大司马曹真、曹休、征南大将军夏侯尚、太常桓阶、司空陈群、太傅钟繇、车骑将军张郃、左将军徐晃、前将军张辽、右将军乐进、太尉华歆、司徒王朗、骠骑将军曹洪、征西将军夏侯渊、后将军朱灵、文聘、执金吾臧霸、破虏将军李典、立义将军庞德、武猛校尉典韦。这些佐命之臣进入太庙受祭，当然带有功业表彰的意义，而荀彧、许褚没有进入，一直成为后世史家议论的话题。

两位执政的矛盾 何晏等人依靠曹爽的支持，喜好更改法规制度。太尉蒋济说："古时大舜辅佐唐尧治国，以结党营私为戒；周公协助成王理政，对结交人极为慎重。国家的法度，只有名世的伟人才能总掌其纲而功垂后世，不是普通人随便就可改变的。应该让文武大臣们各自恪守职责，做到清廉公正，那么平和祥瑞就能够降临。"曹爽等人不接受这些意见，也不进行制度改革的说明，只是一意孤行，于是与各位臣僚的分歧就逐渐拉大。246年围绕沮中吏民的处置，曹爽与司马懿发生了争议，曹爽坚持自己的想法，让沔水南岸逃到北岸的吏民迁回原址。247年，曹爽又采用何晏、邓飏、丁谧的意见，把郭太后迁居到永宁宫，独揽朝政，继续提拔亲戚党羽，多次更改制度。太傅司马懿无法禁止，于是他开始称病，从此也不上朝，政事一任曹爽处置，魏国的朝政显出了撕裂的危险。

1.7（2）高平陵之变（上）

曹芳为皇帝时主要由身边的辅臣掌控国政，几乎没有他自己出面做主的事情，他在位十五年间所发生最大的事情是高平陵之变，事件涉及人众极多，后来影响了国家的政治局势乃至三国时代的历史走向。《资治通鉴·魏纪七》《三国志·曹爽传》及其引注与多处资料记述了这一事变的整个过程，从中能看到各种人物在政治危机时的个人表现，以及后世人们可以汲取的教训。

当时曹爽和司马懿两位执政的矛盾已经加剧，后者借口有病而不上朝，实际上已被曹爽挤出了国家政治核心圈。但司马懿在248年受到了早年同僚孙礼的哭诉与激励。孙礼是曹叡临终前安排辅助曹爽的大将军长史，因性格耿直而被曹爽外调为扬州刺史，后改任冀州刺史。当时冀州属下的清河、平原两郡争议地界，八年也没有决断，孙礼到任后查看皇家档案库收藏的曹叡早年做平原王时的地图，据此来做决断，但曹爽相信清河郡的上诉，说地图不可用，孙礼于是上疏申辩，言辞颇为强硬。曹爽为此大怒，弹劾孙礼怨恨朝廷，判了五年刑狱。很久后又改任为并州刺史，孙礼上任前去看望太傅司马懿，面有恨色却不说话，司马懿问："你是嫌并州小，还是觉得分界事务处理不当？"孙礼说："您这样说话不对！我虽然没有德能，但也不会计较官位和过去的事情！我本来觉得您应该追随伊尹、吕尚的足迹，匡正魏国朝政，上报明帝的嘱托，下建万世功勋。现在国家遭受危难，天下动荡，这就是我不高兴的原因！"说罢竟悲痛流泪。司马懿说："你先不要这样，要忍受不能忍受的事情！"

曹爽的亲信李胜是荆州南阳人，这年冬季他出任荆州刺史，是要荣耀故里吧，特意到太傅司马懿家去辞行。司马懿让两个婢女侍奉着出来，婢女为他换衣时衣服掉在了地上；他指着口说渴，婢女端来粥，司马懿拿不住杯子，婢女喂时粥全从嘴边流出沾满前胸。李胜说："大家说您中风病复发，没想到身体这样糟！"司马懿喘着气说："年老卧病，不久就要死了。你屈就并州，并州靠近胡地，要加强戒备！恐怕不能再见面了，我把儿子司马师和司马昭托付给你。"李胜说："我是回家乡作州官，不是并州。司马懿错乱地说："你刚刚到过并州？"李胜重复说："是任职荆州。"司马懿说："年老迷乱，没听清你的话。如今你回到家乡，正好大展德才建立功勋。"李胜返回后禀告曹爽说："司马公比死人多口气，形体与精神已经分离，不足忧虑了。"过了几天，他流泪对曹爽等人说："太傅病体难以恢复，实在令人悲伤。"因此曹爽他们对司马懿不再戒备。非常明显，司马懿在李胜面前的病态完全是故意装出来的，在与曹爽产生了意气纷争后，他是要让曹爽一伙完全放弃对自己的戒备。

很快到了239年正月，明帝曹叡去世十周年之时。曹爽兄弟经常去外面出游，这次准备一块儿去安葬曹叡的高平陵，恰好皇帝曹芳也要有祭奠的仪式，于是大将军曹爽、中领军曹羲、武卫将军曹训、散骑常侍曹彦一同跟随。朝廷大司农桓范对曹爽说："您总管国家政务，统领宿卫禁兵，不应跟着出去，如果有人关闭城门，谁能把您接进来？"曹爽说："谁敢这样！"于是没有听从桓范的劝告。

司马懿本来就与他的儿子中护军司马师、散骑常侍司马昭暗中策划着对付曹爽的办法，等曹爽他们与曹芳一同出城去高平陵后，司马懿当即以郭太后名义下令，关闭了各个城门，率兵占据了储存兵器的国家武库（在今洛阳东十二公里）。《晋书·景帝纪》中说："当初，景帝（指司马师）暗中养着三千敢死之士，隐蔽在民间，到这时聚集了起来。"当司马氏的部众赶往武库时正好从曹爽家门前经过，军人带着马车前行，曹爽的妻子刘氏看见后感到恐惧，她来到庭堂对帐下值班的守督说："大将军在外，现在却有军队调动通过，这该怎么办？"守督说："夫人不要担心。"他带人上了门楼，拉开弓箭准备发射，将吏孙谦在后面拉住阻止说："事情的结果还不知道呢！"意思是说事变正在进行，谁输谁赢根本不能确定，希望他慎重考虑而不要轻易参与，这也许是司马氏在曹爽家的卧底吧。孙谦这样连续阻止了多次，司马懿的队伍很快通过并占据了武库。军队拿到武器后，司马懿派兵出城据守洛水浮桥；又命令司徒高柔持节代理大将军职事，占据曹爽营地；派太仆王观代理中领军职事，占据曹羲营地。

司马懿控制了整个京城后，向皇帝曹芳禀奏曹爽的罪恶说："我过去从辽东返回，先帝诏令陛下、秦王（指曹询）和我到御床前，拉着我的手臂，为他身后的事情忧虑。我说道：'太祖、高祖也曾把后事托付给我，这是陛下亲眼所见，没有可忧虑的。万一有不如意的事，我当誓死遵行您的诏令。'如今大将军曹爽,背弃先帝遗命,败乱国家制度;在朝内僭越本分拟比君主,在外跋扈专权;破坏军队编制,把持禁军;安置亲信霸占要职;派宦官张当担任都监,窥察陛下行动,挑拨陛下与太后关系,伤害骨肉之亲。如果这样,陛下就是居于帝位也不能久安。这绝不是先帝让陛下和我到御床前作嘱托的本意。我虽老朽不堪,怎敢忘记先帝之言!太尉蒋济等人也觉得曹爽有篡位之心,认为他们兄弟不宜统兵宿卫。我把这些意见上奏皇太后,皇太后命令我按奏章施行。我已告诫主管人及黄门令:'免去曹爽、曹羲、曹训的兵权,让他们以侯爵退职归家,不得留滞陛下车驾,如敢拖延,就以军法处置。'我还勉撑病体领兵驻扎在洛水浮桥,准备应对非常情况。"曹爽拿到司马懿的奏章,没有通报曹芳,他惶急窘迫不知如何应对,于是把曹芳的车驾留宿于伊水南岸,伐木构筑了防卫工事,并调遣数千屯田兵士作护卫。

司马懿一方面做好了迎战的准备,告诉曹芳自己领兵驻于洛水浮桥,以准备应对非常情况,这一信息本来就是想让曹爽知道的;另一方面他派遣侍中许允和尚书陈泰去劝说曹爽,督促他尽早返回认罪,同时派曹爽所信任的殿中校尉尹大目去转告曹爽说,只是免去他的官职而已,并指着洛水发了誓。司马懿这里通过威胁和诱迫的两手,是让曹爽不要反抗而交出兵权,他当然希望以最小的代价取得事情的成功。

掌控国家财政收支的大司农桓范,属于朝中九卿之一,他因为同乡和年长关系而受到曹爽的礼遇,但两人也不是太过亲近。司马懿以太后的名义下令起兵,想让桓范担任掌领禁军的中领军之职,桓范的儿子劝阻说:"皇帝车驾在外,您不如出南门去投奔。"曹爽是和皇帝曹芳在一起,司马懿在洛阳城内起兵要剥夺曹爽的兵权,这里有一个皇帝如何认定的是非问题。桓范在犹豫之后选择出城奔赴高平陵,实际上是选择了站在皇帝一边。桓范出城走到平昌门时,城门已经关闭,守门将领司蕃是桓范过去推举的官吏,桓范把手中的版牒向他一亮,只说:"皇帝有诏召我,你快点开门!"司蕃想审看诏书,桓范呵斥说:"你不就是我过去手下的官吏吗?怎敢如此做事!"司蕃打开城门,桓范出城后回头对司蕃说:"太傅图谋叛逆，你跟我走吧！"司蕃追赶不及。

桓范见到了曹爽，劝他们兄弟与皇帝曹芳同到许昌，然后调集各地军队与司马懿公开对抗。曹爽犹豫不决，桓范对曹羲说："事情非常明白，你们读书是干什么用的！现在的情势，像你们这样门第的人家想要求得贫贱平安还可能吗？普通百姓被劫作人质尚且希望存活，何况你们与天子在一起，如果号令天下，谁能不服从！"曹爽兄弟都默然不语。桓范又对曹羲说："你的中领军别营近在城南，洛阳典农的治所也在城外，可以随意召唤。如今到许昌去，不过两天一夜的路程，许昌库中的武器也足够使用，最担忧的是粮食，但大司农的印章就在我身上，可以签发征调。"但曹羲兄弟仍默不作声。抗争作战和返城投降是两种不同的选择，当然会有不同的过程和结果，曹爽兄弟从初夜坐到五更，一直决定不下来。

1.7（2）高平陵之变（中）

249年正月，魏国大将军曹爽兄弟与皇帝曹芳一同离开洛阳去高平陵祭祀明帝曹叡亡灵，太尉司马懿以郭太后的名义发动兵变，控制了洛阳城，并向曹芳上书要求免去曹爽兄弟的兵权，责令其退职归家；如果曹爽不想屈服，当然还可以像大司农桓范主张的那样，与天子一起退守许昌，其后调集各地军队与司马懿公开对抗。面临两条对策的选择，曹爽兄弟从初夜坐到半夜，一直决定不下来。

《资治通鉴·魏纪七》《三国志·曹爽传》及其引注记述，桓范在兵变后逃出洛阳前往高平陵后，司马懿得知消息即对蒋济说："曹爽的智囊去了！"蒋济说："桓范很有智谋，但曹爽就像劣马贪恋马房的草料，他顾恋家室不会做长远打算，必不采纳桓范的筹谋。"蒋济还特意写信给曹爽，说司马懿只不过想让他退职免官而已。曹爽拿到司马懿给曹爽的上书后迟疑不决，及过了五更，他把刀扔在地上说："即便交出兵权退职，我仍然不失为富家翁！"他是选择了交职投降，准备后半生当个富贵老人就行，事实果然如蒋济所料。桓范听到这样的决定后悲痛地哭泣道："曹子丹（曹真）多有才能的人，却生下你们这群猪仔兄弟！没想到今天受你们的连累要被灭族了。"桓范这里是预计到了事情的后果，他替曹爽兄弟难过，同时是为自己的命运而悲哀，因为曹爽他们如果失去了掌政权力，司马懿当然是要对桓范出城投靠一事做出清算的。曹爽的主簿杨综当时也哭着阻止交出大将军印绶，曹爽并不听从。

曹爽按照自己的决定去行事，他向曹芳送去了司马懿的上书，并让曹芳下诏书免去自己的官职，其后与曹芳一同返回洛阳。曹爽兄弟已被免职，他们以侯爵身份回到家中，司马懿很快派兵包围了他们的府第并日夜看守，在府宅的四角搭起了高楼，派人在楼上监视他们兄弟的举动。曹爽若是拿着弹弓到后园去，楼上的人就高喊："前大将军到东南去了。"曹爽感到愁闷，却不知如何是好。曹爽于是招来兄弟们商议，他们不知道司马懿究竟要做到什么程度，于是写信说："贱人曹爽惶恐悲哀，我自己犯罪招祸，受到了惩罚。前面派家人去领粮食，到今天尚没有返回，几天来家中缺粮，敢烦拨些粮饷，以解旦夕之需。"司马懿拿到书信后非常吃惊，当即写信回复说："开始不知道你家中缺粮，阅信后感到很不好意思。我已让人送粮米一百斛，另有一些肉脯、盐豉、大豆。"这批东西很快送到了家中，曹爽兄弟见到后很高兴，认为司马懿对他们不会有什么危害。

过了一些时日，有关部门奏告："黄门张当私自把选择的才人张氏、何氏送给了曹爽，怀疑他们之间隐藏奸谋。"于是逮捕了张当，交廷尉讯问查实。张当交代说："曹爽与尚书何晏、邓飏、丁谧，司隶校尉毕轨，荆州刺史李胜等人阴谋反叛，先前已经开始练兵，等到三月中旬起事。"于是把曹爽、曹羲、曹训、何晏、邓飏、丁谧、毕轨、李胜以及桓范等人都逮捕入狱。朝廷召集公卿百官公开商议，朝臣都认为："《春秋》中的大义是，'对君王不能心存叛逆，若有就要诛灭'。曹爽身为皇家支属，几世蒙受宠荣，亲身受到过先帝（指曹叡）临终前握手交代的遗诏，把天下作了托付，但却包藏祸心，放弃顾命之重，与何晏、邓飏及张当等人谋图国家政权，桓范与这些罪人联络勾结，都犯下大逆不道之罪。"这一罪行是无法宽恕的，几人于是全被诛杀，并灭了他们三族。

《晋书·鲁芝传》记述了另外一件事情，扶风郡郿县（今陕西眉县）

人鲁芝早年受雍州刺史郭淮的推举任职，后来曾任曹真的部属。曹爽辅政后，任用鲁芝为大将军府主管军务的司马。鲁芝为人正直，深有谋略，司马懿兵变后，鲁芝率领手下军士斩关出城，前去保护曹爽，并劝曹爽说："将军您处在伊尹、周公的高位，一旦获罪被罢免，即使想牵一条黄狗都不能够了。如果挟天子保住许昌，倚仗帝王的威仪号令天下，谁敢不听从您呢！如果不这样而束手待毙，那就必在东市被杀头，实在令人痛心！"秦末李斯被赵高诬陷腰斩时，他对自己一同受刑的儿子说："现在想与你再牵条黄狗在上蔡东门外追逐狡兔，也都不可能了！"这是哀叹自己已经过不上平民的生活了。鲁芝与桓范的主张相同，他用李斯临终的遭遇提醒曹爽，但曹爽懦弱迷惑，总认为"太傅必不失信于我"，没有听取鲁芝的意见，最终被下狱处死。当时鲁芝也受牵连被关在狱中，罪当处死，但他陈述大义，始终保持坚贞气节；主簿杨综也将受刑，司马懿对鲁芝和杨综都很欣赏，说："他们也是各为其主，宽恕了吧！也给事君的人做个样子。"于是将两人赦免，杨综其后官至安东参军，鲁芝被任命为御史中丞，他的事业更加顺利，后来成为晋初名臣。

当初鲁芝将要出城之时，呼唤大将军府参军辛敞，让他与自己同去。辛敞的姐姐辛宪英是太常羊耽之妻。辛敞与姐姐商量说："天子在外，太傅关闭了城门，人都说这将不利于国家，事情能这样吗？"宪英说："以我看来，太傅不过是想诛杀曹爽而已。"辛敞说："那么事情能成功吗？"宪英说："恐怕会接近成功吧！曹爽的才能是不能与太傅相比的。"辛敞说："那么我可以不必出城了？"宪英说："怎么可以不出去呢？忠于职守，是人之大义所在。一般人遇到危难，尚且需要救助，何况你的上司呢？为人执鞭驾车却突然撒手不管，这样的人不会吉祥。再说为人所任用，就须为人去死，这是亲信者的职责，只需从众就行。"辛敞于是跟随出城。事情平定之后，辛敞感叹地说："如果我不是先同姐姐商量，几乎背离了大义。"

曹爽的堂弟曹文叔，他的妻子夏侯令女，是夏侯文宁的女儿，曹文叔早死，夏侯令女一直守寡无子，夏侯家断绝了与曹家的姻亲关系，想让女儿改嫁，夏侯令女用刀割下自己两耳表示誓死不嫁，平时居家则依靠曹爽度日。曹爽被诛杀后，夏侯家上书断绝婚约，并强行把夏侯令女接回家，将再次让她改嫁；夏侯令女悄悄进入寝室，用刀割断了自己鼻子。家人十分惊愕，对她说："人生在世，就如轻尘栖息在弱草上，你何必这样自讨苦吃！而且夫家已被杀尽，你苦守到底为谁呀！"夏侯令女回答："我听说过，仁人不会因盛衰而改变节操，义士也不会因存亡而改变心志。曹家以前兴盛时，我尚且想终生守节，何况他们衰亡了，怎么能忍心抛弃！那是禽兽的行为，我岂能这样！"司马懿听说这事后，很称赞她的贤惠，就听任她收养了儿子作为曹家的后代。

在一场大事变的旋涡中，各个当事人物都围绕事变做出了自己的选择，从不同侧面展现了他们各自的才能，也折射出了他们内心世界中不曾轻易暴露的个人品德与价值理念。司马懿是政治斗争中的胜利者，他对政敌做了处心积虑的诱捕和陷害，处置对手心狠手辣，毫不留情，但在其他事情的处理上似乎也闪现着人性中的光亮点。

1.7（2）高平陵之变（下）

魏国太尉司马懿在249年正月发动高平陵之变，收缴了大将军曹爽兄弟的兵权，其后以谋反罪将他们处死灭族。这次事变的本质是魏国政权结构的大调整，司马氏代替曹爽集团占据了国家政治权力的核心。《资治通鉴·魏纪七》《三国志·魏书九》及其引注与多处资料记述了诸多当事人在事变前后的活动，对事变的发生及其引起的政坛动荡做了更多介绍。

何晏是这次高平陵事变中的牺牲者，他本是何进的孙子，早年被何进儿媳尹氏带进曹家，因为长得俊美和富有才气而深得曹操喜爱，因而做了曹操的养子和女婿（参见 1.3.12《既爱美色，也爱才俊》）。他精研老庄，始创玄学，喜好清谈，这样的学界大家却成了曹爽集团的核心人物，此前被曹爽任为吏部尚书，加侍中，极有权势。何晏刚当政时，自以为是当时无人可及的杰出人才，于是对当时的名士品评说："'因为深刻，所以能通天下之志'，夏侯泰初（夏侯玄）就是如此。'因其微妙，所以能成天下之事'，司马子元（司马师）就是如此。'唯其主宰，所以不迅疾就能快速，不急行就已到达'，我只听过这话，但未见这样的人。"何晏是想以此来比拟自己。

当时魏国有一位精通易学的术士管辂，何晏在248年底请来管辂谈论易学，当时邓飏也在座，何晏后来对管辂说："请您为我试卜一卦，看能否达到三公？"管辂说："古代八元、八凯辅佐虞舜，周公辅佐成王，都因其温和仁厚、谦虚恭敬而多福多寿，这不是卜筮所能决定的。如今您地位尊贵权势很大，但人们怀念您恩德的少，而畏惧您威势的多，这恐怕不是小心求福之道。"何晏又问："连日来我梦见数十只青蝇落在鼻子上，赶都赶不走，这是怎么回事？"管辂说："鼻子是天中之山，《易》中说：'居高而不危倾，就可长守尊位。'如今梦见青蝇这种污秽之物集聚鼻上，这表明位高者将要倾覆，轻佻者将要灭亡，您不能不深入地思考了！所以山在地中称谦，雷在天上称壮。为谦就应削多补寡，为壮就须非礼不做。希望您按照六爻的意旨去行事，这样三公地位就能达到，青蝇也可被赶走。"邓飏说："你这是老生常谈。"管辂回答："老生见到不生，常谈见到不谈。"管辂回到家中，把这些都告诉了舅舅。其舅责怪管辂说话太直露。管辂说："和死人说话，有什么可畏惧的！"其舅大怒，认为管辂过于疯狂。然而十多天后，就发生了何晏、邓飏被诛杀的消息。

邓飏在曹叡执政时曾为中书郎，因为做事虚浮而被罢黜。曹爽掌政后担任大将军长史，又调任侍中尚书。邓飏为人贪财，他在职任上答应给臧艾授以显赫职位，臧艾遂把亡父的一位妾送与邓飏，所以洛阳城中传言邓飏"以官易妇"，他每次所推举的大多是这类人。何晏主管选举而得不到人才，很多是由邓飏做事不公而引起，邓飏因而以同罪受诛，这都由于交友非才所致。被诛杀的丁谧曾因行为违礼而被曹叡收捕入监（参见1.5.20《行为背后的真情》），曹爽多次向曹叡提出其人可以大用。丁谧做事深沉而有才略，为曹爽出过很多主意，所以司马懿特别恨他，事变中未能幸免。

被称"智囊"的大司农桓范在曹叡执政时为中领军尚书，后任征虏将军，负责都督青州、徐州的军事，治所设在下邳。桓范有次与徐州刺史郑岐争一幢房屋，竟拿出督军符节要斩杀郑岐，郑岐将此事上奏，朝廷追究责任，罢免了桓范官职，不久又任命他为兖州刺史。桓范因职务降低而怏怏不乐，又听说将调任他为冀州牧。当时冀州受镇北将军吕昭统属，吕昭资格较轻，本来在桓范之后。桓范不愿接受吕昭的统领，便对妻子仲长氏抱怨说："我宁愿在朝中当卿向三公长跪，也不愿屈居于吕昭之下。"妻子仲长氏说："夫君之前都督青州、徐州，因欲擅杀郑岐而获罪，人们说难当你的下属；现在又不愿屈居吕昭之下，这又是难当你的上司了。"桓范愤恨妻子的话戳到痛处，恼羞成怒，拿起刀环猛戳妻子腹部，仲长氏受撞后胎堕人亡，桓范于是称病不去冀州赴任，后来曹爽因同乡关系任命他为大司农。桓范根据《汉书》中论及的诸多事情，自己斟酌发挥，撰写文论汇集为《世要论》，当时太尉蒋济正与群卿多人同坐，桓范带着自己的书想让蒋济观看，他先拿给周围的人，周围人传给了蒋济，蒋济不肯观看，桓范心中恼恨，从此两人心有结怨。司马懿这次在洛阳起事，桓范出城支持了曹爽，最后也被处死。

  右将军夏侯霸也受到曹爽的厚遇，因他父亲夏侯渊死于汉中，所以常咬牙立志报仇雪恨，他担任讨蜀护军，驻扎在陇西，受征西将军统率。征西将军夏侯玄是夏侯霸的侄子，又是曹爽的表弟。曹爽被诛后，司马懿召夏侯玄回京城，让雍州刺史郭淮代替他的职位。夏侯霸平素与郭淮不和，认为这一调整必然祸及己身，十分害怕，于是翻越秦岭向南逃奔，前去归降蜀汉。他走到阴平迷了路，进入山谷深处，吃完了所带粮食，只好杀马步行，脚被磨破，躺在岩石之下。当时蜀国已听说夏侯霸来降的消息，派人去山谷寻找，将其迎接到了成都。恰好蜀汉皇帝刘禅的张皇后之母是夏侯霸的堂姐妹，所以夏侯霸得到了蜀汉很好的对待（参见 2.2.1《刘禅执政》中），他被任命为车骑将军，后来成为蜀国姜维屡伐中原的得力助手。

  处置了曹爽及其党羽后，朝廷任命太傅司马懿为丞相，赐九锡；司马懿坚决推辞不受。当时曹爽在高平陵伊水南岸驻军时，太尉蒋济根据司马懿的意思曾给曹爽写信，说太傅只不过是想免去他的官职而已。曹爽相信这些保证，就返回洛阳交出了兵权。后来曹爽被定为大逆不道之罪，事情完全超出了蒋济的预料，致使曹爽等多人受诛。蒋济被司马懿封为都乡侯，他上疏坚决推辞，但未被批准。蒋济恨自己失言于曹爽，忧郁成疾，不久去世。

政治斗争失败的一方常常受到后世人们的同情，但实际上失败者有自身的原因，其中缺乏必要的社会基础常是其中重要的因素，这从曹爽、桓范等人的其他表现中就能有所感触。高平陵事变是魏国五十年间国家政权结构最为剧烈的一次动荡，国家的政权组成结构发生了重大变化，司马氏掌控了朝廷中枢权力，与此相应的各个权力层面都发生了改变，而整个国家政治局面的变化才刚刚开始。

1.7（3）司马懿的最后一搏

嘉平元年（249年）是皇帝曹芳在位第十年，这年正月的高平陵事变后，曹爽兄弟与尚书何晏、邓飏、丁谧，以及司隶校尉毕轨、荆州刺史李胜、大司农桓范等人以大逆不道罪被处死并灭三族，全国举行了大赦，太傅司马懿被提任丞相，而司马懿坚决辞让。《资治通鉴·魏纪七》《三国志·魏书四》及其引注记述了进入权力中心地位的司马懿对事情的处理，以及他为维护政局稳定而做出的最后一搏。

太常王肃受诏册命司马懿担任丞相，增加封邑一万户；同时群臣奏事不得称其名，就同西汉霍光受到的对待一样。司马懿对此上书辞让说："我亲受先帝（指曹叡）临终遗命，深感责任重大，现在依靠上天之威，摧灭了一伙奸凶，能弥补我的过失而赎罪就很幸运了，谈不上有什么功劳。而且三公的官职是古代圣王创立，在经典上记得很明白。至于丞相职位，开始于秦朝，汉朝承袭下来没有做出改变。现在三公的官职都很完备，如果出现宠臣，违背先朝典章，变更圣明之制，继承秦汉走过的路子，虽然人各不同，但我就应纠正过来，何况我若不坚持这样，全国吏民将会怎么看我！"司马懿上书十多次，皇帝才下诏允许，但又加给他九锡之礼。司马懿又上书说："太祖（指曹操）有大功大德，受到汉朝廷特别的尊崇敬重，所以加九锡，这事历代没有，不是后代君臣能够考虑的。"又辞绝不受。

从古人的理念上看，皇帝要把国家的事务托付给大臣来处理，他是托付给三公来分摊并让他们相互制约，还是托付给丞相让其总揽管制，这里本质上牵扯到三公间分权与丞相集权的不同。东汉基本上实行三公制，而司空曹操在208年罢三公制后自任丞相，自然是加大了他在朝廷的权位，后来受封魏公、魏王，加九锡，人臣的权位无以复加，最后的结局已人所共知。现在曹芳的朝廷安排司马懿走曹操的老路，这背后当然反映着司马氏追随者的心愿，但司马懿本人不主张这样，大概首先在于司马懿本人属于内敛不张扬的性格，这与曹操显然不同，他也不屑于重蹈曹家的车辙，希望走出自己不同的路子；同时司马懿当年已七十一岁，事务更多的职位及虚华性的待遇已经不成为他的追求；另外就是，即便司马懿真的对司马家族的未来怀揣野心，他仍然希望把自己这一心意掩藏起来，这既是后续政治斗争的策略，也是塑造他个人一生君子形象的需要。

高平陵事变之后，魏国社会的政治结构出现新的分化，与司马氏相左的政治势力也开始了自己的活动。太尉蒋济离世后，司空王凌继任太尉。王凌是汉末司徒王允的侄儿，曹魏建国后以将军身份镇守南疆，又兼豫州刺史，太尉之职就是在他淮南之地的住所受拜的。兖州刺史令狐愚，是王凌的外甥，驻扎在平阿（治今安徽蚌埠怀远县西南），甥舅二人同掌重兵，承担淮南防务。他们认为魏帝懦弱，受制于强臣，又听说曹操的儿子楚王曹彪有智有勇，于是想要立曹彪为帝，奉迎他到许昌建都。当年九月，令狐愚派手下将领张式到白马县，与曹彪通了消息，相互间有几次往来，而其间令狐愚却不幸病逝。

251年四月，王凌听说吴人占据了涂水（长江左岸的滁河），于是整顿各路军队准备发兵行动，同时他上表请求讨伐吴军，但朝廷没有同意，王凌派遣将军杨弘把自己废立君主的打算告诉了兖州刺史黄华，而黄华与杨弘却把此事报告了司马懿，司马懿于是率领中军乘船从水路讨伐王凌（参见1.6.6《"反叛"朝廷的白马王》）。司马懿先下达令赦免王凌之罪，然后又写信晓谕王凌，不久大军突然到达百尺堰（今河南沈丘北五公里）。王凌没料到司马懿领大军到来，他自知大势已去，就乘船独自一人出去迎接司马懿，派佐官王彧前去谢罪，送去官印和符节、斧钺。司马懿的军队到达丘头，王凌把双手绑在背后，面向司马懿，跪在水边，司马懿按诏书旨意让主簿给他松了绑。

王凌受到赦免，他觉得与司马懿有旧交，于是不再疑惑，乘着小船想要靠近司马懿。司马懿派人迎上去挡住他，把船停在淮河中间，两船相隔十余丈。王凌知道这是见外，就远远对司马懿说："你直接写封信召我，我不会不来，没想到竟率军前来！"司马懿说："因为你是不肯随送信人来的。"王凌说："你这样便是辜负了我！"司马懿说："我宁肯辜负你，也不能辜负国家！"于是派步骑兵六百人送王凌由西路回京师洛阳。路过贾逵庙时，王凌大喊说："贾公，我王凌是大魏的忠臣，只有你的神灵知道。"贾逵生前是王凌的同僚和好友，王凌本是怀着挽救曹魏的忠诚之心而兴兵起事的，现在却要被曹魏的辅政之臣所擒杀，他满腔悲苦无处诉说，料想只有朋友的在天之灵能够理解，由此得到了心理上的略微满足。他试着向司马懿索要棺钉，想要观察司马懿的心意，司马懿果真让人给了他棺钉。五月中旬，王凌走到项县（治今河南沈丘）后服毒而死。不久司马懿到达寿春，张式等人前来自首。司马懿彻底地追究此事，把有关联的人全部杀死灭族，并挖开王凌、令狐愚的坟墓，劈开棺材在附近的城镇暴尸三日，烧了其官印、章服，把他们裸埋于地下。司马懿对自己的政敌从来就没有一点客气。

令狐愚任兖州刺史时，聘任单固为别驾，单固与治中杨康同为令狐愚的心腹。令狐愚病逝后，杨康被召聘到洛阳任职，他泄露了令狐愚的暗中行事。司马懿这次到寿春，见到了单固，问他说："令狐愚谋反了吗？"单固回答说："没有。"杨康告发的事情，与单固有牵连，于是收捕了单固及其家属，全部绑送廷尉处，拷问了几十次，单固都坚持说没有。司马懿于是又收捕了杨康，让他与单固对质，单固辞穷，就大骂杨康："你这老奴！既背叛使君，又灭我家族，看你还能活多久！"杨康起初还希望自己能封侯，后因为供词颇多矛盾，也被一起斩首。临刑时他们一同出狱，单固又大骂杨康说："老奴！你死是活该，如果死者有知，你有什么面目在地下行走。"两人一同被杀，五十七岁的楚王曹彪不久也被赐死。朝廷调任扬州刺史诸葛诞为镇东将军，都督扬州诸军事。

司马懿从寿春返回后，当年六月生了重病，《晋书·宣帝纪》中记述，司马懿病重时梦见贾逵、王凌作祟，很是厌恶，到八月初他在京师逝世，终年七十三岁。天子曹芳穿着丧服送葬，安葬于河阴（今河南孟津东北），各种仪式以西汉霍光为例。儿子司马师被任为抚军大将军，录尚书事。前者是魏国所设次于大将军的二品官员，后者为掌管中枢机要的职务，位在三公之上，至此，司马氏在国家政权结构中的核心地位已经稳定获得并实现了延续。

1.7（4）再起的对外战争（上）

曹芳在位前十年间，魏国与吴、蜀两国间的战争并不多，主要是由于诸葛亮234年去世后，蜀国执政的蒋琬、费祎并没有真正北伐的意愿，而主战派姜维尚没有取得对蜀国军队的统属权，同时吴国在无蜀国配合时独力难为，加之孙权晚年国内矛盾的复杂化也使他们在军事上采取收敛策略。

249年的高平陵事变显示出了魏国政局的内部矛盾及其分化趋势，使敌国主战者看到了可以利用的机会，而蜀国姜维在诸葛亮去世十多年后也开始掌控了国家军队，其后吴国执政诸葛恪在孙权身后穷兵黩武，因而魏国在几年间出现了频繁的战争。司马氏在刚主政后既要应对和处置国内的政治冲突，又面临东西两面作战的局面，权力位置受到不小考验。

蜀国卫将军姜维自247年辅助费祎掌政始连续九伐中原，有五次发生于曹芳在位后期（参见2.9.2《九伐中原》上）。《三国志·魏书四》《资治通鉴·魏纪七》记述了魏国决策层在高平陵事变后对蜀国四次挑战的应对。一是249年秋的麴山之战，以及其后的洮城之战，魏将郭淮、陈泰、邓艾都积极防御、主动应敌，蜀军无机可乘，只好返回。

<<< 1.7 被废黜的帝王曹芳

　　二是 250 年的西平之战，姜维出兵远境西平（郡治在今青海西宁），作战中俘获了魏国中郎将郭脩（又称郭循）。郭脩到了蜀国被任为左将军，受到了很好的对待，但他却在两年后的 253 年正月元旦聚会中蓄意谋刺了蜀国大将军费祎（参见 2.8.2《被降将谋刺的才俊》下）。魏国听到了这一消息，皇帝曹芳当年八月发诏表彰说："原中郎将郭脩，有良好的操守和品行，对国家的忠诚始终不渝，之前蜀将姜维侵略西平郡，郭脩被其俘获，后来伪大将军费祎领着部众图谋入境，路经汉寿时聚会众宾客，郭脩在稠人广坐中用匕首刺死费祎，勇过聂政，功超傅介子，称得上杀身成仁和舍生取义之士。特此追加褒宠，表彰忠义，以便延福给他的后代，并激励后世之人，使他的事迹永垂来世。"魏国朝廷追封郭脩为长乐乡侯，食邑千户，谥号威侯，让他的儿子承袭爵位，又将其子加任为奉车都尉，赐银千饼，绢千匹。郭脩刺杀费祎的道义合理性一直为后世某些史家所非议，但在当时曹芳的诏书表彰舆论下，郭脩一时成了魏国的英雄人物。

　　三是 253 年初的狄道之战。费祎死后升任蜀国大将军的姜维这次统领兵将数万人越过石营（今甘肃武山南五十公里的聚落），围攻狄道（今甘肃临洮）。当时吴国执政诸葛恪也统帅军队在东线进攻。魏国掌政人司马师询问中书郎虞松说："如今东西都有战事，两地都很紧急，而各位将领意志沮丧，该怎么办？"虞松说："西汉周亚夫坚守昌邑而吴、楚军队不战自败，有些事情似弱而实强，应该考虑清楚。诸葛恪带来吴国全部精锐，足以肆意逞强。姜维握有重兵，却是深入我境的孤军，他们没有运粮部队，指望以我们境内的麦子为食，不是能坚持长久的军队。他认为我们军队在东线作战而西境空虚，所以敢于深入。现在如果令关中各军出其不意地快速奔赴前线以迎战，他大概就要撤走了。"司马师接受了这一建议，他命令东线部队坚守营地，同时命令郭淮、陈泰率领关中军队去解救狄道之围。陈泰行军至洛门（今甘肃甘谷西三十公里的渭河南岸）时，姜维已经粮尽，只好撤退。

　　四是 254 年的襄武之战。魏国狄道县长李简写密信给蜀汉请求归降，姜维于六月率军进军陇西，蜀将张嶷主动要求从征，在与魏将徐质交战中

63

不幸阵亡，姜维大败魏军，将河关、狄道、临洮三县的百姓迁徙返还。这对蜀国是一次得失相当的战争，而对魏国并未造成过大的影响。

魏国高层是把主要精力放在对吴国的作战上，这一方面是因两国距离较近，而吴国渡江进犯要比蜀国穿越秦岭入境容易得多，他们一入国境就能接近核心地带，不像蜀国始终只是在关中以西的边境骚扰；另一方面是吴国拥有更多兵源，常常能够组织起更多的人马，战争的规模要更大些。高平陵事变后魏国与吴在三年间就有两次大战。

一是250年底的江陵之战。孙权晚年朝廷内部矛盾有所加剧，魏国征南将军王昶上书说："孙权流放良臣，嫡子与庶子争权夺利，我们可乘其内部分裂时进攻吴国。"朝廷采纳了该意见，并组织三路大军进攻：派遣新城太守州泰袭击巫县、秭归，荆州刺史王基发兵夷陵，王昶则进军江陵，他受命后以竹索为桥，立即渡河进攻。吴国大将施绩，夜里逃入江陵城，王昶想把他引入平地再与之战，于是安派人马从大道返回，又把缴获的铠甲马具等物丢弃在城的四周以激怒吴军，然后埋伏兵力等待吴军。施绩果然率军追击，两军交战，王昶大破敌军，杀死了吴国将领钟离茂、许旻。王昶出军胜利，他不久被任为征南大将军。

二是252年冬季的东兴堤之战。吴国大将军诸葛恪在孙权死后掌控了国政，立刻组织了对魏国的战争。当初，吴国孙权建筑东兴堤（今安徽含山西南三十公里，与巢县相接）用以遏止巢湖之水外流，后来进攻淮南失利，就把巢湖用来停泊船只，于是废弃大堤不再修筑。诸葛恪这次会集众人于东兴，重新建筑大堤，连接左右两座山，山上建筑了两座城，各留千人把守，派将军全端守西城，都尉留略守东城，然后率军返回。

当时魏国镇东将军诸葛诞对司马师说："兵法讲致人而不致于人，现在正到了这种情况。敌人进入了我们国境，现在让王昶进逼江陵，让毌丘俭进攻武昌，以牵制吴军上游的兵力，然后挑选精锐兵力进攻其两城，等到他们救兵赶到，我们已大获全胜了。"司马师采纳了这一建议。十一月，诏令三路部队袭击吴军。王昶进攻南郡，丘俭进攻武昌，胡遵、诸葛诞率七万大军攻打东兴。胡遵等人命令各军做浮桥渡水，陈兵于大堤之上，分兵攻打两城；城在险峻之处，不能很快攻破。

吴国诸葛恪十二月率四万人马日夜兼程，前来救援东兴。到达后立即派冠军将军丁奉和吕据、留赞、唐咨等人为前锋，要求他们从山的西面攻上，丁奉对各将领说："现在各部队行动迟缓，如果魏兵占据有利地形，我们就难以争锋，我请求快速进攻。"他让各路军马避开道路，丁奉亲自率领属下三千人快速前进。当时正刮北风，丁奉扬帆行船两天就到达了东关，随即占据了附近的徐塘。当时漫天飘雪，十分寒冷，胡遵等人正在聚会饮酒。丁奉见魏军前部兵力稀少，就对手下人说："要想封侯赏爵，正在今天。"于是让士兵都脱下铠甲，丢掉长矛大戟，只戴着头盔拿着刀楯，裸身爬上堤堰。魏兵看见都大笑不止，并未立即整兵迎敌。而吴兵爬上堤后，立即击鼓呐喊，攻破了魏军前部营垒，吕据领军相继赶到，魏军惊恐奔逃，争渡浮桥，未料浮桥断裂，不少魏兵跌入水中，其他互相践踏而逃。魏将韩综、乐安太守桓嘉等人都淹没水中，死者数万人。韩综过去是吴国的叛将，多次为害吴国，孙权对其切齿痛恨，诸葛恪命人将韩综首级送回以祭告孙权之庙。缴获魏军的车辆、牛马、骡驴等都数以千计，资材器物堆积如山，诸葛恪领军得胜而归。历史小说中有"丁奉雪中奋短刀"，其叙述是基本合于史实的。

1.7（4）再起的对外战争（下）

高平陵之变后司马氏走入魏国政权结构的核心，这引起了国家政局的不小动荡。太傅司马懿在事变隔年率兵平定了太尉王凌在淮南的反叛，为巩固政权做了最后一搏，他前后辞绝了大将军的职务和赐九锡等荣耀待遇，于251年十月去世。有关部门上奏，魏国所有功臣应配享于太祖（指曹操）庙中的人，太傅司马懿功高爵尊，应该排在最上位。司马懿的弟弟司马孚任太尉，252年四月，抚军大将军司马师被任为大将军，司马懿离世，并未影响司马氏在国家政权中占据的中心地位。

吴国执政诸葛恪在252年冬派兵进驻东兴堤，魏国组织三路大军讨伐，胡遵领七万军队攻打东兴，在吴将丁奉的突袭下全军溃败，毌丘俭、王昶的两路军队听说了消息,只好烧掉军营而退兵。《资治通鉴·魏纪八》《三国志·魏书四》及其引注中记述,魏国兵败后朝中大臣提议贬黜几位领军将领,司马师说:"我没有听公休(指诸葛诞)的谋划,才导致这样的失败,这是我的过错,几位将领没有什么罪过。"他并没有追究几位将领的责任,当时司马昭在前方担任监军,对军队有统属监督责任,司马师只是削去了弟弟司马昭的爵位。

魏国这次三路出兵的建议本来就是诸葛诞所提而被朝廷接受的,司马师说他没有听诸葛诞的建议才导致失败,后世史家认为若非史书记录有错,就是诸葛诞后来还有具体的策略方案未被采纳。当时有另一件事情,雍州刺史陈泰请求朝廷下令让并州组织军队与他联合讨伐胡人,司马师就向并州下达了出军讨胡的命令。并州的军队还没集合起来,而雁门、新兴(治今山西忻州)二郡的兵众以为将要派他们远征,竟然惊恐反叛,发生了兵变。司马师为此在朝廷表示:"这是我的过失,与陈泰没有什么关系!"他把这次事故的责任也全部揽在了自己身上。发生了这两件事情后,魏国人对司马师非常悦服,大家都希望有机会对他做出报答。

人们对司马师比较陌生,上述两件事情大体能体现出他的处事风格。东晋史家习凿齿对此议论说:"司马大将军以两次失败引咎自责,错误消弭了而事业却更兴隆,真可谓智者之举。如果讳言过失推卸责任,把失败归咎于各种原因,或经常粉饰自己而隐匿失误,就会使上下离心,人群解体,那错失就太大了。"在司马氏刚取得国家政权时,其面临的内外压力自然不小,正是司马师依靠他的优良品格及行事方式争取了民众,化解了矛盾,为司马氏掌控的政权培植了更好的社会根基。

253年三月,诸葛恪发州郡之兵二十万人再次进犯魏国,任命滕胤为都下督,总管留守事宜。吴军在淮南实行抢掠杀戮,百姓纷纷远逃,诸葛恪遂在五月包围了新城(合肥旧城东三十里鸡鸣山东麓),他想等待魏国救兵到达后围城打援,迫使魏军交战。当时蜀将姜维领着数万军队越过石营,围攻狄道(治今甘肃临洮),魏国面临东西两线的压力。朝廷首先诏令太尉司马孚率军二十万援救新城,同时司马师向中书郎虞松征询对策说："如今东西都有战事，两地都很紧急，而各位将领意志沮丧，该怎么办？"虞松分析两线不同的情势，提出了援西守东的策略，他主张让关中驻军郭淮、陈泰部队援救狄道，使蜀军无粮可取而自动退兵；同时认为："诸葛恪坐等在新城，想要招来魏军交战。如果吴军不能攻破新城，求战也无人理睬，其军队就会士气低落疲劳不堪，势必自动撤退，诸位将领的不愿进击，对我们反而是有利的。"后来西线蜀军粮尽，在援军未到时姜维果然就已撤退。

合肥新城是魏国在淮南的前卫阵地，司马师按照虞松的意见做安排，特别告诫镇南将军毌丘俭，可以把新城交给吴军，但一定要按兵自守。当时驻守新城的是扬州牙门将张特，他是无定员的五品官员，曾被调在镇东将军诸葛诞身边干事，诸葛诞觉得他没有什么能耐，准备让他返回扬州做护军。恰好毌丘俭代替诸葛诞镇守淮南，就派张特屯守合肥新城。吴将诸葛恪包围新城时，张特与将军乐方共有三千军队在城中，官吏和士兵中生病及战死的人超过一半，而吴军在城外垒起土山加紧进攻，新城即将被攻陷，已经没有办法守护。于是张特对吴人说："至今我已无心再战了，但魏国有法律规定，守城被攻过一百天等不到救援的，即使投降了对方，家人不受牵连坐牢。自我们双方交战已有九十多天了，城中本有四千多人，战死的已经过半，城虽将被攻陷，尚有一半人不想投降，需要我给他们讲清利害加以说服，明天早上会把名册送来，可以把我的印绶拿去作为信物。"他真的把印绶交给了吴人。吴人并没有拿走他的印绶，但相信他的话，同时停止了进攻。张特返还后，连夜拆了许多房屋取出木料，将城墙被攻破的地方做了两层修补。第二天他对吴国人说："我只有作战至死的决心！"吴人大怒，再次发动进攻，始终不能攻陷。

当时天气暑热，吴国士兵疲劳不堪，饮用了当地的水而导致腹泻、浮肿，生病过半，死伤者满地。各兵营的将官每天报告生病的情况，因为人数太多，诸葛恪认为他们谎报，要杀掉将官，从此没有人再敢说了。诸葛恪没有作战良策，又耻于攻城不下，时常显出愤恨之情。将军朱异在用兵上与其产生不和，诸葛恪立刻剥夺了他的兵权，驱逐他回建业；都尉蔡林多次提出军事计策，诸葛恪并不采纳，蔡林遂骑马投奔魏国。魏国将领了解到吴国兵将已疲惫不堪，于是发兵援救。到七月，诸葛恪抛下受伤生病的士卒而率军退归。由于采用了虞松的建议，魏国在东西两线都取得了防守战的胜利。事后朝廷表彰了坚守新城的张特，加任他为杂号将军，封列侯，不久又改任安丰（郡治在今安徽霍邱西南二十公里的安凤）太守。

吴、蜀两国对魏国的侵扰给以司马氏为核心的魏国新政权增加了巨大压力，这当然是魏国执政人不情愿看到的，但这些连续性的战争转移并缓和了高平陵事变后生成的国内矛盾，同时在战争与国内矛盾的复杂纠缠中，接替父亲执政的司马师向外界展现出了他良好的人品德行和出色的政治素质，他宽以待人，严于律己，不忌讳自己的过失，勇于替下属承担责任，对司马氏的家人有更多的要求；他能虚心向臣僚请教，善于张扬他人的功绩，给魏国臣民留下了很好的印象。司马氏最为缺少的社会政治根基在这一系列的军国活动中得到了培植，对外战争非但没有削弱，反而巩固了司马氏在国家政权结构中的地位。

1.7（5）事变后的曹芳

魏国第三代皇帝曹芳于239年八岁继位后一直作为名义上的最高执政人向全国发布诏令，而前十年中实际上的掌政人一直是曹爽及其党羽，曹芳在243年十二岁时举行了加冠仪式，但情况基本未变，少年皇帝在国家中的作用仅是在祭祀和礼仪的方面。249年高平陵事变后，司马氏代替曹爽掌控了国家政权，曹芳的地位仍然是作为一种礼仪而存在，国家政治活动中最有权威性的诏书仍然以曹芳名义发布，而内容一般是不由他来决定的。《三国志·魏书四》及其引注等多处史料记述了高平陵事变后五年间魏国发生的某些与曹芳有关联的事情，大体有三类，当然许多属于一般性的国家政务活动。

官员的调任 高平陵事变后最大的变化是曹爽兄弟与何晏、邓飏、丁谧、桓范等人被处死，司马氏的人进入了国家权力核心；同时在曹叡执政时专断权力的刘放、孙资也逐渐退出了国家中枢机构。除此之外，250年中，朝廷任征西将军郭淮为车骑将军；以征南将军王昶为征南大将军；司马懿的弟弟尚书令司马孚被任为司空，平定王凌反叛后，司马孚调任太尉。251年十二月，以光禄勋郑冲为司空。252年正月，以抚军大将军司马师为大将军。朝廷官员的调任和变动数量自然还很多，但无论是否以诏书任命，或者是否被正式记录下来，各种任命都是以维护和巩固司马氏的政治权力为目的的，曹芳仅仅是一个形式上的代言人。

国家的大事 古人说"国之大事，在祀与戎"，这是把祭祀与军事活动看作国家的大事，曹芳执政后五年间国家的大型祭祀活动并不多，而主要的几次军事活动都是对蜀国和吴国的战争，其间各次对外战争，以及平定王凌反叛的军事活动中，部队的调动和派兵遣将仍然是以曹芳诏令的形式发布，而实际都是由司马父子先后负责并主持的。

在这些重要活动之外，能够提及的是曹芳发布的三次表彰诏令。一是253年春夏，魏国在东西两线受敌的情况下，采取防守策略而与吴军对峙，吴国大将军诸葛恪领吴国大军包围合肥新城进攻了三月之久，防守新城的魏将张特以智佐勇，危急时刻以假降而诈敌，仅以三千人的兵力成功守卫了新城，朝廷以曹叡的诏书表彰奖励。二是魏国西平郡中郎将郭脩在被姜维俘获后寻机刺杀了蜀国高级官员费祎，魏国朝廷在253年八月发诏书表彰奖励，封郭脩为长乐乡侯，食邑千户，让他的儿子袭爵，加任其为奉车都尉。第三次表彰依然与魏吴双方的合肥新城之战有关，属于事后地方将官汇报上来，为朝廷认可后作出的表彰。

新城之战后次年春二月，镇东将军毌丘俭上书给朝廷说："去年诸葛恪包围合肥新城，城中派遣刘整出围传递消息，吴军俘获了他，审问所传的事情，并对刘整说：'诸葛公想要救活你，你应该把情况全部告知我们。'刘整骂道：'死狗，你这是什么话！我肯定是死为魏国鬼，不想苟且求生。要杀我请赶快杀掉吧。'再无其他言辞。守军又派遣郑像出城传消息，诸葛恪获悉了这一情况，他派遣骑兵在城周围寻找线索，等到郑像返还时，四五个人套住了他的头并蒙上他的眼睛，拉着他围着城绕圈，告诉郑像让他对城里喊：'大军已返还洛阳，不如早早投降。'郑像不听从他们的话,他向城中大喊:'大军近在包围圈之外,各位壮士努力!'吴军用刀捅他的口,他说不出话,于是大呼,让城中听见知晓。刘整、郑像作为军人,能够坚守节义,表现得特别优异。"毌丘俭在上书中讲述了一串生动的故事,事情是非常感人的。新城守卫战中派出送信的使者应该有很多人次,其中两位不幸被敌人抓获,刘整没有把信息传递出去,后来的郑像则是在完成任务返回途中被俘,他们都英勇无畏,不惧捐躯,表现出了崇高的气节,最终被吴军所残害,的确是战场上的功臣,称得上魏国的英雄。

事情汇报上去后,朝廷非常重视,发出诏书说:"显贵的爵位是用来褒扬头等功绩,厚重的赏赐是用以表达对烈士的尊敬。刘整、郑像接受通使之任,冒着敌人的刀枪,勇敢地冲出重围,他们不顾自己的性命而守护情报,不幸被俘获,坚守了英勇的气节,张扬了全军的气势,安定了守城将士的恐惧之心,他们临难不惧,一心完成使命。春秋时宋国解杨被楚人俘获,宁死也不背叛,西汉时齐国路中大夫为完成使命而献身,现在刘整、郑像做得毫不逊色。追赐他们两位为关中侯,使他们儿子袭爵。"魏国朝廷肯定了刘整、郑像两人的英雄事迹,以皇帝诏书的最高形式给予表彰,对于确立英勇无畏的精神,激励将士们的战斗意志都是很有意义的。

皇帝的婚配 曹芳在位时立过三位皇后:①他在243年正月举行加冠仪式后不久,立文昭皇后(曹丕甄夫人)兄长甄俨的孙女甄氏为皇后。251年七月,皇后甄氏去世,将其安葬于太清陵(魏都洛阳周围,约在今洛阳白马寺一带)。②在252年二月,曹芳再立张氏为皇后,这是故凉州刺史张既的孙女,东莞(郡治在今山东沂水东北四十公里)太守张缉的女儿,张缉在女儿立为皇后之后被封为光禄大夫。254年三月,朝廷中书令李丰与皇后父亲张缉等人试图废置大臣,想让太常夏侯玄担任大将军,事情被发觉后,所有牵连的人都受到诛杀,皇后张氏被废。③张氏被废次月,再立奉车都尉王夔的女儿王氏为皇后,王夔被封为广明乡侯、光禄大夫,其妻田氏被封为宣阳乡君。

不能确定曹芳所立的皇后是由他自己做主,还是由某个权臣根据自己的政治需要来决定,但从张缉的表现以及张皇后被废黜的事实看,张氏父女应是司马氏执政的反对者。张皇后的废黜是魏国宫廷政治斗争的结果，其中包含着魏国君臣间的尖锐冲突，最终导致了曹芳的下台。

还有另外一件值得论及的事情。252年二月，有两条鱼出现在武库的屋顶上。这是当代人都会毫不介意的事情，而古人却以此为奇，史家陈寿将其作了记载。《宋书·五行志四》中说："此余孽也。"还记述了三国经学家王肃的分析解释："鱼生在河水中，而在房屋上不能生存，现在水中之物失去了其生存之地，表明边境的将士或者有丢弃武器的事变。"史书中说："后来果然有东关之战的失败。"这是指252年底吴将丁奉在东兴打败胡遵数万大军的事情。东晋史家干宝后来认为这件怪事，预兆魏国第四任皇帝高贵乡公在260年受害的事情。事实上，在古代天人感应的理念之下，任何怪异的自然现象似乎都预示着人世间会出现相对应的非正常现象，人们对这一认识都确信无疑。史家陈寿记下了一种怪异现象而未做任何说明，是要等待后世的人发现其后续的感应结果；后世的史家果然能用某种结果来说明怪异现象的预兆性，似乎有前后的照应性。但事实上，前后两种现象间并无本质的必然联系，史家的这类叙述只是在维护着一个并不能得到证实的虚幻命题而已。

1.7（6）君臣结怨

魏帝曹芳是高平陵事变的当事人，事变结束后的几年间，二十岁左右的曹芳无奈接受司马氏父子的辅政，他自己没有掌控国政的权力，反而面临异姓政治势力对皇统侵蚀篡取的危险，权力专制的不相容性造成了皇帝与权臣在根本政治利益上难以契合。如果曹芳是一位不失应有心志的人物，那与权臣间的矛盾注定是不可避免的。《资治通鉴·魏纪八》《三国志·夏侯玄传》及其引注等多处记述了在中书令李丰、中领军许允身上发生的一些具体事情，从中表现了皇帝曹芳与司马师君臣结怨的大致原因与过程。

中书令李丰年轻时就有清雅之名，他在高平陵事变前担任尚书仆射，儿子李韬娶曹叡女儿齐长公主为妻。李丰一直在曹爽和司马懿二人之间依违周旋，与司马氏也有不错的交情，因而并没有与曹爽一同受诛。司马师252年主政后，任命李丰为中书令。当时太常夏侯玄在天下极有威望，但因为与曹爽是亲戚，已经不能担任有权势的职位，因而平时怏怏不乐；张缉因为是皇后之父，按照魏国有关亲族不得参政的规定，他被免去郡守闲居在家，当时也自感很不得意。李丰与夏侯玄和张缉关系都很亲密，司马师虽然提拔了李丰，但李丰心里更为看重夏侯玄，希望让他出面掌政。李丰担任中书令的两年中，曹芳多次召见他一起交谈，但不知说些什么。司马师觉得他们是在议论自己，所以请李丰来相见，向他询问，但李丰不以实言相告，司马师心中非常不满。

李丰对儿子李韬说："夏侯玄为天下人所看重，可以担当大任，他因是曹爽的表弟，与司马师有些嫌隙，现在年富力强却被废置不用。我得到夏侯玄的书信，为这事情深感忧心；张缉很有才能，却放弃了拥有军队的大郡，闲坐在家里，各不得志，想让你把我的计划告诉他们。"张缉正好卧病在床，李韬按照父亲李丰的安排前去探望，向他告诉了父亲的想法，张缉沉思良久后说："大家同舟应对险难，我也逃避不了。这是大事，不成功就祸及全族。"李韬回后给父亲做了汇报，其后暗中联络相好的黄门监苏铄、永宁宫署令乐敦、冗从仆射刘贤等人，几个人表示愿意听从李韬父子的调遣。

联络了队伍后，李丰对苏铄、乐敦、刘贤几人策划说："过几天皇帝封拜贵人，当天各营的兵力都把守宫门口，陛下临近前廊时，我们共同靠拢陛下，再率领众官兵士，近前去诛杀大将军司马师，各位应当听明白。"苏铄说："陛下如果不听从我们，那该怎么办？"李丰说："做事应有权宜之策，如果陛下不听从，我们就挟持着离开，他怎么能不听从？"几个人都同时答应。李丰又说："这是灭族的事情，各位一定要保密。事情成功后，你们都会被封侯并任朝廷常侍。"几人还商定事后以夏侯玄为大将军，张缉为骠骑将军，李丰还把计划告诉了夏侯玄、张缉，夏侯玄说："应该再做详细考虑。"当时没有做明确表态。

司马师在254年二月稍微听到了李丰暗中的谋划，他的舍人王羕建议找个借口请李丰来商议事情,并说:"李丰如果没有准备好,他因情屈势迫,必然会来,如果不来,我一个人就足以制服他;如果他觉得计划泄露,带着众人行动,拿起武器进入云龙门,挟持天子登凌云台,台上有三千人使用的兵器,他们鸣鼓聚会众人,那样的话我就无能为力了。"司马师派王羕赶着车去迎接李丰,李丰被迫跟随王羕来到大将军府。见面后司马师直接斥责李丰,李丰知道事情泄露已生祸端,于是正言厉色地说:"你们父子心怀奸许,想要倾覆社稷,只可惜我力量单薄,不能擒灭你们!"司马师大怒,让身边武士用刀把的铁环在腰部将李丰捶死,把尸体送交廷尉,同时收捕了李韬、夏侯玄、张缉、苏铄、乐敦、李贤等人,不久将几人处死并诛灭三族。

李丰等人被诛杀的次月,魏国废掉皇后张氏,在四月立奉车都尉王夔的女儿王氏为皇后。这次废张立王的后宫置换显然不是曹芳本人的意思,但他只能无可奈何地逼迫接受。曹芳对李丰等人被处死颇感不平,现在自己的配偶废置也要受属下的安排,皇帝在国家政权中的地位至此可想而知,他与权臣司马师的君臣关系自然已难以和好。

朝廷中领军许允平时与李丰、夏侯玄交好,他与魏帝曹芳平时也往来较多,因而对司马氏集团同样怨恨。254年春,魏国狄道长李简写密信请求投降蜀汉,于是姜维六月率军进犯陇西。安东将军司马昭当时镇守许昌,朝廷征调他去攻打姜维,司马昭领兵来京城后,曹芳需要到平乐观检阅他的军队,许允与曹芳身边的小臣谋划,决定在司马昭向皇帝辞别时当场将其斩杀,然后调动他的部队对付大将军司马师,当时已拟好了诏书放在曹芳前面。司马昭进来见到曹芳时,曹芳正在喝小米粥,身边有个叫云午的优伶故意唱道:"青头鸡,青头鸡。"青头鸡,实际所指为"鸭",云午是利用谐音催促曹芳在诏书上签字画押,但曹芳恐惧不敢签字送发,于是失去了一次翻盘的机会。

在年初李丰等人打算发动政变诛杀司马师时,有一身份不明的人天未亮骑着马,把一份诏书交给许允家看门的人,说声"有诏",随即驰马而去。这份诏书一尺一寸长,上面写着委任夏侯玄为大将军,许允为太尉,共同执掌朝政。许允料到是伪造的诏书，随即将其烧毁，没有打开呈报给司马师。不久李丰等人的事情败露，被夷灭三族，许允听说李丰等人被捉，想前去面见大将军司马师，出门时惶恐不定，最后李丰等人已被全部捉拿，司马师得知后说："我捉拿李丰这些人，你为什么要这样匆忙呢？"这里很明显，司马师知道许允和李丰的关系，在李丰的谋划已经暴露时，他派人以假诏书的手段试探许允，只是后来没有抓到许允参与谋划行动的证据而已。

因镇北将军刘静去世，朝廷调许允为镇北将军，持朝廷符节都督黄河以北的各项军务。司马师给许允写信说："镇北将军虽然事情少，但也是镇守一方，觉得您可以擂鼓树旗，经过自己的家乡，这就是穿着漂亮衣服白天行走啊。"许允得知后高兴地对妻子说："我终于幸免了！"许允离京外出前，曹芳诏令群臣集会，特地把许允拉到自己身旁谈话；许允在与皇帝告别时，泪流满面，失声痛哭，但他还未上路，有关部门就上奏说，许允曾经擅自发放官用物品，以此为罪名将他抓起来交付廷尉论处，最终判处减其死罪迁徙边疆，许允于当年秋天被流放乐浪郡（治今朝鲜平壤南），妻子儿女不得同行，在这年冬天死在半路上。

李丰、许允暗中针对司马兄弟的行动，根本上是想恢复皇帝曹芳在国家政治活动中的应有地位，无论曹芳是否知道和参与这些谋划，司马师从两人与曹芳的关系中，即能知道曹芳对事件持有的态度，他把曹芳认定为诸多不安定事件所以发生的总根源。皇帝捍卫自身皇权尊严的追求与权臣维护手中政治权力的意愿已经不能相容，君臣结怨无法开解，最后只能一方出局了。

1.7（7）曹芳出局（上）

进入254年，魏帝曹芳与权臣司马师的矛盾已经难以调和，曹芳身边的李丰、许允屡次组织政变想要诛杀司马兄弟，虽然没有得逞，但也使司马兄弟感到了极大的风险，他们处死了事变的直接策划人，进而想拔除引发政变的总根子曹芳。《三国志·魏书四》及其大量引注中记述，这年夏

1.7 被废黜的帝王曹芳

天,司马昭带许昌驻军进京接受检阅,本来要去陇西抗击蜀将姜维,但可能是察觉到了一些不正常的现象吧,他在九月却引兵进入洛阳城,大将军司马师于是开始了废黜曹芳的活动。

不久,司马师以郭太后的诏令召集群臣商议政务,集会上宣读皇太后令说:"皇帝曹芳已经长大,并不亲自理政,却玩弄内宠,沉溺女色,每天请来歌舞优伶,放纵他们戏谑;还把宫女的家人留在内庭住宿,毁坏人伦之礼,不守男女之节;恭孝之心减少,悖乱憍慢越发增长,这样的人不可以承继皇统,侍奉宗庙。所以让兼职太尉的高柔奉持策命,用一头大牛的礼仪向宗庙昭告,遣返曹芳回到他的藩国齐地,离开皇位。"曹芳239年继位皇帝前的爵位为齐王,这一指令是要他退出朝廷皇帝之位,返回他原来的藩属国。

群臣听到这样的消息都大惊失色,司马师流着眼泪说:"皇太后下的指令就是这样,各位对王室的事情能怎么样!"大家都说:"过去伊尹放逐太甲,保证了殷朝的平安;霍光废黜昌邑王刘贺,使西汉得到安定。用权宜手段稳定社稷拯救天下,两位贤臣在古代做到了,明公您现在就应这样做,今天的事情怎么办,我们听您的安排。"司马师说:"各位同僚对我寄托这么重的期待,我怎么能遇事回避呢?"于是与群臣共同向皇太后写了奏书。

在给皇太后奏书上一同签名的有尚书令太尉司马孚、大将军司马师、司徒高柔、司空郑冲、安东将军司马昭、光禄大夫孙邕、太常任恺、卫尉满伟、太仆庾嶷、廷尉钟毓、大鸿胪鲁芝、大司农王祥等46人,史书中逐一记录了各人的职务、爵位和姓名,应该是按职位高低排列,显示了事情的严肃性和各人签名的慎重。其中表示:"我们听说做天子的人,能够惠育群生、安定万国,壮大祖先的功业,光耀天下。而我们的皇帝继承大业以来,年龄已经长大,却没有亲自理政,沉溺于女色,废弃了学业。"其后几十位大臣在上书中列举了曹芳违背纲常礼仪的诸多事实,为废黜曹芳增加了更多的论据。宫中事情历来隐秘,这是从反面叙述皇帝宫中活动的官方文书,不妨多些罗列。

群臣在奏书中说:"皇帝废弃学业,不尊重儒士,每天请来小优伶郭怀、袁信等人在芙蓉殿前面赤身裸体地游戏玩耍,使与保林(禄位百石的宫廷低级女官)、女尚(曹叡所置女尚书)等违礼交往淫乱,并亲自领着后宫观看。皇帝在广望观上,让郭怀、袁信等人在观下面扮作辽东妖妇,做出过度轻慢嬉闹的行为,过路的人只好掩上眼目通过,皇帝在观上却还饮酒谈笑。皇帝在陵云台回廊中挂上帷帐,会见九亲族内的妇女,皇帝来到宣曲观,喊郭怀、袁信进入帷帐一同饮酒。郭怀和袁信在帐中行酒,里面的女人喝酒而醉,互相戏侮没有男女之别。

"皇帝使保林李华、刘勋等人与郭怀、袁信等一同游戏,清商令(管理后妃所居清商殿的令丞)令狐景呵斥李华、刘勋说:'女官们都是皇帝身边的人,各有官职,怎么能如此放纵?'李华、刘勋多次献谗言诽谤令狐景。皇帝常喜欢用弹弓弹射他人,因为愤恨令狐景,所以弹射她不避开其头和眼睛。令狐景对皇帝说:'先帝(指曹叡)把宫殿门户看守得紧,现在陛下每天领着妃妾后宫无限度地游戏,甚至一同观看倡优表演,赤裸胡闹,不能让皇太后听到。我令狐景不怕死,只是要为陛下考虑。'皇帝说:'我为天子,还不能自在行动吗?太后与我有什么相干!'使人烧铁块烫灼令狐景,致使其全身皆烂。

"甄后(指曹芳第一任皇后)去世后,皇帝想立王贵人为皇后,而郭太后想在宫外选择,皇帝忿恨地对令狐景等人说:'魏家几代所立的皇后,都是根据所爱来选,太后一定要违背我的心意,应知道我愿不愿意去皇后那里。'最终对待张皇后(指第二任皇后张氏)就很疏远淡薄。郭太后的母亲郃阳君杜氏去世,皇帝每天在后园欣赏倡优音乐,形态自若,不按时前往问候。清商丞庞熙劝谏皇帝说:'皇太后非常孝敬,现在遭受母丧重忧,汤水未曾入口,陛下应当按时前往宽慰,不可只在这里作乐。'皇帝说:'我就这样,谁能把我怎样?'皇太后返还北宫,杀掉了张美人及禹婉,皇帝非常忿恨,对令狐景等人说:'太后蛮横地杀了我所宠爱的妃妾,自此不再有母子之情。'几次前往两人被处死的地方啼哭,私下让处置妃妾死丧事务的暴室使用上好的殡棺,不让太后知道。

"每见九亲族中有美色的妇女,不时会将其留下来付清商官。皇帝到后园竹林间游戏,有时与从官拉着手行走。庞熙说:'从官不宜与至尊拉手而行。'皇帝发怒,拿起弹弓弹射庞熙。每天在后园游玩,每有外族的文书送达,皇帝看不懂,身边人会说'拿出去!'皇帝也不要来观看。太后让皇帝时常在式乾殿上学习,皇帝不想去,受催促前来,皇帝会径直离去;太后来问,每次让黄门谎言回答说'在'。令狐景和庞熙等女官畏惧,不敢劝止,甚至一块说谎谄媚。"

群臣奏书中最后说:"皇帝肆行昏淫,败人伦之礼,乱男女之节,恭孝之心日颓,不良品性渐盛,我们担心这样会倾覆天下,葬送社稷,那样即便杀身毙命也无法弥补我们的失责。现在皇帝不可以承继天命,我们请求依照汉朝霍光的先例,收取皇帝的玺绶。皇帝本来是以齐王身份继位天子的,应该让他归藩齐地,使司徒高柔持节,与有关部门用太牢之礼祭祀并昭告宗庙。我们昧死上奏。"皇太后很快同意了大臣们的上书请求。

对于魏国群臣揭露皇帝曹芳在宫中不守礼教的诸多事情,后世史家有不同的认识。清代何焯认为:"曹芳在位多年,并不像昌邑王刘贺那样才刚开始,如果真是君主的品德有缺失,司马师完全有理由把他废黜,不必要假借太后之名,公开他的床笫私情,据此可以猜想这些事实都是诬陷。"同代史家梁章钜认为:"齐王曹芳继位之初,就停止了曹叡时的宫室修建,把六十岁以上的官奴免为平民,两年后通《论语》,五年后懂《尚书》,七年后通《礼记》,许多做法都受到称赞。司马师假托太后之令,能看出来这不是事实。"史家卢弼则直接指出:"禅让的诏书,劝进的奏章,都是虚假的。存录和观赏这些虚假之文,后世人可以看到当事人的奸诈处。"

事实上,曹芳本是一位天资不高的皇帝,他八岁时登上天子之位,15年来一直没有参与多少政治事务,魏国朝廷政治态势的优劣基本与他无关,梁章钜对他的刻意美化是没有根据的。少年天子在宫中闲来无事,太后又非他的亲生母亲,曹芳在无专人管教的情况下,放纵情欲的事情不会一点没有。当二十多岁的曹芳想要行使本来属于皇帝的权力时,他与司马师发生了尖锐矛盾,后者胁迫和借用郭太后的名义罢黜他的皇帝之位是正常的。群臣在奏书中所汇集撰述的违背礼义的诸多事情,可能是对曹芳早年生活的所见所闻，不能排除其间有更多扭曲夸大的地方，而其中他对自己感情生活的珍重和捍卫，反而显示了他的血性之美。无论如何，他与司马师的冲突是一个无法开解的政治问题，司马师借用扭曲夸大了的生活问题将其废黜，也不失政治斗争的一种方式；而从曹芳的皇家身世及其不幸遭际看，他其实是一位值得人们同情的天子。

1.7（7）曹芳出局（下）

254年九月，魏国大将军司马师以郭太后的名义召集百官群臣集会，商议对皇帝曹芳的处置。群臣搜寻汇集了曹芳荒淫无度宠幸优伶艺人及诸多违背礼教的事实，四十六位高级官员联名写了给皇太后的奏书，提出没收曹芳的皇帝御玺，贬其为齐王。郭太后认可了大臣的上书与请求。《三国志·魏书四》及其引注资料中记述了宫中其后发生的事情。

废黜曹芳当然是司马师的主张，所谓太后发诏令让群臣集会商议此事，只不过是司马师的策略方式而已，但无论郭太后对事情的态度如何，既然她认可了群臣的上奏建议，那废黜曹芳的正常程序就基本完成了，于是司马师打发郭芝入宫去向郭太后禀告事情的具体安排。郭芝进宫后，看见太后与皇帝正相对而坐，他对曹芳说："大将军准备废黜陛下您，另立彭城王曹据做皇帝。"曹芳起身离去，郭太后很不高兴。郭芝说："太后有儿子却没有教养好，现在大将军主意已定，又有军队在宫外来应付非常情况，只能顺从他的旨意，没有什么可说的！"太后说："我想见大将军，当面有话说。"郭芝说："有什么可见的呢？只要赶快取出玺绶。"太后无法坚持自己的意见，于是让身边的侍从取出玺绶放在座位旁。郭芝出宫向司马师汇报，司马师听了非常高兴。

应该说，在司马集团崛起的魏国朝政中，郭太后与皇帝曹芳两人无论在多年生活中发生过怎样的利害冲突，他们始终具有政治上的相互依赖性。曹芳的皇位巩固自然需要太后的扶植和支持，而郭太后没有自己的儿子，她是以曹叡皇后和曹芳养母的身份居处太后之位的，没有了曹芳，郭太后在朝廷的政治地位自然会大打折扣。不明白双方之前到底是怎样的一种母子关系，也不清楚郭太后为什么要杀掉曹芳宠爱的张美人及禹婉，但

1.7 被废黜的帝王曹芳

从郭芝进宫后看到的帝后对坐的情景看,他们母子间的关系至少不在紧张状态。有史家注意到了郭芝见到曹芳后才传达了司马师要置换皇帝的决定,是郭太后对此并不知情的情景;而太后听到该决定后也并不高兴,也足显太后对此事的态度,这表明司马师早先以太后名义召集群臣来商议对曹芳的废黜,很大程度上是背着郭太后而对群臣的诳骗。

被派进宫中面见帝后的郭芝是郭太后的叔父,曾在曹叡的朝廷担任骑都尉,现任宣德将军并受封列侯,应是与郭太后更为亲近的人。然而遗憾得很,郭芝并没有站在太后的立场上设身处地为侄女做些考虑,他对太后的言辞中甚至没有温情的宽慰,反而充斥着威逼胁迫的意味,而对太后的请求则不多理会;司马师是借用他与太后亲属间便于沟通的一面,而郭芝则是受司马师派遣并决意为权臣办好事情。在朝政将要发生重大变故的时刻,亲情在势利面前其实是软弱不堪的。

司马师听到了郭芝的出宫汇报后,立即派使者给曹芳送去齐王印绶,让他出皇宫住于西面宫殿。曹芳按照安排行事,有一辆藩王的车子来拉载,曹芳与郭太后分别时流着眼泪,他从太极殿南门走出,群臣中有几十人前来相送,毕竟传统上的君臣关系在理念上有神圣性的一面。大家把曹芳送至西掖门,太尉司马孚非常悲伤,不知这位司马氏家族的老臣此时是否为个人真情的流露,其他很多人都流了眼泪,人们的伤感自然五味杂陈。曹芳当天有使者持节送卫,他迁居皇宫西北角的金墉城别馆。

曹芳离开皇宫后,司马师派使者进宫去取皇帝玺绶,郭太后说:"彭城王,他是我的叔父,现在立他为帝,那我是什么地位!况且这样的话,明皇帝不就断绝了后嗣吗?我觉得高贵乡公是文皇帝的长孙,是明皇帝的侄子,按照礼制,小宗具有给大宗做后嗣的规定,你们可以详细商议一下。"于是司马师再次召集群臣讨论,把皇太后的指令拿给大家观看,朝臣们于是确定迎接高贵乡公曹髦来朝廷继位。

彭城王曹据是环夫人所生次子,大约出生在199年(参见1.6.8《几位接近皇位的王子》),其时已不小于55岁。一般情况下,年长的君王总是不好糊弄,不知司马师为何选定这样一位藩王来继位。曹据是曹叡的叔父,辈分高于郭太后,郭太后则出于自身利害的考虑,也是希望维护明帝曹叡在皇家序列中的地位，于是提出以曹霖的儿子曹髦为曹叡后嗣，司马师当然不希望在宫廷闹出太大动静，就以太后提名、群臣通过的形式圈定曹髦为魏国第四任皇帝。

　　事情确定后，尚不能绕过一定的程序。司马师又与群臣上书郭太后说："我们听说人间有亲亲道义所以要尊祖，尊祖所以要崇敬本宗族。按照礼制，大宗（指宗法制下的宗族嫡长子）没有后嗣，应选择支属儿子中的贤者为继子。东海定王（指曹丕第五子曹霖）之子高贵乡公，是文皇帝的孙子，可以作为明皇帝的后嗣，承继正统之位。这样的安排使魏国民众有了依靠，也使天下各地都得到幸运，我们请求征召其来洛阳皇宫。"太后接到群臣上奏后回复指令说："东海王曹霖，为文皇帝之子。曹霖的几个儿子，都是皇室至亲，高贵乡公曹髦有做大事的才质，他可以做明皇帝的后嗣。"直接认可了群臣的提议。这样，太后与权臣在朝廷政治变换中达成了某种妥协，前者也得到了较低程度的需求满足，双方由此实现了政治利益上的暂时平衡。

　　朝廷派中护军司马望、太常王肃持节，与少府、尚书、侍中几人奉法驾，前往元城（今河北大名东二十公里）迎接曹髦。其时太常等人从洛阳出发了两天，正留驻温县等待玺绶。事情确定后，司马师派使者去宫中索求玺绶，郭太后说："我见过高贵乡公，他小时候就相识，明天到后我想自己亲手将玺绶交给他。"失去了曹芳，郭太后只能紧紧抓住曹髦，她想要拉近两人的关系，并显示太后在国家政治中的特殊地位。洛阳城中于是准备着新皇帝的登基典礼。

　　曹芳离开皇宫不久即被送到齐王封地，朝廷在河内郡的重门（故址在今河南辉县西北十公里）营建了齐王宫，曹芳一直住在此城，他的待遇与藩国之王相同。265年晋受禅建国后，他被封为邵陵（治今河南郾城东）县公，274年四十三岁时去世。曹魏少年皇帝曹芳在位十五年后，在二十三岁时作为魏国政治斗争的失败者，被异姓权臣清理出局，其中的信息量是极大的。

1.8 志图恢复的曹髦

魏国权臣司马师在254年秋废黜了皇帝曹芳，根据郭太后的旨意，迎请来曹叡的侄儿高贵乡公曹髦为皇帝，《三国志·魏书四》记述了曹髦接受征召后只身进京的不凡特质及其上台后的治政表现，从中能看到这位年幼皇帝兴旺曹魏的一片壮志雄心。

1.8（1）只身进京

曹髦字彦士，曹叡异母弟曹霖的中子，244年受封为郯县（治今山东郯城西南）高贵乡公。他自幼勤勉，学业早成。曹芳被废黜后，朝廷商议迎立他为皇帝。254年十月初，他到达京都玄武馆（今洛阳白马寺东北邙山附近），大臣们请他住在前殿，曹髦回答说前殿是先帝（指曹叡）休息之处，不敢越礼，于是住于西厢房中。群臣又奏请以天子法驾迎他入宫，他坚持不让。第二天他进入洛阳，群臣都到西掖门之南拜迎，曹髦下车答拜。司礼官说："按照礼仪不必答拜施礼。"曹髦回答："我是臣子啊！"遂坚持答拜还礼。到了宫廷正车门，曹髦下车步行，身边人劝阻说："可以乘车直接进去。"曹髦说："我受皇太后征召而来，做什么事情并不清楚。"于是步行到太极东堂，在那里拜见了郭太后，当天在太极前殿登基称帝，参加仪式的朝中百官都很高兴。

十四岁的曹髦只身来到洛阳，对朝廷征召他的目的不会不知道，但京师情况复杂，会有许多难以预料的事情，尤其是百官群臣对新到的人物有

81

一个认识和认可的过程,进入这样的陌生环境,当然不能妄自尊大。曹髦正是坚定地把握住这一原则,到了洛阳后一直把自己定位为接受太后征召的晚辈和面见臣僚的臣子,并把这一内心的原则用明确的行为告诉给百官群臣。他在住宿、车舆、答礼、进门四个细小环节上拒绝接待者的提醒,并非不懂礼仪而违规,而是坚守自己原有的臣子身份,表达了自己对朝廷君位毫无觊觎之心的纯正本色,顺便向外界显示了自己做事的主见。百官群臣大多数是第一次见到曹髦,这位新皇帝当天给人的印象是聪明俊秀,明朗豪爽。登基仪式结束后,司马师私下询问说:"皇帝是怎样的君主?"钟会回答说:"文才同于陈思王曹植,武才可比太祖曹操。"司马师说:"如果真的像你所说,那就是社稷的福分。"这一评价其实非常之高。

曹髦即位次日下诏说:"本朝三位先祖(指曹操、曹丕、曹叡)英明圣贤,顺天命而受帝位。齐王曹芳在承嗣帝位后却肆意妄行,不循礼法,失去了君王的仁德。皇太后以国家社稷为重,接受辅政大臣的建议,召我来京代替缺失之位,把大任放在我身上。我一微小之人现置身于王公朝臣之上,心中日夜感到不安,唯恐不能嗣守祖先创就的宏业,完成中兴魏室的重任,为此我战战兢兢,如临深渊。朝中各位臣僚给我以肱股之辅,四方将帅给我以有力扶持,大家都积累功德,勤勉于大魏的事业,我凭仗先祖先父的有德之臣和身边的官员,就可实现长治久安、天下太平。"曹髦一上台就首先打起了先祖的旗帜,以弘扬魏国的事业为号召,提到文武之臣的各类辅助作用,意在统一目标、凝聚人心;他提到前朝曹芳的违礼失德问题,当然是沿用了朝廷原来对事情的定性,但也表达了他自己和新朝廷对废黜曹芳事情的态度,这当然是消除事件参与人内心惶恐的重要一着;诏书中提到中兴魏室的重任,这里应是透露出了曹髦为自己掌政所确立的具体目标。

在所下诏书中,曹髦还提出了自己掌政的设想,其中说:"圣人说做君主的人,应该有天地一样的厚德,施四海一样的恩泽,应该首先有慈爱之心,显示出应有的好恶,然后从上层施行教化,带动下层亿兆民众。我自身德薄,对如何躬行大道心里并不清楚,愿意与天下贤者共同探讨。

1.8 志图恢复的曹髦

《书经》上不是说:"对百姓施以恩泽,百姓必定感怀。"从所发诏书中能够看到,少年曹髦一定读了不少圣贤经书,他是希望把其中的经典论述直接应用到自己掌政治国的实践中,并设定出了基本的思路,对民众的慈爱、恩惠、教化构成其中的关键词;以上带下是他所要采取的基本方法,他提出所设定的许多事情都先从自己做起,反映了他极大的魄力和决心。另外,曹髦说到自己对如何践行圣贤之道心里并不清楚,希望与内行人士做出探讨,其实是反映着他对圣人经典理解上的高度自信,只不过这种自信是用恭谦的形式表达了出来。

曹髦公布了诏书内容后,立即大赦天下,改齐王曹芳嘉平年号为正元,又下令削减天子的车马服饰和后宫费用,并停供了宫廷和官府中由尚方御府多种工技匠人制造的华丽无用之物。当时朝廷的少府,属下设有尚方、御府,尚方令为六百石的官员,掌管着制造御刀、剑器和各种玩好器物的国内高级工匠;御府令由宦者担任,也为六百石官职,负责为后宫和官方侍婢制作衣物用品,这些造作之物为皇家专用,每年都要耗费大量的财物和人力。曹髦首先削减了皇帝所用的车马服饰,然后裁除尚方、御府的规模与制造,真正地从自身开始厉行节俭,践行了他以上带下、端正教化的设想。

当年曹爽刚上台时停止了一批先朝开始的工程项目,罢除了大量劳役,那是皇帝之外的主政人做主而为;而曹髦这里的情况显然不同:一是,这是在没有大型工程项目的前提下,对皇家御用物品再行削减,其行为在程度上更为加大;二是,这属于年轻皇帝的自我主张,他说到做到,行动果决;三是,这一行为是在某种治政理念的支配下来实施。这些不同,尤其是后两条特征,不能不使人们感到一个厉害、可怕的曹髦。曹魏的中兴与恢复在曹髦手里不是没有希望!

登基典礼后第三天,曹髦派身边的一批侍从官员,让他们持节去到各地巡视,任务是代表天子了解各地风俗人情,慰问地方官员和百姓,同时调查冤案和失职的官员。曹髦在诏书中提出了慈爱和惠民的理念,他必须了解各地民众的所需所求。派出这些官员,正是要了解民风民情,发现现实中的问题，准备做出针对性的解决。

派出侍从官员的次日，曹髦授予大将军司马师假黄钺之权，让他统领全国兵马及京师内外诸军，入朝不趋，即不必像其他大臣那样小步快走；准许他奏事不名，向君王奏事时不直呼姓名，只称官职就行；还可以穿鞋佩剑上殿。后面几条特许均是西汉初萧何享用的待遇，后世许多首辅大臣不时沿袭，曹操当年在汉末做丞相时就曾享用。至于"假黄钺"和"持节"，都是拿着皇帝的信物去行事，具有在特定范围内代表皇帝的权力。后世有学人对古代的这类不同情况做了考察比较，认为钺、斧钺、黄钺和符节，都属于皇帝特准的信物，前三者多属于军队中的授权，轻重有所不同。同时，"假节""持节""使持节"三者的授权程度是有差异的："假节"能杀违反军令的人，"持节"可杀无官位的人，"使持节"可以杀两千石官员。而"假黄钺"可以杀戮持节之将，不是大臣能够随便拥有的权力，司马师这里得到的正是"假黄钺"。授权后过了十天，曹髦命礼官评定在废黜曹芳一事上出谋献策之人的功劳，并按功绩给予封官赐爵的不同奖赏。

不知曹髦在风急火燎地实施复兴曹魏的宏图计划时，为何转而给本就拥有重权高位的司马师授予了更大的权力和更高的荣誉。魏晋当世史家在这里也许有许多不能记录的故事，或者就根本没有他们能够知道并可清楚叙述的事情，无论如何，这里肯定有许多史实表象背后的活动在发生了作用，这些事情使曹髦感觉到了国政治理活动的多向维度，感觉到了复兴事业的艰难。

1.8（2）淮南的两次平叛

魏国第四任皇帝曹髦在254年十月刚刚上台后怀有极大的政治抱负，但他做事情不得不顾及权臣司马师及其政治势力的存在，为此他又在登基第四天授给司马师假黄钺等特权。十四岁的新任皇帝并不会有太多的政治经验，但他逐步察觉到，一旦自己设想的事情与司马集团的政治诉求发生过大背离，非但事情难以施行，反倒会引起更多的朝政危机，因而满腔的热血宏图只能暂作搁置，静以观察。《三国志·魏书四》记述了曹髦在位六七年间在他治下发生的诸多事情，曹髦本人似乎只能从事与司马氏的利益追求不相违背的行为，其中最有影响的是平定淮南的两次反叛。

毌丘俭反叛 255年正月，镇东将军毌丘俭和扬州刺史文钦声称接受了郭太后诏书，两人在寿春起兵，并向各州郡发檄文要求共同讨伐司马师。毌丘俭本来就与曹叡关系非同一般（参见1.5.24《曹叡信用的臣属》），他平素与夏侯玄、李丰交往甚密，夏侯玄等人被司马师诛杀后，毌丘俭内心不安，于是就心有所谋；扬州刺史文钦骁勇过人，他与曹爽同乡，当年深受器重，曹爽被杀后文钦内心恐惧，他又经常虚报前线的俘虏人数来邀功，司马师常常有所遏制，因此引起怨恨。毌丘俭和文钦因此而相亲，有共同的思想基础，于是联合发起了反叛。毌丘俭又派使者邀请镇南将军诸葛诞共讨司马师，诸葛诞杀掉使者以拒绝。

两位淮南叛将向朝廷上表说："司马懿为人忠正，对国家立有大功，应该宽宥他的后世，请求废掉司马师的官职，让他以侯爵身份退居家中，让其弟司马昭接替职务。太尉司马孚忠孝奉职，他的儿子护军司马望也能忠于职守，都可亲近信任，应给他们委以重任。"毌丘俭和文钦反对的仅是司马师本人而不是司马氏集团，其政治诉求也仅仅是对司马师罢职，可见其思想理念和政治目标上的偏失。

两人率领五六万大军渡过淮河，向西到达项县（治今河南沈丘）。大将军司马师当月下旬立即督师讨伐叛军，当时毌丘俭领兵坚守城池，文钦在外率领游动兵力，朝廷的军队次月在乐嘉（治今河南商水东南）打败了文钦，文钦兵败逃往东吴；毌丘俭听说文钦兵败退走，心中恐惧，于是连夜而逃，将士也四散溃奔，毌丘俭在逃亡中被安风津（今安徽霍邱北十五公里的渡津）百姓张属斩杀，首级被送到洛阳。事后朝廷宣布特赦淮南一带受毌丘俭、文钦挟持的官吏百姓，又任命镇南将军诸葛诞为镇东大将军，数月后升其为征东大将军。

大将军司马师在平定淮南反叛后病死在许昌，朝廷于同年二月初提升他的弟弟卫将军司马昭为大将军，总领尚书事务，司马昭自此代替司马师主持朝政。

诸葛诞反叛 镇守淮南的征东大将军诸葛诞早先就与夏侯玄、邓飏等人关系亲密，王凌、夏侯玄、毌丘俭等相继被杀，诸葛诞内心不安，他拿出官府库中的财物赈济施舍，又屈法赦免有罪之人以收买人心，还蓄养了扬州侠客数千人为属下敢死队。因吴军想要攻打徐堨（今安徽含山西南四十公里濡须水之东的聚落），诸葛诞请求朝廷增加十万兵众守卫淮南郡治寿春（今安徽寿县），又要求在临近淮水之处建筑城池以防备吴人进犯。司马昭刚掌朝政，就派贾充到淮南去见到诸葛诞，以慰劳为名观察其政治态度。贾充与诸葛诞见面后谈论时事道："洛阳的贤达之人，都希望实行禅让，不知您认为如何？"诸葛诞严厉地说："你家世代蒙受魏国恩惠，怎能想着把社稷转送他人？如果朝廷发生危难，我宁愿为国家赴死。"贾充默然无语。返回后向司马昭建议说："诸葛诞在扬州深得士众之心，如今召他来京，他必然不来，这时候他反叛则祸害不大；如果不召他，以后反叛那祸害就大了，因此不如召他来京。"司马昭采纳了贾充的意见。

257年四月，朝廷发诏令任命诸葛诞为司空，召他前来京师。诸葛诞得到诏书，更加恐惧，怀疑是扬州刺史乐綝从中离间，于是杀掉乐綝，聚集了在淮南及淮北郡县屯田的十余万官兵，以及在扬州地区新招募的四五万壮士，储备了足够一年的粮食，准备做长期守御；他又派长史吴纲带着小儿子诸葛靓到吴国，向吴王称臣求援，并让属下将士的子弟做人质。五月，诸葛诞公开表示不受司空之职，他拒绝入朝，为了维护自身的安全和利益而被迫反叛，吴国后来派将军全端、全怿领兵前来增援。

司马昭组织起了二十多万军队平叛，决定带着皇帝和太后一同出征。这显然是他因执政时间较短，在朝廷根基不深，担心带兵出征时朝廷会发生不利于自己的行动，属于一种做事谨慎的安全自保措施；同时也反映了他对皇帝曹髦并不信任。这种合于实情的道理皇帝和太后都应能够觉察得到，而史书中记述曹髦当时下诏说："诸葛诞背叛朝廷，制造战乱，祸害扬州。当年汉朝黥布叛逆，汉高祖亲自督师讨伐；隗嚣违命，光武帝曾御驾亲征。本朝先祖明皇帝（指曹叡）也亲率大军讨伐吴、蜀，都是显示国威的行动。这次皇太后和我都将亲临战场,以迅速平定叛乱,安定东面局势。"诏书中表述的似乎是曹髦自己愿意亲赴战场。当年汉高祖刘邦、光武帝刘秀,乃至魏明帝曹叡的确曾亲赴战场,但他们都是作为军队最高统领出征,而曹髦与郭太后这里是作为被挟裹者而随军,属于被动的行为,情况是根本不同的。曹髦的诏书有意掩饰司马昭的用心,为司马氏的自我保护行为打掩护,正好表明皇帝曹髦已经失去了发布诏书的自主性,他已沦为司马集团手中的又一傀儡。

这次随军出征,曹髦还下达过几次诏令:①宣布赦免淮南将吏士民受诸葛诞牵累者无罪。②路途上曹髦下诏说:"诸葛诞拥兵反叛,胁迫忠义之士,平寇将军庞会、骑督偏将军路蕃各带人马冲出营门投奔朝廷,其忠勇值得嘉奖,特加封庞会为乡侯,路蕃为亭侯。"这两条都是配合军事行动的政治瓦解手段。③二十多天后,曹髦又下诏说:"现在我已到项县督师,大将军恭行上天对叛臣的讨伐,马上就要前往淮浦(今江苏涟水西)前线。以前相国大司马出征,都与尚书同行,这次依照旧例。"于是派散骑常侍裴秀和黄门侍郎钟会与司马昭同行。司马昭需要把帝后放置在自己能够控制得上,而又不影响前线作战的地方,于是把他们安置在项县,这属于军事与政治的双重考虑,但仍然是以曹髦自己的决定表达出来。④八月曹髦下诏说:"过去燕刺王(西汉刘旦)谋反,属下郎中韩谊等人力谏被杀,汉朝给韩谊的子孙以优厚对待。现在诸葛诞聚众叛乱,其主簿宣隆、部曲秦絜禀守大义,事前犯颜抗争,被诸葛诞杀害。这正是比干一样的忠义之士。现提升宣隆、秦絜的儿子为骑都尉,给以赏赐,并予褒扬宣传。"⑤九月,曹髦再发诏令大赦,不久援救寿春的东吴大将全端、全怿率部投降。

258年二月,司马昭领军队经过激烈交战攻克寿春,斩杀了诸葛诞。曹髦次月下诏说:"古代军队消灭了敌人,把敌军尸首运到京都示众作为'京观',是要惩戒叛逆并炫耀武力。西汉武帝改桐乡为闻喜县,改新乡为获嘉县,是彰显南越被攻克。如今大将军亲统大军屯居丘头(今河南沈丘东南),征伐叛贼并抵御外敌,功济百姓,名扬四海。得胜之地也应留下美名，因而把丘头改名为武丘，表明以武力平叛，令后世永远不忘。"大军返回后，曹髦五月任司马昭为相国，封晋公，食邑为八郡，加九锡之礼，其后朝廷评议平叛功绩，给予各将领不同的封赏。

淮南郡远离洛阳，又是魏国南抵东吴的前沿之地，曹魏皇帝派往该地的驻军将领，一般都是具有出众武略并忠诚于皇家的亲信。曹叡之后的高平陵事变后，朝廷重权被司马氏所侵蚀，淮南将领依凭他们拥有的较强兵力和区位优势，敢于起来与司马氏叫板，其反叛行为从本心上既是维护自身的利益，也是出于对皇家的忠诚。曹魏立国期间淮南之地发生过的251年王凌之叛（参见1.7.3《司马懿的最后一搏》），以及曹髦在位期间的上述两次反叛，虽是对抗中央政府，但其目标都是针对司马氏的，皇帝成了司马氏平叛的配合者，这是魏国内部矛盾复杂化的突出表现。

1.8（3）与敌国的较量

淮南反叛是曹髦在位期间魏国的重大军事行动，皇帝曾积极地配合支持了司马氏统军平叛的活动，推动中央政府取得了对叛军的胜利。当时魏国也面临着蜀、吴两国的侵扰，吴国因内部的权力斗争尚无暇外顾，而蜀国大将军姜维屡伐中原的军事活动正频繁无休。曹髦不是国家军事活动的主要负责人，他在用兵作战方面似乎也并不像曹丕、曹叡那样在行，但他仍是对魏国负有最高责任的君主。《三国志·魏书四》记述了曹髦在对外敌作战方面配合实施的一些政治措施，表现了他从政行为的某些侧面。

曹髦在位期间，姜维有过三次入寇行为。255年八月姜维六出中原，他带领将军张翼和降将夏侯霸进军狄道（今甘肃临洮），与雍州刺史王经大战洮西故关（遗址在今甘肃临洮西北十八公里处），取胜后又反攻狄道城，一时颇有声势（参见2.9.2《九伐中原》下）。魏国朝廷当即任命长水校尉邓艾代理安西将军，命其与征西将军陈泰联兵抗击，不久又派太尉司马孚率精锐前往增援。姜维听说陈泰部队要截断蜀军退路，又听说魏国增援部队与后续部队即将到来，只好于九月下旬退兵。蜀军这次进入国境的时间长，影响也较大，正是魏国朝廷及时调兵遣将赶走了入侵之敌。

<<< 1.8 志图恢复的曹髦

蜀军撤退后,曹髦在三个月内做了如下事情:①慰问烈士家眷。他十月下诏说:"我仁德不足,不能遏止敌寇入侵,以致蜀寇进犯边陲。洮西之败,将士阵亡数以千计,有的抛尸疆场,冤魂难返;有的战败被俘,流落异域,我为此深感悲痛,只能心中哀悼。现特令阵亡将士所在各郡的典农、安夷护军、抚夷护军,以及各部官员到他们家中去慰问,给予抚恤,免除该家庭一年的赋役;在战斗中力战而亡的将士,按旧例申报嘉奖,不得遗漏。"②赦免逃亡者的亲人。陇石四郡及金城等地连年兵灾,不少人叛逃到蜀地,当然有许多将士和吏民是被蜀军劫掠离去,留在本土的家人和亲戚恐惧不安,朝廷宣布对这些人一律赦免,彻底解除了他们的顾虑。③收葬尸骨。这年底曹髦下诏说:"数月前洮西大战时,我方将士有的英勇战死,有的跳入洮水溺亡,他们的尸骨没有收拾,弃于荒野,我常为这件事难过。现特告征西将军(指陈泰)、安西将军(指邓艾),命令部下到战场故地和附近河道中寻找将士尸体,收殓安葬,以慰死者。"曹髦在军事御敌上也许没有发挥多大作用,但他反思了自身的不足,战后对阵亡将士和他们的家属,以及叛离将士的家属都做出了尽可能好的处置对待。他早先在治国设想中就有慈爱和惠民的理念,虽然未能全面实施,但一有机会也要将其展现出来,这些政治措施自然具有稳定人心、安抚民情和巩固边防的作用。

256年姜维七伐中原,他入境后与魏将邓艾在上邽(今甘肃天水市)西南的段谷发生激烈交战,因为蜀将胡济未能如约到达,蜀军在此战中大败奔逃,伤亡惨重。曹髦听到邓艾在段谷之战中胜利的消息后下诏说:"我军尚未全力发挥,蜀军就已溃败,战场上杀死和擒获的敌兵不下万人,这在以前与蜀军交战中是没有的。现在特派使者去对参战将士犒劳赏赐,设宴款待,让大家聚宴畅饮一整天才合我意。"诏书表达的是胜利后的喜悦、对参战将士的关爱,以及对未来作战的信心。

诸葛诞257年在淮南反叛后,司马昭统领二十多万军队,并带着帝后前往淮南出征平叛,蜀国姜维乘机进袭秦川(陕甘两省秦岭之北的平原地带),他兵出骆谷,八伐中原,与魏国雍凉督军司马望与安西将军邓艾相持于芒水（陕西周至东南），但数月间一直没有等到进攻决胜的机会。258年四月，姜维听到诸葛诞兵败而死，他料到关中被调出的军队会很快返回，于是率军退归。随军出征淮南的曹髦应该知道两国军队在西线上数月对峙的事情，但未见到对这次秦川之战有什么表示。

曹髦在位期间，吴国朝廷当时出现了连续不断的内部争斗，曾对魏国发动过数次大规模进攻的权臣诸葛恪253年被孙峻谋杀后，残酷暴虐的掌政人孙峻又开始了和司马桓虑、将军孙仪等人的明争暗斗，直到256年孙峻病死。接替执政的孙綝又与吕据、滕胤等难以相容，258年又有废孙亮而立孙休的改易帝王之事，孙綝本人旋被丁奉等人所杀。东吴在许多年间的内部争斗几乎没有停息过，这反而缓解了该时期魏国遭受吴国攻战的外部压力。尽管如此，作为两个敌对的国家，双方的较量总是会有的。

吴国滕胤和吕据的妻子，都是夏口督孙壹的妹妹，因为滕、吕两人与执政人孙綝的矛盾，孙綝在257年六月派镇南将军朱异领兵去袭击孙壹。朱异领兵到达前，孙壹则率领部曲投奔了魏国。孙壹在吴国为镇军将军，受封沙羡侯，持节代吴王都督夏口（治今湖北武汉武昌区蛇山北侧）军事，应是职位不低的官员。孙壹前来投奔时，曹髦正在跟随大军前往淮南战场的路途上，但他很快撰写并发出诏书说："东吴孙壹是吴王的同宗近族，身居上将高位，却能畏天知命，辨清时局，毅然率部归顺投诚。古代微子离开殷国，乐毅逃出燕国，也比不过这一行为！特封孙壹为侍中车骑将军，假节，兼交州牧，封吴侯。可以开府征召僚属，仪同三司（指仪制与司马、司徒、司空三公相同），赐给他三公所穿戴的礼服和冠冕，所有待遇一切从优。"

应该说，魏国的确给了吴国叛臣孙壹极高的对待，早年蜀国大将孟达、黄权因故归降曹魏，曹丕欣赏和喜欢他们，给了两人很好的官职和待遇，但孙壹这里受到的对待远高于他们两人，以至于后世史家裴松之认为，孙壹是因受到逼迫心生恐惧前来逃命的，没有可以值得表彰的地方，这样对待叛臣是不合古代大义的。曹髦如此对待孙壹，可能的原因在于，当时正逢吴国内政混乱时期，魏国君臣大概想借此吸引更多的吴国官员来归降，希望能最好造成对方高层官员纷纷前来归顺的多米诺骨牌效应，以便极其容易地解决与吴国对峙的问题。曹髦应是这一想法的主要倡导和实施人，从事理上讲，这种想法并不为错，也反映着曹髦等魏国君臣希望兼并江南的急迫心理，也是曹髦当时对魏国事业发展所能做出的事情。

史书上说，在魏国做了车骑将军并被封侯受赏的孙壹，在两年后的259年十一月为身边婢女所杀。另有资料说，魏国当时将前君主曹芳的贵人邢氏送给孙壹为妻，邢氏长得非常漂亮，又很妒忌，身边的人不能忍受，最终几位侍婢共同杀掉了孙壹和邢氏。孙壹的归降和对他的高规格对待，最终并没有在吴国引起魏国君臣所期望的那种效应。

在国内平叛和对敌国的各种较量中，曹髦能够发挥的作用是有限的，但他始终真实捍卫着魏国的国家利益，他当然没有任何其他的选择。然而，国家内外军事胜利的最大受益者是身边的司马集团，魏国的军事活动越成功，中央政府越巩固，曹髦的政治对手就越强大，这位志在中兴社稷的年轻皇帝走进政治魔圈而不能自持，具有必须抗争的敌手，同时具有不可抗争的命运。

1.8（4）皇帝能做的事情

立志中兴曹魏兴盛大业的曹髦曾有很好的治国设想，但接触政务后才发现许多事情并非自己当初想象的那么简单，因在国家军事活动上难以插手，能够实施的那些治政措施实际所起作用有限，他只能做为人所划定的那些事情。《三国志·魏书四》记述了这位年轻皇帝几年间的主要活动，能够看到他在国家治理中与执政权臣的无奈配合与自我努力。

其一，册立皇后

255年，上台数月的曹髦到了十五岁，也到了应该婚配立后的年龄。这年三月，朝廷册封曹操卞夫人之弟卞秉的曾孙女卞氏为皇后，事后照例大赦天下，四月曹髦封皇后卞氏的父亲卞隆为列侯。据《宋书·礼志一》所记，此前史官曾推算三月有日食，但时日过后并没有出现日食现象，大将军司马昭责备史官推算不准，史官回答说："合朔（指日月处同一经度）

之时，或者发生日掩月，或者发生月掩日。前者是日从月上面经过，称为阴不侵阳，发生了，不会引起什么变化；后者发生了才是日食，需要预告，让人们事先做出准备。但究竟会是日掩月还是月掩日，事前没有办法分清，历来都是这样。这次预测并不是史官的责任。"正是这里提到阴阳相配的问题，朝廷联想到皇帝的婚姻，很快为曹髦选定皇后。人们会以为婚配立后纯粹是皇帝个人的事情，而曹髦的立后其实是朝廷为他考虑选定的，至少在时间上没有完全脱离朝廷的需要。

其二，任命官员

国家高级官员的任命常常采用诏令的形式，这是盖有皇帝玉玺的任命书，表面上总是属于皇帝的行为，但所经过的程式并非皇帝而为，其背后的决定者当然只是国家的掌政人。史书上记录曹髦任命官员的事情不少，他在这方面应是对司马氏的用人做了不少配合。这包括：①255年，任命征南大将军王昶为骠骑将军；任征东大将军胡遵为卫将军；蜀国姜维兵犯狄道时任命长水校尉邓艾代理安西将军。②256年秋，封司空郑冲为司徒、尚书左仆射卢毓为司空。③257年，任命征东大将军诸葛诞为司空。④258年八月，任命骠骑将军王昶为司空等。在这些任命中，调任诸葛诞来朝廷以收缴他的兵权，这是大将军长史贾充当年考察淮南之后向司马昭提出并被其认可的建议，曹髦这里所发调任诸葛诞为司空的诏书，足以说明他对官员的任用其实只是配合执行司马昭的决定。

曹髦对朝廷官员的认命，很大一部分都属于对司马氏的职位提升，这包括：①254年十月上台第四天，授予大将军司马师统领全国兵马及京师内外诸军的权力，并给了他假黄钺等不少特殊权力。②255年正月司马师平定毌丘俭后病逝于许昌，曹髦很快提升卫将军司马昭为大将军，总领尚书事务，把司马师生前拥有的权力又转交到其弟司马昭手中。③256年四月，赐大将军司马昭衮冕服，并配上称为"赤舄"的红色鞋子。这是皇帝及上公在祭祀时才穿戴的礼服冕冠，属于最尊贵的打扮。④256年八月，加封大将军司马昭为大都督，给他上朝奏事不报姓名的殊荣，假黄钺；并任命太尉司马孚为太傅。

<<< 1.8 志图恢复的曹髦

258年初平定了诸葛诞反叛后,曹髦下诏令改司马昭驻军之地丘头为武丘,声称要张扬大将军武力平叛的功绩,其后对司马昭仍有两次提升,上接前序为:⑤258年五月,任命司马昭为相国,封晋公,食邑为八郡(含并州的太原、上党、西河、乐平、新兴、雁门,及司隶校尉管辖的洛阳周边之河东、平阳),另加九锡之礼。大将军前后辞让九次才作罢。⑥260年四月,皇帝曹髦诏令有关部门按照前面的决定,再次宣布由大将军司马昭出任相国之职,封晋公,加九锡之礼。到了这一地步,司马昭的臣子权位已经无以复加了,身为皇帝的曹髦应该是再也拿不出任何东西对他加封。曹髦在上述第六次加封后对身边人说:"司马昭之心,路人所知也。"这一感叹中包含了多么大的无奈和忍让,能够想到史家的记录在这里略去了背后发生的多少事情。

其三,以表彰施教化

曹髦在他当初的治国设想中有关于以上带下教化民众的内容,因设想的方案难以实施,于是他特别关注对民众的教化。他在执政后期表彰过诸多先进人物,大概是想通过树立典范、倡导正气的方式,试图改良人心和端正社会风气,这成了年轻皇帝最能直接带给下层民众的清新之处。

257年四月,曹髦下诏说:"玄菟郡(治今朝鲜咸境南道咸兴)高显县(治今辽宁铁岭)官吏士民反叛,县令郑熙被叛贼所害。乡农王简背着郑熙的尸体,昼夜兼行到达郡治。其忠节可嘉,特授予他忠义都尉之职,以表彰他非同寻常的行为。"这里树立的是对自己的主上极其忠诚的典型。

258年六月,在出征淮南平叛返回后,曹髦下诏说:"当年南阳郡有山贼聚众骚扰,欲劫持太守东里衮为人质。功曹应余独自挺身而出保护太守,使东里衮幸免于难。应余在掩护其长官的途中颠沛殒身,以生命保护了主上。这件事移交司徒,请安排应余的孙子应伦以相应职务,以使应余的忠心得到报偿。"这里树立的典型能以生命护卫自己的长官,仍然是对君主极其忠诚的人物。翻检资料可知,这是建安二十三年(218年)发生的事情,到曹髦重提时已过了整四十年,能够感到他为民众选择和树立典型人物用以引导教化的良苦用心。

当时魏国沿袭旧制设置有三老五更之位以养老人，258年九月初，曹髦下诏说："尊崇有德行的老人，推行教化，这是古代尧、舜、禹三代树立风范的长久仁政。朝廷应推举德高望重的三老、五更，给予崇高荣誉，请他们对政事给予建议，记下他们的德行言语，然后各地仿效，以期教化之功。关内侯王祥一直践仁秉义，志节淳固；关内侯郑小同温恭孝友，守义行礼，现在以王祥为三老，郑小同为五更。"诏令发布后，曹髦亲率有关朝臣，按照古代的礼仪举行聘任礼仪。

另有资料说，曹髦曾把王祥请到太学讲学，王祥依凭几杖南面为师，曹髦坐在学生位上，请对国家建设提出建议，王祥说："过去明主治国时备下礼乐，并以忠诚教化民众，人的忠诚之心会表现在言行上。大人物的行动应该效法天地，不违背天地之理，人们就会跟从他。"这位王祥出现于后世的"二十四孝"中，在民间以卧冰求鲤而著名，其实他是一位任职较早、经曹髦荐举后仕途更顺、在《晋书》中有传的明星官员；郑小同是汉末大学者郑玄的孙子，郑玄见其手纹与自己略同，故名之为小同；又说他出生的丁卯日期与父亲郑益恩出生的丁卯年数正好相同，故称小同。他早年被曹丕任为郎中，常年休假在家，在家乡北海高密（今山东高密）很有民望。曹髦树立这样的典型人物，当然是希望用仁义和忠孝行为引导示范民众，培育全社会良好的精神风尚。

曹髦希望以典型人物的事迹改良人们的道德风尚，这是最一般的想法；仔细考察能进一步发现，两位故去的典型人物都有以身护主、舍命为君的英勇精神。一个国家可以表彰的人物很多，曹髦苦苦寻觅出边远之地和四十年前具有同样特征的人物加以表彰，他一定是有心期待一批忠心护主的无畏之士出现在自己身边，或者希望自己身边人士能像那两位人物一样在关键时候能挺身而出，做出永垂后世的英雄业绩来。对王祥、郑小同的推举，是现实教化的需要，又可以消解上述典型树立的特定目的性，尤其是能展示忠孝行为在现实社会的道义精神及其价值有用性。

1.8（5）曹髦的经学探讨（上）

曹髦做皇帝不久就感到志图恢复的设想在现实中难以实施，而自己只能做些配合别人的事情，这使他有了莫大的惆怅。上台第三年，他在一次聚会中和身边几位学者官员谈起了经学中的有关问题，因为各人理解不同，相互间发生了辩论，未想到曹髦竟然表现出了极高的学术功力，最后赢得了论辩并得到学人们的赞佩。曹髦曾在他即位第二天所发诏书中提到愿意与天下贤者共同探讨圣人之道，当时只是将此作为治国的一种辅助环节，现在他感到只有经学探讨才是他最能发挥自我的领地，他在这里找到了自我价值的真正实现之处。《三国志·魏书四》及其引注记述了他几年间在太学内外的多次经学探讨活动。

256年二月初，曹髦在太极东堂宴请群臣，与侍中荀𫖮、尚书崔赞、袁亮、钟毓、给事中中书令虞松等人谈论礼学经典，说到了帝王的优劣之差。曹髦很倾慕夏朝的少康，他问荀𫖮等人说："夏朝的中兴之君与汉高祖（指刘邦），谁的功德更优？"几人都说："天下重器，都是上天授给君主，君王的圣德要和天意相符合，然后才能受命创业。各位君王面临的背景和事业的起点都不同，各有难易。少康功德虽美，但毕竟是中兴之君，可以与汉朝世祖光武帝（指刘秀）相类比。至于和高祖相比，我们觉得还是高祖为优。"臣属们表达的基本是传统的一般认识。

曹髦说："自古帝王的功德言行各有高下之分，未必创业者都优，而绍继中兴者都为劣。商汤、周武、汉高祖虽然都秉受天命，能感到他们之间的贤圣差别颇为悬殊。少康、殷宗具有中兴之美，夏启、周成王成就了守文的盛业，参考实际作为而论其德行，他们比起汉高祖，我看到的是优长，看不到他们为劣；只是各人遇到的时代不同，所以取得的功名不同罢了。少康生于部族灭亡之后，沦落为诸侯的奴隶，他艰难逃生，当时仅能保存自身免祸，但后来广布恩德，能做出预察谋划，最终消灭了浇、豷，恢复了大禹的业绩，未曾失掉上天授予夏朝的天下，如果没有至德大仁，怎么能实现这么大的功勋？汉高祖碰上天下土崩之势，他依仗一时的权变，专任智力成就了功业，做事情很多违背圣贤法度，比如身为人子却几次让父亲濒临性命之危，作为君主却收捕贤相，为人之父不能护卫儿子，在身没之后社稷几乎倾覆。如果他与少康换个时代，大概并不能恢复大禹的事业。按照这样的推论，就应该看重夏康而看轻汉高祖。你们各位可以把自己的道理作出详细论述。"显然曹髦是对该问题做了深入细致的思考而得出的不同结论，还要求大家就这一问题继续讨论。

第二天，大家一起讲习礼学经典，其后荀顗、袁亮等人说："夏商周三代建国时，都分封土地而治理，当国家衰落时没有土崩之势，所以能以怀德方式治理，却不能以力征服；到了战国之时，强弱相兼，导致难用道德而只能凭借智谋与力量，所以秦朝灭亡后就须用武力征服。早年少康广布恩德，这是仁者的英明；高祖凭借力量，这是智者的聪明。用仁用智各不相同，这是两位帝王的特殊之处。《诗》《书》叙述殷中宗、高宗两帝，都列在《大雅》中，少康的功勋超过中宗、高宗，明显可被列为《大雅》。少康的功德更优，确实如陛下所说的那样。"他们两人经过思考，已经表示赞成曹髦的观点。

崔赞、钟毓、虞松等人则说："少康虽然积德累仁，但他上承大禹遗留下来的恩泽，内有虞思、有仍的支持，外有靡、女艾的帮助，对手寒浞又邪恶奸佞，对民众没有恩德，浇、豷与其不亲近，导致他受到内外抛弃，因为这些原因少康才得以复国。至于汉高祖，他起自布衣平民，带着一伙乌合之士而成就了帝业。论德则少康为优，论功则高祖更多；从背景看是少康容易些，从时代看则高祖更艰难。"这几人已经开始向曹髦妥协，但并没有完全放弃自己的观点，应该是指出了两位帝王各自的优劣处，似乎更为公允些。

曹髦坚持说："各位认为少康是以背景资源取胜，而高祖是自己创业开国的，情况固然是这样，但各位不知道三代之世，凭恩德成就功勋是何等艰难！秦末和项羽之时，凭力量成功是何等容易。况且圣人认为：最上等是立德，其次为立功。汉高祖功高，但不及少康德行盛茂。圣人说仁者必定有勇，诛暴需要武力，少康富有仁德，难道他的武威就赶不上高祖吗？只是夏书亡佚，有记载的旧书残缺不全，所以重大的功勋未被记载而缺失，唯有春秋时的伍员大体叙述了梗概，称赞少康恢复了大禹事业，没有失去原有天下。若非大雅并具雄才，谁能做到这些？假如古代典籍都保

<<< 1.8 志图恢复的曹髦

存完好，少康的事情被完整记录，就不会有不同的看法和议论！"说到这里，几位臣属才心悦诚服。

中书令虞松提议说："少康之事，距离现在太过久远，关于他的文献记载不清楚，所以自古及今，对他作议论的人没有这样说的，致使他的美德不为世人所知。陛下既然用心详细考察远古事情作借鉴，又有不同一般的观点，赞颂少康的美好功德，要使其彰显于千年史册上，就应该将此写成文篇，以便永垂后世。"曹髦说："我的学问不博，所听闻的事情浅陋偏狭，对写出文章心有所惧，也没有适当机会；即便有说对的地方，也是思索猜中的，没有多大价值，反而会让后世贤者看到发笑，彰显我的无知！"曹髦并不愿将这些观点写成文章，事后侍郎钟会把这些议论记录了下来。

关于中兴之君夏少康和开国之君刘邦谁的功德更大，这其实是一个无法比较、也基本不具可比性的问题，曹髦身处帝位两年中应是对这一问题做了深刻思考，最后得出了中兴之君功德更大的结论，这是接受了传统教育的其他学者官员所没有想到的。这一不同的认识其实是包含了曹髦本人的所处境遇，并体现了他自身立场，也显露了他中兴曹魏事业的雄心和对自己未来的期待。荀顗、崔赞等几位臣属在他的坚定论证下先后改变了自己的看法，对曹髦的观点表示心悦诚服，其原因是复杂多样的：一是他们并没有对该问题做过如同曹髦那样认真详细的思考，始终没有打算做论辩的准备，所以一直显得论证不足；二是君臣地位不同，他们无心较真地与皇帝做出学术论辩的胜负对决，宁可做些论辩的架势就立刻认输，也让曹髦挣足面子；三是这一论题隐含着曹髦本人的某些政治情愫，几位聪明绝顶的大臣即便首次接触时不大清楚，第二天议论时绝不会仍然糊涂不明，他们不敢招惹皇帝做出更多的发挥，说得过多会成为一个影射现实的政治问题，因而当皇帝以古代文献亡佚，以空打空的方式来弥补自己的论证时，大家纷纷表示赞同，以便让论辩赶快终止下来，这是他们做人的技巧。

后世史家胡三省说，曹髦有志于效仿夏少康，然而他不能歼灭浇、豷等对手，也不能广布恩德并做出预察谋划，他的议论仅仅属于书生之谈。

无论这次论辩的过程与特点如何，对古代文献与经典中的问题能做如此深刻思考，并拿出方法精细和态度坚定的论证，的确显示了曹髦的文士气质。应该说，曹髦是误入政坛最高处的儒雅文士，他在学问术业方面具有自己的优长与自信，这在三国时代众多皇帝中是唯一的。

1.8（5）曹髦的经学探讨（中）

曹髦256年初在太极东堂与几位学者官员就历史评论进行了两天探讨并在论辩中赢得众人心悦诚服，这极大地提升了他关于学问探讨的兴致，他本人此前对经学经典有过深入的研读思考，这方面是有相当功底的，这次论辩似乎发现了自我价值的真正发挥处，于是对经学探讨一发不可收拾。《三国志·魏书四》记述，这年四月曹髦来到太学，他和学人们一连讨论了许多问题。

其一，关于《易经》的名称与创始

曹髦问学者说："古代的圣人得神明之助，仰观天文俯察人世，由此推演八卦；后来的圣人重叠为六十四卦，又推衍出数量繁多的爻，使天地间的大义无所不备。但那部书夏代称《连山》，殷时称《归藏》，周朝又称《周易》。这部书到底是怎么回事？"《易经》博士淳于俊回答说："远古时代伏羲氏依据燧皇（燧人氏）之图而创八卦，神农氏又将其演进为六十四卦。此后的黄帝、尧帝、舜帝又各有变动，三代都依据社会发展对它进行补充完善。所以'易'，就是变易。把它称为《连山》，是形容它好似大山吞吐云气，连接天地；把它称作《归藏》，是说天下万事莫不隐于其中。"曹髦的问题从《易经》的起源开始，考察这本书的不同名称。因为孔子所作的《周易·系辞下》中说"古者包牺氏之王天下也，仰则观象于天，俯则观法于地"。伏羲又名包牺，文字记载中他是易经八卦的最早创始人，这些记载是问题产生的前提。博士淳于俊对曹髦的提问作了自己的回答，属于当时最传统的观点。曹髦又问："如果说是伏羲氏根据燧皇的图案而创立《易经》，那孔子为何不说燧人氏之后的伏羲作《易经》呢？"因为淳于俊提到伏羲氏依据燧人氏之图而创八卦，当曹髦提问燧人氏在八卦创立中的作用时，淳于俊就回答不出来了，他是一位十分拘谨而不敢随意引申发挥的学人。

其二，关于《周易》经、传与郑玄注释

曹髦进而提问："孔子为《易经》作传，包括《彖传》《象传》共十篇，郑玄为《易经》作经注，虽然圣与贤的时代不同，但对经义的解释是相同的。现在孔子的《彖传》《象传》，不和《易经》的正文放在一起，而是与郑玄的注文连为一体，这是为什么？"淳于俊说："郑玄把孔子的传和自己的注文合在一起，是想让学习的人省力并易懂。"曹髦再问："郑玄把传和注结合起来，对学习的人固然方便，那孔子为何不把他的传与经文合在一起让学习起来方便呢？"淳于俊答："孔子担心他的传和经文合在一起会引起混淆，所以没那样做。这是圣人的恭谦。"曹髦又问："如果说圣人以不合篇表示谦虚，那郑玄为何不谦虚呢？"淳于俊说："圣贤做事大义弘深，圣上所提问题又深奥玄远，不是臣下我所能解释清楚的。"

《易经》、孔子的《易传》与郑玄的注解，每一后者都在解注前者，把自己的解注之文夹杂于原文之中还是独立汇编起来，这只是一个编排方式问题，两种方式各有利弊，而无关撰注编排者的思想品格问题。郑玄的合编是为学习者提供方便，孔子的分编是避免经传混淆，这种说法强调了每种编排形式的长处，都没有问题，但淳于俊偏偏给孔子的分编形式附加上了编撰者圣德谦虚的品格，曹髦则以对方之矛攻对方之盾，按其逻辑推论出郑玄的合编就是不谦虚的问题。淳于俊根本不敢认定前贤郑玄的品格缺失，只好再次放弃回答而认输。

其三，关于三帝垂衣而治

曹髦又问："《易经·系辞》中说：'黄帝、尧、舜垂衣而天下治。'远古伏羲、神农之世人们还不曾有衣裳，圣人以德教化天下，为什么差别这么大呢？"《系辞下》原文中叙述包牺氏、神农氏如何辛勤劳作治理天下后，说到"穷则变，变则通，通则久"的道理，接着论及三位帝王垂衣而治，是指搞好民众的生活需要，基本就可以垂下衣裳安坐无事了。曹髦这里是针对《系辞》原文的提问，需要说明为什么远古历史上会有如此前后不同的治理方式。淳于俊回答:"三皇(指遂人、包牺、神农氏)时代,世上人口少而禽兽多,所以得到的兽皮羽毛就足够人们穿用了;到了黄帝时代,人口多而禽兽少,人们只好制作衣裳,这是时代变化所引起。"这一回答有典籍文字做根据,无论论证严密与否,应该是过得去的。

其四,关于乾卦的属性

曹髦再问道:"在《易经》中乾代表天,但又可以为金、为玉、为老马,这不是说乾又和微小的东西一样了吗?"这一问题本身就是《周易·说卦》上的一段原文压缩而成,牵扯对八卦一般属性的理解,应属易学的基本常识。淳于俊回答说:"圣人取其意象,故有时可远,有时也可近。近者取眼前的各种东西,远者则取天地。"

其五,关于《尚书》的探讨

讲完《易经》,曹髦又命学者们讲论《尚书》。他问道:"郑玄说:'稽古同天,言尧同于天。'王肃说:'尧顺考古道而行之。'两种意思并不相同,哪一个解释是正确的?"博士庾峻回答:"先儒的说法,各有其侧重,我们后学之人不好判定,然而《洪范》篇说:'三人占卜,随从两个人的说法。'既然贾、马(指马融)与王肃都认为'顺考古道'为是,那按《洪范》的说法,应以王肃的说法为优。"郑玄与王肃对同一句子的解释确实不同,但庾峻在要求判定正误的回答中采取了一种奇特的方法,他自己不做分析判断,却以选三从二的方式,确定王肃的说法为正确,这种方式出自《尚书·洪范》所谈对占卜事情的决断,有典籍依据,似乎能助于消除庾峻是非判定的荒唐性。庾峻的学问如何暂且不说,但这里还不能不佩服他糊弄问题的机敏。

曹髦又问:"孔子说过'唯天为大,唯尧则之'。尧之所以至善至美,在于他顺应天意;而"顺考古道",是指遵循古代的做法,这不能概括尧的根本点。现在我们探究尧帝的圣德,舍其整体,只抓其细小,这难道是作者的意思吗?"庾峻答:"我是遵奉老师的说法,不能理解更深的含义。至于两种说法如何统一起来,只能由圣上来裁决。"庾峻在对第二问的回答中模糊了两种解释的不同,提出了折中统一的目标,又故作谦逊地把如何统一交给了曹髦本人,他是用极为圆滑的方式拒绝对这一问题做出更深的追究。

郑玄是东汉末期127年至200年的经学大师,王肃是曹魏前司徒王朗的儿子,生活在195年至256年间,也是极有影响的经学名家,编注的《孔子家语》至今流传,曹叡曾向他请教过一些学术问题(参见1.5.19《与王肃的历史学术讨论》),更重要的是,他是现任大将军司马昭的岳父,和司马氏的关系自然非同一般。王肃在世时,他的著作就成为国家太学博士的教科书,这种情况是不多见的。王肃与郑玄的学术倾向不同,对许多古籍的理解存在差异,不清楚王肃对司马氏的政治行为是否给予了直接支持,但曹髦在太学的活动明显有支持郑玄、贬低王肃的倾向性。庾峻在判定郑、王学术是非时躲躲闪闪,不愿自己表态,却有意选定贾、马两位与王肃观点相近的学者做陪衬,实际上支持了王肃,可以认为庾峻是因学术认同和知识视野所决定的真诚回答,但其极不直率的态度正好说明他在掩盖自己的政治倾向。

曹髦在太学的经学探讨中展现了不浅的学术功底,但他在讨论中并没有完全忘却现实生活中的政治问题,像当年二月与学者官员们探讨中兴君主的功业大小一样,身为皇帝的曹髦既然想要复兴曹魏的社稷大业,无论绕开多大的圈子做事情,他的政治立场和行事目标都会或隐或显地表现出来。

1.8(5) 曹髦的经学探讨(下)

曹髦在256年四月去太学,与学者们就《周易》《尚书》中的有关问题进行讨论,其中围绕郑玄与王肃对"稽古同天"的不同解释,博士庾峻和曹髦分别表达了自己的看法。庾峻是254年为废黜曹芳向皇太后奏书的46位署名人之一(参见1.7.7《曹芳出局》上),当属政界活跃人士,学术上尊王弃郑,其追随司马氏的政治态度十分明显。《三国志·魏书四》记述了他们接下来的其他问题讨论。

大家谈起了尧舜时代四岳举鲧之事,这是《尚书·尧典》上记载的事情,是说天下洪水泛滥时,四岳(四位部落首领)向帝尧推举鲧去试试。曹髦向学者们提问:"作为圣贤的君主,应该"与天地合其德,与日月合其明",做到德性高尚,明察秋毫。王肃在此处说:'由于尧不了解鲧,所以对他加以试用。'按照这种说法,圣人在观察事情也有不足的地方,是不是?"曹髦似乎要用王肃的解释来推出帝尧非圣的结论,如果有了这样的结论,王肃的解释当然就失去了权威性和正确性,皇帝的表达用的是疑问句,仍然需要学者来做出回答。庾峻应是觉察到了这样一种论辩陷阱,他回答说:"虽然圣人的贤明超出常人,但仍然会有未尽之处。所以禹说'知人则哲',认为这事对帝王也是不容易的;而尧帝最终改正了用人,将帝位传给了舜,所以他仍然成了圣人。"虞峻按照自己的方式引申了王肃的解释,同时维护了帝尧的圣人地位,最终是在维护王学的权威。

曹髦仍然想以王肃的解释引出尧帝非圣的结论,他又问:"做事情善始又能善终,这只有圣人才能做到;现在没有好的开端,怎能称之为圣人呢?大禹说圣人识人不易,并不是说圣人做不到;尧帝最终改正了用人而授位圣贤,可以算得上是知人。《书经》上禹说:'知人则哲,能任用人。'但尧帝疑惑鲧的才德,试用了九年,在继位选人上失去了章法,这怎能成为圣哲呢?"庾峻回答:"我读经传觉得,圣人做事情不是没有失误。所以尧帝信用过鲧、共工、兜、三苗等四凶;周公重用过管叔、蔡叔等叛臣,孔子也信用过宰予。"庾峻这里提到的管叔、蔡叔是周初封于东方的诸侯,后来周公代年幼的周成王摄政时,他们误以为周公篡位而反叛;宰予是孔子的学生,《论语·公冶长》中记述:宰予大白天睡觉。孔子斥责他"朽木不可雕"。庾峻这里举出两例,是要表明周公、孔子都在知人用人上有所失,想要得出圣人皆有失误的结论。他是换种方式来维护帝尧的圣人地位,目的仍然是维护王学的权威。

曹髦并不认可对方的辩解,他说:"尧在治水上任用鲧,九年没有成效,反而搞乱了五行之序(指《洪范》言:'汩陈其五行'),给百姓带来苦难。至于孔子信任宰予,只是其言行间的问题,两件事的轻重根本不同。至于周公和管、蔡间的事情,《尚书》中都有记载,作为博士应该很

>>> 1.8 志图恢复的曹髦

清楚的！"曹髦的意思是，管、蔡二人反叛都与周公的识人用人无关，不值一提；宰予受斥并不是孔子本人的问题，与鲧九年治水失误也无法相提并论，他意在说明王肃的解释必然会得出尧帝非圣的结论，其解释的权威性就可想而知了。庾峻本想换个方式说明王肃的解释并不伤害尧帝的圣人地位，发现皇帝曹髦已经说到了这个地步，并且表现了强烈的辩胜意向，不好再坚持什么，于是就说："这些事先贤们都觉得疑惑，臣下孤陋寡闻更难说清了。"他对这一话题见机收场。

曹髦又和大家探讨"有鳏在下曰虞舜"的意思，这是《尚书·尧典》上的一句话，鳏，这里指疾苦之人。事情是说在位七十年的尧帝让四岳推荐他帝位的继承人，四岳表示他们自身德行浅薄而不够资格，尧帝提出可以推举地位卑微的人，众人于是对尧帝说了上述那句话，推荐了虞舜。尧对此认可，其后把两位女儿嫁给舜，对其进行了长期考察，最后禅让给帝位。曹髦对此提问说："在尧做首领的时代，天下洪水泛滥，四凶在朝为虐，应该迅速选用贤明的君主。舜正当其年，他的仁德也为世人所知，却长期得不到任用，这为什么呢？"庾峻回答："尧帝也着急着求贤，想禅让自己的帝位。四岳表示自身仁德不足难承帝位；尧让他们考虑地位卑微的贤者，于是虞舜才被举荐。所以舜被任用主要还在于尧，尧后来的做法是要让天下人都满意！"可以看到，曹髦的提问逐渐脱离了经典原文本身，转变到被推荐认可的虞舜为何迟迟未被任用的问题，似乎是掌权的帝尧耽误了虞舜的任用，这里已经显示出了史学影射的嫌疑。庾峻的回答则尽力说明尧帝对任用虞舜的决定作用以及所持的慎重态度，他意在表明一切现实事态的合理性，这是已经留意到曹髦内心隐情的稳妥回答。

曹髦又问："尧早先已听说舜的贤名而不任用，当时对身边的忠臣也未提升，其后却让四岳举荐地位卑微的虞舜，这表明他并不急于选用圣贤以解救受难的百姓啊。"曹髦这种在经典之外的想象发挥，显然已经变成了他个人情绪的某种发泄，没有谁敢于参与这样的话题，因而机警聪明的庾峻摇摇头说："这就不是愚臣所能明白的问题了。"在这关于《尚书》的最后一问中，曹髦把他自己希望执政掌权的政治意向和对司马氏长久揽政的厌恶态度表现得淋漓尽致。

其后曹髦令学者们讲《礼记》。他问:"书中说'太上立德,其次务施报'。同样是治理天下,为什么采取的方式不同?应该采取何种方式才能建立德政、施而不报呢?"曹髦所提的文句出自《礼记·曲礼》,是说上古之世人们崇尚德行,其后之世人们追求对别人施予的回报,前者颇有点只求施予不求回报的意味,后者显然相反,这属于两种不同的治理方式。曹髦对上古时代人们的淳朴治理看来是心有恋念,想要明白怎样才能恢复这样的状态,这属于一种治理方式的探讨。

博士马照是文籍有载的学者,有些书上记作马昭,后世史家认为是因回避晋时司马昭的名讳而写为马照。从遗留资料中看,马照是申郑弃王的学术倾向。曹髦这里提出的问题是简单明了的,马照回答说:"所谓太上立德,是说三皇五帝时代以德治感化民众;所谓其次报施,是指后来的尧、舜、禹时代以礼法治理天下。"曹髦又问:"上述两个时代帝王对民众的教化深浅不同,这是帝王本身的品行造成的,还是时代决定的?"马照回答:"社会发展有质朴和文饰两种不同状态,所以教化也有薄厚方式的不同。"马照肯定地认为是世代不同所造成,从而避免了对帝王品格优劣的议论,曹髦没有像对待庾峻回答那样追问其他更多的问题,很快就结束了讨论。

在太学内的经学探讨中,皇帝曹髦与淳于俊讨论《周易》,和庾峻论辩《尚书》,又和马照交流《礼记》,对若干问题进行了较为深入的探讨,对涉及王肃与郑玄的几处学术分歧进行了论辩,司马昭的岳父王肃就是太学论辩当年(256年)去世的,他在生前就是极有影响的经学大家,而曹髦在这次经学探讨中则公开表现出了他本人尊郑贬王的思想倾向。后世有史家认为,身为皇帝的曹髦在讨论中提到的问题是肤浅的,既无关郑王两家学术分歧的宏旨,也与皇帝的国家治理不搭边,反而暴露了自己的政治心机,显示了自身的轻浮躁动,成为致祸之因。近代学者卢弼则认为,曹髦当时年方十六,不能苛求于年轻的帝王;他博学经典,善于深思,具有曹植那样的文才,也有恢复祖业的雄心,只可惜为时势所制,同时缺少贤能宰臣的辅佐。

1.8（6）曹髦的自述与处境

曹髦颇具文才，喜欢读书思考，也有自己的撰述。他在做皇帝时写过一些文论，被稍后的文士汇编成《帝集》。《三国志·魏书四》记述了曹髦在太学的经学探讨活动后，裴松之选取了曹髦文集中不长的一段文字作引注，这是年轻皇帝在洛阳时对自己出生身世和个人心志的记录表述。

曹髦的自述从他出生时的吉祥谈起，他说："过去凡帝王出生时，很多都有吉祥征兆，这样才彰显出他的神异之处。但我是一位平凡的人，属于家族中的小宗末流，现在虽然得到了先祖灵祇意料之外的祐助，但我怎敢自比于前哲，只是把事情记录下来让后世人知道。所要记录的是：在正始三年（242年）九月辛未朔日，二十五日乙未之时，我降生于世。其时天气清朗明亮，日月并发光辉，周围出现黄气，如云烟弥漫在堂屋，日光照耀于室宅，色彩辉煌。看相者说：未对应的是土，正合大魏的五行；当天的月日都为未，正与美好名字相照应；氤氲的黄气是神灵之精；以后无灾无害，就是承蒙神灵的祐助。后来齐王（指曹芳）不珍重社稷，倾覆离位，各位公卿接纳我绍继皇祚。以我卑微渺小之人，天资心性一直顽劣固陋，没有涉世经历，却要在大道行走，我常有如临深渊和践履薄冰的感觉，内心悲苦而忧惧。古人曾说，忧惧就不会失败。像我这样微小的人，怎么敢懒惰放纵？只希望不受玷辱，让祖先的事业永远承传。"

曹髦在自述中讲述了自己出生时的情景，虽然使用了许多自谦之辞，声称自己不能与前哲帝王相比，但还是表达出了一些神异的非凡气象，又有专业的望气看相之人的赞颂式评论为佐证。曹髦在此记录下了自己作为一代帝王在出生之时的奇特征兆，以此向后世人表明自身的非凡命运是上天安排的；这里尤其反映出，天生帝王的理念已经深深地烙印在曹髦的内心世界中，他对此深信不疑，才会有这样的记录。既然是秉承天命之人，他心中的志向、内心的忧惧、生活中的自我鞭策，以及对未来前景的高度自信都是发乎自然，不言而喻的。

后世史家对曹髦所提出生之月与出生之日的干支数进行了细致比对，发现地支"未"在正始三年的当月当日并不是正好同现，能够和他所说的干支数相符合的应该是正始二年（241年），结合史书中所载他终寿之时的年岁，断定他自述中所提"正始三年"为抄写之误，他应该是241年九月出生。另外，他名字中的髦字，按照《说文》及注解，本意指发中的长毫，所谓"发中之秀出者称髦"，由此引申为人中俊杰。曹髦字彦士，其中彦就有才德出众之意。当自述中提到的那位望气看相先生获悉曹髦出生时的状况时，感叹这一切与曹髦美好的名字相照应，这更让人能够感觉和相信天意神祇的安排祐助。

晋初学人傅畅所撰《晋诸公赞》中记述，曹髦在位时常常聚会一批文士官员，在太极东堂饮宴讲论，讨论经学与文章。参加的人员有担任中护军的司马孚之子司马望、侍中王沈、散骑常侍裴秀、黄门侍郎钟会等人。曹髦常称裴秀为儒林丈人，称王沈为文籍先生，对司马望和钟会也各有名号。曹髦做事性急，每次召请他们几位都要求很快到达。裴秀等人在朝廷内任职，距离近，总能及时赶到；而执掌禁军的司马望因为在宫廷之外，曹髦特意配给他追锋车，这是一种取掉了小平盖而施上帷幔、常在军阵间递送消息的快速传乘，司马望每次接到集会邀请就快速乘坐，有五名虎贲勇士协助他奔驰而至。

256年五月初，曹髦来到辟雍殿，这是太学的中间建筑，大约国家图书典籍汇集于此。他下令让群臣作诗赋，当时侍中和逌、尚书陈骞等人作诗拖延了时间，管事的官员提请罢免他们的官职。曹髦说："我为人愚钝，却爱好风雅，今天请群臣前来作诗赋，不过是想从中了解施政的得失。你们并不理解我的意图，把好事弄错了。不用追究和逌他们，今后群臣都能钻研古书的大义，弄明白经典的宏旨，才合乎我的心意。"曹髦是一位文史爱好者，他想象着把其中的大义和原则能运用到国家治理中，希望借助一种形式推动群臣对诗赋文论的兴趣和爱好，但各位官员的程度和水平是参差不齐的，这次和逌等几位官员没有按时完成诗赋之作，本来也非意料之外的事情，但主管的官员却提出了罢免他们职务的请求，这种做法如果不是刻意讨好皇帝，就是在给曹髦"挖坑"设陷。如果曹髦以自己的文学特长去考核众官员，对不能按时交卷的官员加以惩处，就必然会把他本人置放在与众位官员相对立的地位，使本来就在朝廷基础不稳的曹髦更加失去应有的支持。曹髦在这里识辨出了这些官员所请求事情的荒谬性，给予了明确的制止，足见他并不是一位愚钝之人。

自曹髦254年十月上台为帝以来，各地不断出现青龙现身的现象，其实就是今天人们所见的蛇。龙在古人的思想理念中是人间皇帝的象征，因而史书上把这些现象郑重地记录了下来。如史书上记录：256年甘露元年正月，青龙出现在轵县（治今河南济源南）的一口井中；当年六月，青龙在元成县（治今河北大名东二十公里）边界的井中出现；257年元月，青龙出现在温县的井里；258年八月，青龙、黄龙多次出现在顿丘（治今河南清丰西南）、冠军（治今河南省邓州西北）、阳夏县（治今河南太康）边界井中；259年正月，有两条黄龙出现在宁陵县（治今河南宁陵）境的井中。

当时龙频繁地出现在各地井里，大家都认为是吉祥之兆，曹髦对人说："龙是帝王德性的象征，现在龙上不在天，下不在田地，而是屈居在井里，这绝不是好兆头。"于是撰写了"潜龙"之诗以自嘲。没有看到曹髦诗作的内容，但《易经》上有"潜龙勿用"的爻题，是说在大地之下潜藏的龙无法施展，曹髦更是将井里出现的蛇认定为屈居之龙，其诗作的大致意向是可以想象的。司马昭看到诗作后心里很不是滋味，因为许多年间有真命天子感觉的曹髦，现在把自己看作屈居井里难以施展的潜龙，他的所想所求其实是能够清楚估量的。

1.8（7）曹髦的拼争（上）

曹髦与郭太后在257年跟随司马昭统领的二十六万军队去淮南平定诸葛诞的反叛，次年平叛结束返回后照例要奖赏司马昭的战功，被司马昭辞掉；260年四月曹髦再次发诏宣布司马昭出任相国，封晋公，并加九锡之礼。事后曹髦对身边人说："司马昭之心，路人所知也。"（参见1.8.4

《皇帝能做的事情》）他感到国家大权都已掌控在司马氏手中，自己作为真命天子反而处在"潜龙勿用"的屈辱地位，心气躁动做事性急的年轻帝王决定要拿出皇帝的权威与司马氏公开摊牌做一拚争。

曹髦对自己皇权失落的现状心忿难忍，五月的一天晚上，他领着宿卫值守的冗从仆射李昭、黄门从官焦伯等人自陵云台而下，交给他们铠仗武器，准备自己出面讨伐司马昭。正逢下雨，于是决定推后到白天。第二天曹髦召来侍中王沈、尚书王经、散骑常侍王业，对他们说："司马昭之心，路人所知。我不能坐着接受废黜屈辱。"他又从怀里掏出写在黄缯上的诏书说："是可忍，孰不可忍！今天就与各位出面讨伐他。"三人官职上都属于皇帝的近臣，他们听到皇帝的唐突决定后，王经劝阻说："过去鲁昭公不忍季氏专权，讨伐时败走而失国，为天下所笑。现在国家权柄在其手中，是很长时间造成的，朝廷和地方官员不考虑逆顺的大义，都听他们的指挥，这也不是一天了。况且宫中宿卫缺额，兵力既少又弱，陛下能用什么对付？一旦这样做了，只会是想要除病反而病得更深！其恶果无法预测，应该再做慎重考虑。"王经这一说法反映的确是现实状况，他的出发点是为皇帝着想的，但曹髦拿出怀中的版令摔在地上说："我的主意拿定啦！即便死了，也没有什么畏惧悔恨，何况未必就死！"于是曹髦前去向太后告知此事。

王沈、王业两人准备离开去向司马昭报告，他们招呼王经一同前往，王经对他们说："你们去吧！"他并没有跟随。司马昭听了王沈、王业的报告，随即派护军贾充领着士卒前去阻拦。曹髦从太后那里返回，看见王沈几人都不在了，料知事情已经泄露，大概是觉得无法停止了吧，遂拔剑登车，领着宫殿中宿卫的几百苍头仆役擂击战鼓，乱嚷嚷地冲出云龙门，前往讨伐权臣。屯骑校尉司马伷正进入宫中，在东边的止车门遇见了曹髦一伙，司马伷是司马昭的弟弟，曹髦身边的人对其大声呵斥，司马伷一群人逃奔而走。中护军贾充领着士卒自外而来，曹髦所领的人众被拦在南阙门下遭受攻击，一时溃散，紧急关头曹髦挥剑上前，奋力迎击，他表明自己的天子身份，声称前往讨伐逆党，敢有阻拦者诛族。贾充的兵众知道是与

1.8 志图恢复的曹髦

皇帝搏斗，于是不敢恋战相逼，纷纷后退。

贾充手下的骑督成倅、太子舍人成济兄弟俩以往多被看重，这次一同跟随前来，成济问贾充说："事情紧急啦，应该怎么办？"贾充说："司马公畜养你们，正是为了今天所用。现在的情况还有什么可问的！"成济点头应诺，但仍犹豫不敢抗击，贾充对他们说："司马家这次若失败，你们难道能活下来吗？为何不出击？"成倅回头问："是杀掉，还是扣押？"贾充回答："杀掉。"成氏兄弟一齐上前，曹髦大喊："放下兵器！"周围军士都放下了兵仗，成济持起戈矛冲向皇帝的车驾，刺向曹髦，穿透其背，曹髦死于车中。其时暴雨如注，雷霆大作，天色晦暝。

司马昭听到曹髦被刺亡故的消息大吃一惊，他扑倒在地说："天下人将会怎么议论我啊！"太傅司马孚急忙来到现场，他伏在曹髦身上痛哭，非常哀伤地说："伤害了陛下，是我的罪过啊。"司马昭当时安排贾充领兵前去阻拦，但并没有想到会将皇帝曹髦致死，这里引起了一个杀帝弑君的重大责任，该问题将极难处理，做不好就很难向天下人交代，也注定会对司马氏的政治形象及其国家治理产生重大副作用，所以他闻讯后最为伤痛的不是对曹髦的怜悯，而是对一种政治后果的担忧。同时，朝中其他大臣可能弄不清楚权臣司马昭在刺杀事件后的态度，因而犹豫回避吧，赶赴现场的第一人竟然是司马昭的叔父司马孚，司马孚及时赶到，并明确表示了吊唁的态度，悲痛的感情似乎也很真诚，表达了身为太傅而没有保护好年轻皇帝的责任，不愧为政界处事老到的高手。

皇帝曹髦被刺是三国后期影响重大的事件，上述记述主要来自东晋习凿齿所撰《汉晋春秋》和王隐所撰《晋书·文帝纪》，涉及魏国史实的《世语》《干宝晋纪》《晋诸公赞》《魏氏春秋》《魏末传》等书中对这一事件都有程度不同的记录，多种资料互相补充和校正，基本能展现出事件的前后过程。引起后世史家注意的是：劝谏曹髦的尚书王经没有能阻止皇帝的行动，他也拒绝向司马昭报告曹髦的行动计划。事后司马昭认为王经对自己存有二心，借故杀掉了王经。前去向司马昭汇报的王沈，即是经常受皇帝邀请前往太极东堂讨论经学问题、被曹髦称为文籍先生的那位，他的叔父王昶在曹叡执政的 236 年受到司马懿的推荐而上位，曾写过一封影响颇大的教子家信（参见 1.5.16《被荐举者的一封家信》）。人们这里认为王沈一直受到皇帝信任，但关键时候对君不忠，由此嘲笑王昶的家教毫无效果。但事实上，这也可能是王家对司马氏当年的推举知恩图报的行为。传统的道德伦理条目内含的多样性，被特殊时期政治选择的唯一性所割裂，王沈只能在忠君和报恩二中选一，为了求生他选择了非主要的那条。

曹髦在 258 年推举的三老五更分别是王祥和郑小同，郑小同是汉末大儒郑玄的孙子，年逾三十，学问气质俱佳，也属于一时明星官员（参见 1.8.4《皇帝能做的事情》）。《魏氏春秋》记述，郑小同有次去到司马昭的办公处，司马昭正好有一密函，上厕所时没有封起来遮蔽，从厕所返还后他询问郑小同说："你看到我的函件吗？"郑小同回答："没有。"司马昭疑心未除，于是鸩杀了郑小同。司马昭的这封函件看来非常机密，有史家根据晋史某些资料认定，这一密函实际是司马昭废黜曹髦的上疏，因疑虑被人看后泄露出去，于是才鸩杀了郑小同。这就是说，即便曹髦没有反击行动，司马昭也有废黜他的计划，双方关系已经到了政治上难以共存的地步，曹髦的所谓"讨伐"不过是在屈辱受制情况下的孤注一掷，他想依靠皇帝在政治舆论上的绝对优势来一次"擒王"制敌的冒险取胜，结果是本来就把握不大的事情果然失败。

1.8（7）曹髦的拼争（中）

260 年春，在位六年的皇帝曹髦与掌政的大将军司马昭已经走到了政治上难以共存的地步，心气躁急的曹髦不能忍受被人操纵、地位不保的屈辱，在五月中旬的一天带领数百官僮仆役前往讨伐，幻想以"擒王"手段取胜夺权，不幸被护军贾充手下的成济刺杀于南阙门下。在《三国志·魏书四》中，晋初史家陈寿在撰写中涉及这段十年前的宫中事变（参见 2.3.15《身后的追忆》）时，他对司马家参与的这件事情照实记载应是心有忌惮，因为不能把真实的过程叙述出来，于是遵循"宁默不言假"的原则，在这里只说："五月己丑，高贵乡公卒，年二十。"高贵乡公是曹髦

>>> 1.8 志图恢复的曹髦

254年十月登台称帝之前的爵位，陈氏这里对其称公，并且仅仅记录了他的死亡信息，对其致死原因和过程未置一词。当时在260年（甘露五年）五月己丑，皇太后发令解释曹髦死亡之事，陈史在正史中对太后之令完整记录如下：

  我的仁德不足，所以家中接连不幸。过去我提议立东海王曹霖的儿子曹髦做明帝（指曹叡）的后嗣，因为见他喜好阅读书籍文章，期冀能做出一番事业。不想他性情暴戾，一天甚于一天。我多次斥责，他为此反生愤恨，散布许多忤逆不道的谣言来诽谤我，并且不再与我来往。他说我的那些话，实在听不下去，是天地间再也不会有的言论。我曾私下给大将军（指司马昭）说：这孩子不能奉祀宗庙，只怕他会倾覆社稷，使我将来无颜在九泉之下面见先帝。大将军觉得他年龄尚小，认为还是应多多引导使其改心从善。谁知这孩子对我怨恨，行为越发放肆，在远处拿着弓射我的寝室，并祈祷射中我的脖子，他射的箭就落在我的跟前。我告诉大将军应该废黜他，前后说了几十次，这孩子知道了这些事，自知罪重，就谋图杀掉我。他买通我身边的人，让在我服用的药中下毒，设想了多种方法，事情被察觉暴露后，他便想在会面时拥兵闯入西宫杀死我，然后出宫杀死大将军。他召来侍中王沈、散骑常侍王业、尚书王经，掏出怀中的黄缯诏书给他们看，声称今天就要施行，我的处境危如累卵。我年老守寡，难道还看重残余之命吗？只是哀伤先帝的遗愿不能实现，祖宗创下的江山会被倾覆。幸亏祖宗神灵保佑，王沈、王业两人把事情报告给大将军，使大将军得以戒备。这孩子还是带着宫中的人众冲出云龙门，擂起战鼓，他自己举刀，与带领的官僮仆役冲入军阵交战，结果被军中前锋所伤害。这孩子既然悖逆无道，又自己招惹了大祸，这使我的难过雪上加霜难以表述。过去汉朝的昌邑王（指海昏侯刘贺）曾因罪被废为百姓，现在这孩子也应以普通百姓的礼仪安葬，应该让天下人都知道他的所作所为。另外尚书王经助凶为逆，罪大不可言状，现将他及家人全部送交廷尉查处。

  陈寿在史书中把事件的过程，通过太后所发指令的形式表达了出来，与东晋习凿齿在一百年后所撰《汉晋春秋》中的描述竟然大相径庭。这里的情况当然是，刺死皇帝是传统社会中一直被视作最为大逆不道的事情，和皇帝曹髦处在政治对立状态中的司马昭无论如何都脱离不了与事件的干系，因此就需要掩盖事情的真相，当时对全国民众的事件通告，就是以太后上述通令的形式公布。十年后陈寿在晋朝任职撰史，他应该知道事情的真实情况，但他绝对不敢违反当朝的政治禁忌而写出与官方公布的不同事实。真实的情况不能说，虚假的情况不愿说，而事件的经过与其后的处理又不能完全空缺，陈寿只好把官方公布的太后通令一字不改地照抄下来，明知所述事件过程为虚假，但也是官方事后处理的真实情况。陈氏的这一做法首先是保住了自己的饭碗和性命，也保证了自己的撰述得以审查通过并流传下去，同时也没有背弃自己的史学良心，恐怕属于顾及周全的做法。情况不同的是，一百年后的习氏在撰史记述时已经了无顾忌，于是能勉强把事件真实的情况记述下来并告诉后人。

　　几处叙述中都提到，曹髦带领人众出宫行讨前曾去面见过郭太后，无论所谈情况如何，都表明皇帝和太后的关系尚属正常，但太后在事后的这份通令中却述说了曹髦不少行为恶劣的事情，表达了不合情理的决定。这只能表明，太后的通令根本不代表她自己的心意，是国家掌权人强加给她并借她的名义发布的。而从这份告知全国民众的通令中能够清楚地看到：①历史的确是由胜利者首先书写的。司马氏在此赢得了政治斗争的胜利，于是对失败了的对手就极尽诬蔑丑化，针对他的形象抹黑出一个世人不齿的人格；但东晋史家习氏的撰述似乎又提醒人们，历史的面貌终究存在自身的客观性，云层遮蔽的天空终究会有朗朗亮丽的日子。②司马昭的阴沉性格不亚于他的父亲司马懿。丞相、晋公和九锡的封赏，皇帝诏封了许多次，他都辞绝未受，难道这些是皇家自作多情要抬举他的吗？无非是要用无欲来掩饰自己的大欲。曹髦被刺后他要对其诬陷抹黑，让全国民众知道皇帝恶当其死，本来也是他消除对自我不利影响、巩固政治地位的必要手段，但与其他一般政治人物不同的是，他把这一切诬陷抹黑的事情偏偏让太后去做，一场难相共存的政治斗争表面上转化成了皇家内部两宫间的伦理是非问题。曹髦应是郭太后在宫中不多的亲属，他的死本来就是太后的

>>> 1.8 志图恢复的曹髦

悲伤,而司马昭这里又要让太后亲自出面对其诬陷栽赃,污其形象,张口唾面,他为了自己的目的不惜对这位老人再做伤害,表现出了阴险的政治诈术。③郭太后的品格有些问题。254年司马师废黜了曹芳后想要迎立曹据为帝,是郭太后自己提出迎请曹髦继位(参见1.7.7《曹芳出局》下)。曹髦这次行动前去向她告白,她应是能阻止曹髦冒险行为的最后一人,没有能够成功阻止,她的责任最大,但恶果酿成后她反而毫无原则地接受了篡政人的无理要求,公布了那些毫无根据颠倒黑白的事情,可以说是自污皇家人物的形象,同时也把忠诚于皇家的王经推进了无名的犯罪陷阱中。这位自诩不惜残年的太后为了保住自己能混迹皇宫的那点可怜地位,不惜屈身甘为国家当权人手中的玩偶,她的身份一再被人借用、歪用,而自己也愿意做当权人的遮丑布,其实是透支了本身的人格和尊严。

陈寿在郭太后发布的通令后继续记述说,次日太傅司马孚、大将军司马昭、太尉高柔、司徒郑冲去见皇太后。他们跪奏说:"我们敬读了皇太后所发之令。已故的高贵乡公悖逆不道,自己身陷大祸,太后依汉朝昌邑王因罪被废的先例,提出以百姓之礼来安葬,但我们这些臣子身在朝廷担负职位,也没有能匡救祸乱,遏止他的悖逆行为,见到这个命令心中震悚痛悔。《春秋》中曾记述'襄王出居于郑',是指周襄王不侍奉母亲而为恶,所以是他自绝于王位。现在高贵乡公图谋不轨,危害社稷,招致倾覆灭亡,是他自绝于世人和祖宗,按百姓之礼来安葬,确是合乎前人先例。但我们做臣子的深知太后非常仁慈,虽然遵从《春秋》大义,但心中仍然也很难过;我们臣子心中不忍,认为可以对他加恩,考虑以王礼安葬。"太后听从了他们的建议。当时的表面情况是,郭太后要通过百姓葬礼的形式贬处曹髦的身份地位,反而是司马氏为主的朝臣要把曹髦抬升到藩王的地位,事情完全以颠倒的方式来表现。有史家在此标记:史文中称"太后从之",几个字中包含了多少血泪!

过了一天,群臣又进奏太后说:"殿下圣德光明宏大,使天下四方安宁,但至今殿下所发的旨意却称为'令',与各处藩国之王相同。请求今后殿下的令书一律改称'诏',就像前代太后们临朝亲政的先例一样。"此前魏国只有皇帝的文字命令被称为"诏",现在群臣们提议太后的指令也称"诏",这是提升了太后指令的等级。太后对司马氏的所求所欲配合得实在很好,司马氏要进一步抬升她配合的价值权威。

1.8（7）曹髦的拼争（下）

魏国年轻皇帝曹髦在260年五月中旬为争夺本属于自己的权位准备讨伐大将军司马昭,被护军贾充手下的成济兄弟挥戈刺死。司马昭掌控的朝廷以皇太后郭氏的名义向全国发出通告,其中捏造事实混淆是非,把罪错全部归于曹髦,在舆论上掩饰属下弑君的大逆罪行,《三国志》的作者陈寿在十年后撰述《魏书》时,对事件的叙述也只好全盘照抄官方公布的通令,百年后东晋习凿齿所著《汉晋春秋》基本写出了事件的真实过程,披露了曹髦的冒险拼争及其悲惨结局。综合史书及其各种引注资料的相关记载,即能够看出事件的梗概及官方处置的整个过程。

事件当天曹髦在南阙被刺身亡,消息很快传开,太傅司马孚前来伏尸痛哭,大将军司马昭进入殿中召集群臣商议。尚书左仆射陈泰是很有代表性的官员,但却没有前来,司马昭打发他的舅舅尚书荀顗去叫,陈泰不得已而入宫,见到司马昭悲恸欲绝,司马昭流着眼泪说:"陈公,你将怎样对待我呢?"陈泰说:"只有杀掉贾充,才能聊以谢罪天下。"司马昭很久才说:"你再想想另外的办法。"陈泰说:"我说的只能比这些更进一步,不知有退一步的办法。"司马昭默然无语。司马昭清楚自己与这事脱不了干系,他要寻找应对的办法,想推卸自己的责任,但当陈泰提出杀贾充以谢天下的方案时,司马昭显然不愿意为此抛弃心腹贾充。

后来郭太后下了通令,把罪状和事情的原因都归咎给皇帝曹髦,这即是司马昭所选择推卸责任的阴招,太后通令中还要求把尚书王经及其家属交付廷尉处置。王经将事情告诉了家中的母亲,他母亲脸色不变,笑着回答说:"人谁能不死,只恐怕死得不得其所。为此事我们一同去死,还有什么遗恨!"到被诛杀的那天,王经过去的属吏向雄在旁痛哭流涕,悲情感动了整个街市之人。王母深明大义、无惧权势和视死如归的行为应该足

<<< 1.8 志图恢复的曹髦

使那位甘做权势玩偶而发出通令的老太感到羞愧。

几天之后，高贵乡公曹髦被安葬在洛阳西北三十里的瀍涧之滨（指瀍河与涧河相夹的河南孟津西乡之地），墓中安放了几乘车，未设旌旐。在旁相聚观看的百姓都议论说："这就是前日被杀的天子。"有的掩面而泣，悲不自胜。后世史家认为，司马氏向太后请求以藩王之礼安葬曹髦，而实际的安葬规格远够不上王礼，只是以百姓之礼安葬，这种行为只是暴露了司马氏的请求只是一种虚假表演。

朝廷决定让中护军司马炎（司马昭长子）前往邺城迎请燕王曹宇的儿子常道乡公曹璜，让他做明帝曹叡的后嗣以继承皇位。同时各位公侯联名奏请太后，自后下达的命令文书都称"诏"，这是提升了太后文令的等级规格。因为司马昭一再辞让所封相国、晋公、九锡之命，太后同意，同时发诏说："有功不隐，这是《周易》之大义；成人之美，也是古代圣贤们所推崇的。今天我愿意接受大将军的意见，但要把这件事告知天下，以彰显大将军谦逊的美德。"

大将军司马昭稍后以给太后上书的形式对事件的经过和自己在当时的行为做了说明，上书其实是要给大家公布的，这自然和太后的通令相一致，陈寿在撰著中记述了这份上书，其中说："高贵乡公那天带领他身边的卫士人众，拔刀擂鼓向我的住处进攻，我担心刀兵相接，便严令我的将士不得对高贵乡公有所伤害，违令者军法从事。骑兵都尉成倅的弟弟太子舍人成济，冲入阵中刺伤高贵乡公，使他丧命，我立即把成济抓了起来，准备按军法处置。我听说做臣子的在君王面前应该以死效忠，没有别的选择，侍奉君主的大义决不能含糊。那天事情发生仓促，灾祸突然降临，我不想做任何反抗，一切听从天命，可是又考虑到高贵乡公的本意是要谋害皇太后，断送江山社稷。我作为朝中责任更重的辅臣，职责在于安定国家，如果因畏惧避责而身死，那我的罪责就更大了。所以就想效仿伊尹、周公的权宜之策，以安定社稷危难为重，但也一再告诫部下，不得迫近皇帝车驾。可成济却不听命令冲入兵阵，以致造成重大事件，我肝肠欲断，不知在哪个地方才可一死了之！法律上大逆不道的人，其父母、妻子、兄弟姊妹都要处斩。成济凶戾悖逆，触犯国家法律，罪不容诛，请侍御史逮捕成济的家属送交廷尉，按罪行予以严惩。"司马昭在上书中撇清了自己的责任，对心腹人士贾充只字未提，实际上是做了保护，他抛出了成济兄弟，是准备让二人做替罪羊的。

太后看过司马昭的奏章后下诏说："法律上五刑之罪，以不孝之罪为大。一般人家的儿子忤逆不孝，尚要告于官府惩治，高贵乡公这孩子能算是君王吗？我妇人不理解大义，但觉得成济并不见得就是大逆不道。然而大将军既然恳切陈词，言语感人，我也就同意你的奏请。同时把这件事通告四方，使天下人都知道事情的来龙去脉。"这里又出现了奇怪而滑稽的一幕，司马昭抛出了成济兄弟想让他们做自己的替罪羊，按照尚书仆射陈泰的说法，这是远远不够的，但作为曹魏皇族最高代表人的郭太后，反而表示成济没有多大的罪过。在这里，最应该为皇帝被杀而伸张大义的人，反而在为直接凶手开脱，继续把事件的责任推给曹髦，如果这里并非过分逼迫而真是老太本人所为，那只是表明其做人已丢失了应有的底线。

另有资料说，成济兄弟被抓起来后并不服罪，他们受处决时被袒露身体推上房顶，但仍然针对掌权人丑言谩骂，行刑的人自下而射，直到两人殒命。当时司马昭公开提到一同处斩成济的父母、妻子和兄弟姊妹，而实际上处罚仅止于兄弟两人，事前声称将严刑处罚责任人，其实这只是对舆论的欺骗而已。

护军贾充在事变中为司马氏立下了大功，没有他领军队在南阙门的阻拦，曹髦当然会带领人众直扑司马昭住所，最后会发生什么样的事情很难估料。司马昭在对事变的处置中不顾陈泰的提议而坚定地保护了贾充，其后贾充作为司马氏的功臣和心腹一直官运亨通，五年后晋国建国时历任司空、尚书令。但这位晋朝功臣在新朝建立后却一直受到人们的鄙视。《资治通鉴》上记述了两件事情：贾充与晋朝官员272年十一月在一起宴饮，河南尹庾纯因喝醉了酒与贾充争论起来。贾充说："你的父亲年老，不回家去奉养，你是无天无地之人！"庾纯反问："你的君主高贵乡公在哪里？"这是揭露贾充当年弑君作逆的老底，贾充又羞又怒，上表请求辞官，晋帝自然并没有同意。后来在 280 年晋国灭吴后将吴国君主孙皓带至洛阳，晋帝司马炎大会群臣并召见孙皓一行，席间贾充对孙皓说："听说你在南方，凿人眼睛，剥人脸皮，这是哪一等的刑法？"孙皓说："为人臣子的杀了他的君王以及邪恶不忠，就处以这种刑法。"这又是揭其人格之短，贾充非常羞愧。亡国之君做了俘虏，尚且看不起贾充的为人，贾充应该是带着低贱的人格形象度过了自己的一生。

  曹髦为争夺皇帝业已失去的权力而采取冒险拼争的方式，导致自己为人所害，曹魏皇族自此失去了中兴恢复的最后机会，国家权力的重心加速向司马集团倾斜，社会历史已经显示出了新的前景。

1.9 禅让魏政的曹奂

志图恢复的魏国年轻皇帝曹髦260年五月在与权臣司马昭的冒险拼争中被刺身亡，朝中公卿商议迎立皇族中的常道乡公曹璜继承帝位。

1.9（1） 帷幕背后的帝王

曹璜字景明，为燕王曹宇的儿子（参见1.6.7《掌政四天的曹宇》），是曹操的孙子，258年被封安次县（治今河北安次西北）常道乡公。魏国朝廷在处置曹髦的安葬事宜时即派司马昭长子司马炎前去迎请曹璜到洛阳，曹璜时年十四岁。

曹璜未到京都时，皇太后发诏说："帝王的名字，应该难于冒犯容易避讳才好，常道乡公名璜，名子却很难避讳。大家可以商量改个名子，考虑好即启奏上来。"按照易于避讳的要求为皇帝改名，能免除普通人对皇帝名讳的冒犯，这也是当时传统社会中正常的考虑。朝臣很快将其名子改为曹奂。这位来洛阳继任皇帝的年轻人尚未向群臣亮出自己的真实面孔时，代表个人符号的原初名子就被他人更改，他是为别人的政治目标来到洛阳的。《三国志·魏书四》叙述了他来到京都后几年间魏国朝中发生的事情。

曹奂六月初到洛阳见到了郭太后，当天在太极前殿正式登基称帝，这是曹魏政权的第五任皇帝。登基仪式后朝廷大赦天下，将曹髦时的甘露年号改为景元，对群臣按爵位分别予以赏赐。曹奂即位第三天，即拜大将军

>>> 1.9 禅让魏政的曹奂

司马昭为相国，封晋公，食邑增至十个郡，加九锡之礼；另对司马家族子弟中没有爵位的都封予亭侯，赐钱千万，帛万匹。前任皇帝曹髦与皇太后已曾几次封给司马昭上述官职爵位，都被他本人所拒绝；曹奂上台后继续做这种让司马昭表现自己谦逊无欲的政治游戏，这次给予司马家的名誉利益更大、受众面更广，司马昭一如既往地予以拒绝，虽然这种游戏效果的边际效应逐渐降低，但却显示了新任皇帝的政治态度，烫平了曹魏皇室与司马家族的外显裂痕，其政治意义与以前是有所不同的。

这年十一月，燕王曹宇给皇帝曹奂上表祝贺冬至。曹宇是曹奂的亲生父亲，但按照国家君臣关系，曹宇仍然向曹奂称臣，这自然是合于传统社会的基本规则。曹叡执政时曾做出规定，由外藩诸侯王入朝继承君位的人，一定要坚守前任皇帝后嗣的大义（参见 1.5.5《曹叡的国家治理》下），禁止继嗣皇统的外藩子弟与生父母等原亲属相互往来。但曹奂十四岁离开家人进入皇宫，突然让父亲在其儿子面前称臣，公卿们总觉得有些不合适之处，皇帝曹奂为此下诏说："古代的诸侯王们，也有对皇帝不行君臣之礼的，父王应该依照古人的这种做法，这也包含对您的报答。承嗣了帝位的人，使亲属都降低了身份，难道这样是对皇帝的尊重吗？若亲属家人都自称'臣''妾'，也不合情理。一切都应依照礼仪典章去做，尽量做得合理。"朝中礼官进奏说："燕王是陛下的至亲，又有先帝分封的王爵，如果完全依据正典，称呼燕王恐怕不太方便。建议陛下对这事情给予特殊处理，给燕王以不称臣的礼遇。"礼官为此提出了父子双方通信时的基本格式、在正式文书与国家典礼中的不同称谓，以及宗庙祭祀中的名讳使用等不同场合的处置方式。

曹奂上台不久即碰到了如何对待父子关系的问题，按照曹叡当年金册书写、藏于宗庙并载入国家法典的严格规定，君臣们都不应该考虑原有的亲属关系，这是当年曹叡对养子曹芳做出的设定。现在曹奂的生父国人皆知，他与曹叡在辈分上为同族兄弟（都是曹操的孙子），难做曹芳及其后任皇帝的继嗣人。曹叡的规定在此显示出了不大适合之处，当事人曹奂自然有做出变通的心理要求，但事情很快能得到有关部门与官员的着意设计解决，就不是上台数月的曹奂能够逞意决定的。国家执政集团司马氏在君臣关系上发生过严重的错失行为，以后仍然要在这一关系上做出有利自身和侵犯君权的事情，他们不希望国家皇统和现世君主继续保持高大无上的权威，这里借皇帝曹奂的父子之情降低皇帝的至高无上，既合于人情，也符合他们集团的政治需要。事情是通过皇帝与部门官员的活动完成的，司马集团的主要人物并没有出场，但事情的发起和结果应该离不开他们背后的操纵。

在曹奂在位的前三年中，史书中记载的事情屈指可数：①安葬山阳公夫人。260 年夏，东汉末代皇帝山阳公（汉献帝刘协）的夫人曹节离世，曹奂幸临华林园（白马寺一带原洛阳故城内），派特使持节代表朝廷追谥夫人为献穆皇后，其安葬时所用车马服饰和礼仪都用汉代旧制。山阳公夫人是曹操的女儿，应是曹奂的姑姑，在刘协 234 年逝后生活了二十六年，她是曹奂当时在世不多的上辈亲属。②边远部族前来贡献。261 年七月，乐浪郡（治今朝鲜平壤南）的外族韩、濊貊（今朝鲜临津江以东流域至海）等部落首领各率其部属来魏国朝中进贡，表示归附。262 年四月，辽东郡报告肃慎国（居今长白山以北）派使节前来进贡，献上他们制造的弓三十张，每张长三尺五寸；楛木制的箭矢长一尺八寸，另有石弩三百枚，牛皮加铁制成的盔甲二十套，貂皮四百张。肃慎国与中原相距遥远，极少往来，需要经两次语言翻译（即"重译"）才能明白对方的意思，这是他们继 236 年向魏国贡献宝物（参见 1.5.9《面对的民族事务》）后的第二次进贡，当然属于一种国家行为。③两封司马昭。261 年八月和 263 年二月，曹奂又两次下诏封大将军司马昭为晋公，拜相国，赐九锡，一如先前的诏命，均被司马昭力辞而未果。当时的人们自然不清楚掌握国政的司马昭为何要如此不厌其烦地折腾，他操纵皇帝不断诏封自己官职爵位，然后又反复拒绝，真不知究竟要曹家皇帝配合他耍出什么把戏。

史书记录了曹奂为帝前三年中黄龙相继出现在华阴县井中、轵县井中的事情，记录了王祥、王观等高级官员职位调整变化的情况，还有早先担任军祭酒的曹操军师郭嘉被安置在武帝庙庭的事情，记述了蜀国姜维 262

年十月第九次北伐中原，在洮阳（今甘肃临潭西南）与侯和（今甘肃卓尼东北）被邓艾打败，退军沓中（今甘肃舟曲西北洛大镇附近）驻守的事情（参见 2.9.2《九伐中原》下），但就是未见到皇帝曹奂独立活动处事的记录。人们就像瞅见帷幕后的人物，只看到有个人物皮影在活动，却看不出属于他的自主行为与真实面孔。

1.9（2）忙活起来的曹奂

魏帝曹奂在位前三年活动很少，且没有多少独立自主的行为，三年之后他的事情似乎多了起来，那是大将军司马昭决定大举讨伐蜀国之后。《三国志·魏书四》记述，蜀国大将军姜维在 262 年十月兵出洮阳，在侯和与魏将邓艾交战后退往沓中驻军。司马昭忧虑姜维屡次进犯，准备让刺客入蜀去谋杀姜维，从事中郎荀勖说："我们应该依仗正义去讨伐不归服者，用刺客去除掉敌人，这不是威慑天下的方法。"司马昭觉得荀勖的话说得对，于是计算了蜀国可能拥有的军队数量和北部边境的防守力量，筹划对蜀国的大规模进攻，司隶校尉钟会是司马昭信任的人物，他非常支持司马昭的决定。

263 年五月，皇帝曹奂下诏说："西蜀不过一弹丸小国，土地狭小人口不多，而姜维却虐待百姓。西蜀依赖姜维统领的部队，现在他远离成都老巢，正是战胜该军队的大好机会。现在决定派征西将军邓艾统领各部，开赴甘松和沓中，以制服姜维；雍州刺史诸葛绪率军开赴武都、高楼，与邓艾形成两面夹攻之势。一旦将姜维军队消灭，两军则东西对进，平定西蜀。"另外又传令镇西将军钟会率军队出骆谷向西蜀展开进攻。当时司马昭分析，蜀国军队共有九万，居守成都及防卫其他边境的不下四万，这样剩余的士兵不过五万人。如果能把姜维部队牵制在沓中，让他不能向东，那魏国军队就可直向骆谷，通过空虚地带袭击汉中，直逼成都，灭亡蜀国是意料之中的事。司马昭的这一想法和他所做的部署，通过曹奂诏令的形式发布，其基本要点是邓艾和诸葛绪在西部牵制并堵截姜维在沓中（今甘肃舟曲西北洛大镇附近）的驻军，而钟会统领的十多万大军兵出骆谷后则直趋汉中、攻取成都。

讨伐蜀国的三路部队当月出发后，曹奂与司马昭当年十月在京都又重新上演了一次升官晋爵加礼而又被受封人拒绝的游戏。同月曹奂册立卞氏为皇后，皇后是曹操已故卞太后弟弟卞秉的孙女，次月照例大赦天下。

魏国的三路大军在蜀国历尽艰难，但军事上颇为顺利。由于蜀国改变了几年前的防守策略，把秦岭山谷许多险要关隘处的防守兵力收缩至汉中平原集中使用，放弃了御敌于险关之外的战术方式，致使钟会的大军很快进入汉中境内；姜维在沓中听说汉中危急，立即撤军向东，与成都所派廖化、张翼的援军会合于剑门关抗御钟会大军，但未料邓艾的部队在西线偷渡阴平，过江油、战绵竹，直抵成都。刘禅听从了谯周的提议，出城投降了邓艾，同时向各路军队发出了降魏的通告（参见2.9.4《艰苦而无效的守御》），十一月西蜀被平定。十二月朝廷从益州划出一部分设梁州（约今汉中之地，治今陕西勉县东），任命征西将军邓艾为太尉，镇西将军钟会为司徒。这自然是对他们作战功绩的奖赏；朝廷还宣布五年内免除益州、梁州士民一半租赋，让往日敌区百姓感受到回归统一的欢欣。

钟会在降将姜维的引诱下向朝廷上书反映邓艾的不臣之罪，264年正月初，朝廷发诏令让用囚车押送邓艾回洛阳，后邓艾在途中被杀。司马昭担心成都出现变乱，很快率领军队西至长安，皇帝曹奂以"巡视"长安的名义跟随军队一同到达，这自然是司马昭为避免大军离京后有人在京都利用皇帝搞事的谨慎措施。司马昭挟曹奂驻军长安时，朝廷派特使持璧币祭祀华山山神。

统帅着十几万大军的钟会决定在蜀地脱离魏国而称王，当时明元郭太后刚在洛阳去世不久，钟会遂假造了郭太后的遗诏，说郭太后让钟会起兵废掉司马昭，他挟持部下将领准备自己对付司马昭的行动，其反叛行为不久被将士们联合粉碎，钟会与姜维一同被杀（参见2.9.6《没有扶起已倒的大厦》）。成都曾因钟会的反叛而混乱了好几天，依靠军队中支持朝廷的强大力量而平定。

成都变乱消除后，曹奂在二月中旬跟随司马昭返回洛阳，其后做了几

1.9 禅让魏政的曹奂

件重要事情：①二月底朝廷按规格礼葬明元郭皇后。在家族关系上郭太后是曹奂的本族嫂嫂，并无前两任少年皇帝曹芳、曹髦那种对于曹叡的继嗣关系。这位郭后见证了曹氏皇室最后衰落的过程，是她配合了司马氏的上位而加速了曹家的倾覆。②任命朝廷三公。三月中旬，曹奂发诏任命司空王祥为太尉，征北将军何曾为司徒，尚书左仆射荀顗为司空。③加封司马昭。在任命三公不久，曹奂加封大将军、晋公司马昭为晋王，增加食邑十郡，连同以前达二十郡。这次没有见到司马昭坚决辞绝的记录，据称司马昭是在朝廷加封九次后，在大臣的劝进下才接受下来。不知对臣子最高的荣誉和利益，他是想达到"九辞而后受"的效果呢，还是在灭亡了蜀国才敢心安理得予以接受呢。皇家多次对他加封而辞绝不受，人们以为他要憋出怎样的大招，这里难免有些令人失望。④曹奂追封舞阳宣文侯司马懿为晋宣王，舞阳忠武侯司马师为晋景王。司马昭的父亲与兄长紧随之后追封为王，这里发生地位变化的已经不是大将军本人，而是整个司马家族。⑤这年八月初，曹奂任命中抚军司马炎为副相国，让他协助父亲司马昭执掌朝政，魏国掌政人的世袭趋势已经非常明确。⑥五月初，晋王司马昭奏请恢复五等爵位制，曹奂发诏认可。当时受封并有利益获得的约六百多人，司马昭是要让臣僚们感受到了晋王对他们的关心照顾以及他与众人有福同享的情怀。⑦镇西将军卫瓘六月返回时献上所部雍州兵在成都所得璧玉印各一块，印文像是"成信"二字。依照古代周文王得晋国唐叔嘉禾赠予周公的先例，将此二玉展示于朝臣百官，然后收藏在相国府。史家考证该印是东汉时的公孙述在成都自立为帝所刻印章（参见2.5.6《向氏叔侄的不俗人生》）。公孙述起于成都，自号"成家"，以成为国号，故有此印。获取这一具有象征意义的印章，不是放在国库，而是找个理由收藏在相国府中，能够说明的问题太多了。这里是有人替曹奂做出"赠与"晋王的决定，却无人考虑并询问曹奂本人的想法和态度。

大约一年时段中曹奂忙活起来了，但他的活动除过皇帝必不可缺的礼仪活动外，仅限于配合司马昭的政治目的和抬升司马氏家族地位的活动，曹奂做皇帝的意义似乎仅在于把曹家的江山基业合法地转移到司马氏手中。

1.9（3）连发的诏书

魏国在263年组织邓艾、诸葛绪和钟会三路大军同时伐蜀，当年十一月灭蜀，次年初邓艾被反映有谋反迹象而遭收捕，其后又有钟会的叛魏图谋及属下将士的成功抗争。魏帝曹奂密切配合了国家掌权者对其间诸多事情的部署与处置，但国家对外军事的胜利归根到底都变成了司马氏的政治收益，曹奂既要把掌政人的军政意志以诏书形式转换成朝廷的主张公布出去，又须把国家军事上的巨大成功变化成司马氏乐意接受的利益奉送他们，少年皇帝表面上忙活了起来，但仍然是显不出自我、看不出魂灵的人物木偶。《三国志·魏书四》记述了曹奂在魏国政治舞台上临近最后的表演。

安置刘禅　在灭蜀后为了稳定益州人心，同时为了向吴国作出示范效应，魏国朝廷封前蜀主刘禅为安乐公；在264年初钟会反叛发生后，鉴于成都政治局势的复杂性，朝廷又决定让刘禅迁居洛阳，这当然是避免益州人士利用刘禅搞起复辟事端的必要措施。原蜀国秘书令郤正陪同刘禅前往洛阳（参见2.6.9《郤正是个好员工吗?》），这次到洛阳后才有刘禅"乐不思蜀"的故事发生（参见2.2.1《刘禅执政》下）。在对蜀国刘禅的整个安置中，曹奂应是这些事务活动中身份最为高贵的配角。

表彰平叛将士　钟会在成都最多时拥有魏蜀共计二十多万军队，他在姜维的引诱下图谋居蜀为王，后来是忠诚魏国的将士联合起来平定了这次反叛。朝廷在数月后总结表彰了事件中表现突出并起了重要作用的英勇人士，曹奂下诏说："反臣钟会在蜀地图谋叛乱，他将所属将校聚集劫持，其后告知自己奸谋，胁迫大家顺从。在仓促之际，众人惊慌失措。当时相国府的左司马夏侯和、骑士曹属朱抚两人正出使成都，他们与中领军贾辅、郎中羊琇都分别任钟会的参军事（参议军事谋划之职）。夏侯和、羊琇、朱抚都坚守节义不为屈服，严词斥责钟会的反叛。贾辅对钟会手下的散将王起说：'钟会奸逆凶暴，想把将士全部杀死。'又说：'相国（指司马昭）已率三十万大军从洛阳前来讨伐钟会。'以此张大声势，激励众人。

王起走到外面，把贾辅的话告诉了各位将校和士兵，遂使将士群情激愤。现在朝廷决定对几位有功之士作出重赏，以彰显忠义。特封夏侯和、贾辅为乡侯；羊琇、朱抚为关内侯。王起把贾辅的话传递给将士，也应给予不同的奖励，任命他为部曲将。"诏书中叙述了五位人士在事变中各自的英勇表现，展现了他们在平定事变中所发挥的作用。数月后，曹奂再次发诏追念虎贲张修在成都事变中驰马向各军营报告钟会谋反的消息而献身的事迹，特赐张修的弟弟张倚为关内侯，以此褒奖烈士。另有资料还记述了将军胡烈和儿子胡渊所发挥的重要作用，朝廷对这些有功人员的表彰奖励是弘扬了军队中坚持统一反对分裂的正气。

应对吴国侵扰　自灭蜀后，东吴军队进逼永安（治今重庆奉节东），魏国调动荆州、豫州的军队互相照应前往救援，至七月各路吴军退归。当时正好有吴将吕兴在交趾一带聚众反叛准备归顺魏国之事，魏国立即利用吕兴事件做文章，试图分化敌国。曹奂为此下诏说："东吴贼寇政刑暴虐，赋敛无度。吴主孙休派邓句为特使，命令交趾（辖今岭南之地）太守以所辖民众补充兵源。吴将吕兴因民心愤怒，乘王师（指魏国军队）平定蜀地之时，联络当地豪杰杀死邓句，驱逐太守及属下官吏，安抚百姓，等待朝廷命令。九真（治今越南清化）、日南（治今越南广平美丽县）两郡听说吕兴准备归顺朝廷，打算与吕兴一同行动。吕兴给日南郡写信商讨有关事宜，兵临合浦（今广西合浦东北），派都尉唐谱到达进乘县（治今云南元江东南），通过南中都督霍弋上书朝廷表示归附（参见2.5.2《坚贞不二的霍氏父子》）。现在吕兴率交趾官吏民众稽首称臣，又不远万里上书表达诚意，请求为朝廷治理边远之地，对如此忠义的行动，应该给予特别优待。因此决定任吕兴都督交州诸军事、南中大将军，定安县侯，使持节，遇事有自行决策先行后奏的权力。"曹奂对吴国叛将吕兴给予了表彰封赏，意在从遥远的南方着手对吴国将士进行分化，其政治策略是很好的，但曹奂的任命文书尚未传到交趾，吕兴已被手下人杀死。

对吴国形势的估计　这年十月初，曹奂下诏说："古代贤明的君主能够平定战乱造福百姓，开创宏大的功业，文治武功两个方面都是不可缺少的。有的人能手执兵器征讨叛臣逆子,能统率大军抵御敌人侵犯;至于造福百姓保全国家,总是应先修文教,给民众示范礼仪,除非不得已才动用武力。人物的活动不同,而盛德都是相同的。汉末之际天下大乱,九州分崩,刘备、孙权乘机作乱,我朝武、文、明三位先帝平定战乱,日不暇给非常忙碌,遂使最后的贼寇长时间不能剿灭。现在幸赖先帝神灵的保佑,宰辅大将军的忠诚勇武,我王朝军队得以征讨四方,平定巴蜀一战而克,迅速取胜。现在江东政权日显衰败,政治昏暗,由于西蜀已被平定,他们孤立无援。现在交趾、荆州、扬州、越州等地吏民纷纷归附,交趾吴将吕兴带领三郡万里归命,武陵的相严联络五县表示归降,豫章庐陵(治今江西泰和西北)的山民举众叛吴,以助北将军作为首领的称号,加上孙休病死,主帅易人(当时孙皓新立),他们人心背离,各思自保。伪将施绩本是东吴的名臣,却遭众人猜忌,处境很是危险。吴国目前众叛亲离,失去了目标,自古至今,没有哪个国家的亡国征兆如此明显,倘若我大军出师征讨,南抵江汉,东吴都城一带百姓必定扶老携幼地前来迎接王师,这是不容置疑的。"这里张扬了消灭蜀汉的军事胜利,并指出了东吴危机四伏的虚弱性。

诏书中明确表示,曹魏创业的三代君王未能消灭孙权和刘备,是现任大将军司马昭指挥军队灭掉了刘备的蜀汉之国,似乎司马昭的能耐与功绩已经超过了曹操、曹丕和曹叡,这样的诏书显然是司马氏的口吻,绝不可能为曹奂所写,而司马昭就是要让做皇帝的曹家后裔陈述这样的认识结论,以此诱导和影响全国民众的判断,为司马氏未来的活动而张目。当时交趾吕兴的死亡信息可能尚未传到洛阳,诏书中列举了吴国各地发生的多起反叛事件,以此说明吴国民众对其执政集团的众叛亲离,似乎也颇有根据。但因其中有意夸大了反叛事件的程度和频次,对吴国政治形势做出估计的最后结论自然失之确实。

瓦解吴国的策略 曹奂在对吴国政治形势做了极乐观的估计后认为,吴国已有明显的亡国征兆,然而大军出师远征,毕竟劳民伤财,不如对他们宣示威德,展现仁信,使他们明白归附王朝的好处和交战之弊。他在同一诏书中提出了使用政治瓦解手段来对付吴国的基本策略，并具体安排说："朝中相国参军事徐绍、水曹掾孙彧，都是当年寿春战役中被俘的吴将。徐绍本是东吴南陵（今安徽贵池西北的长江南岸边）督军，很有军事政治才干；孙彧是孙权的同宗，以忠良著称。现在朝廷派遣徐绍返回江东，命孙彧为辅助，进入吴国去宣扬我们国家的威德，把在魏国看到的真实情况告诉东吴君臣，以事实促使他们清醒，假如他们能觉悟过来，我们可以不动干戈，对重大事情深思筹谋，为古今用兵之道。特任命徐绍兼散骑常侍，加奉车都尉，封都亭侯；孙彧兼给事黄门侍郎，赐爵关内侯，过去赐给他们的妾与现在的男女家口，或留或走悉听自便；宣示了国家恩典后不必返回，以显示大国的恩信。"

这里是要把先前俘获的两位东吴将领再派遣回去，让他们到故国去做宣传诱导和政治瓦解的工作，收到招致敌方民众前来归降的理想效果。在表示可以放回他们身边的家口人众时，诏书中只提到"妾"而未提及"妻"，应该是两人被俘之后他们的正妻及其子女仍然在吴国生活着；要求两人做好了瓦解敌军的事情后不必返回魏国，有可能是希望他们一辈子去做这种瓦解敌方的工作，也有可能是朝廷执政者真的相信，兼并吴国而一统天下已不需要很长时间了，等做好了那些工作，长江南北间没有了国家界限，人到哪里都是一样的。从中可以看到诏书主使者司马氏对自己政治前景的乐观态度十分明显。

1.9（4）禅让帝位

曹奂在位第五年（264年），魏军灭掉了蜀汉，统军将领钟会在成都的反叛则被忠诚国家的将士所平定，当东吴处在民情不稳、内叛频发的困局时，魏国似乎展现了某种兴盛之势。然而魏国的兴盛终究属于司马氏的兴盛，少年皇帝曹奂受人操控的活动比前多了起来，他在职位上的中心事务其实就只是把司马氏抬升到更高的权力位置，做好各种必要的铺垫，实现国家政权向司马氏的平稳转移而已。《三国志·魏书四》记述了曹奂在位最后两年中的社会情景以及他向司马氏献出国政禅让帝位的最后过程。

提升司马炎　在任命中抚军司马炎为副相国一年之后，264年九月初，曹奂又任命司马炎为抚军大将军，这是朝中仅次于大将军的二品官职，次月曹奂再诏命抚军大将军新昌乡侯司马炎为晋王世子。司马氏在朝中权力的巩固和世袭趋势得到了进一步加强。

管理方式的调整　这一年，朝廷还撤销了设在各地的屯田行政机构，将原任郡中典农改为太守，典农都尉转任为县令、县长。设置屯田机构大约是曹操在建安元年（196年）开始推行的战时管控机制，至今战事减少，应该暴露出了其中某些弊端，这一变革是适应司马氏未来对社会管控需要的措施。另外朝廷还出台了鼓励蜀民内迁的政策方案，宣布凡是从蜀地移民至内地的家口，均由官府供给两年的生活用粮，并在二十年内不征赋税。当时政府在边远地区的社会管控成本应该比内地更高而效率更低，鼓励人口向内地迁徙，有助于加强内地的经济建设，能降低政府对社会整体上的管控成本。

祥瑞频现　264年底，安弥（治今甘肃酒泉东三十公里）、福禄（治今甘肃酒泉）等县都上报有嘉禾生长于田中。古人认为，田地中谷类如果出现一禾两穗、两苗共秀，或三苗共穗等生长异常的禾苗，那就是政治清明天下太平的征兆，于是称这种特异的禾苗为"嘉禾"（参见《宋书·符瑞志》），在天人感应的理念下，嘉禾的出现被认为是社会祥瑞的表征。265年二月，朐忍县（治今重庆云阳西南）得到灵龟。灵龟是一种长寿的动物，古人认为它可以知吉凶，因此称为神龟，它与龙、凤、麒麟并称为四灵，它的出现也被视为祥瑞。朐忍县的人把灵龟进献给朝廷，被收归于相国府中。四月，南深泽县（治今河北深泽东南十五公里）上报天降甘露。这是指一种甘美的露水。《老子》说："天地相合，以降甘露。"古人认为天降甘露，也是天下太平的祥瑞征兆。嘉禾、灵龟与甘露这些自然物的出现可能不乏其时，但其作为社会变化的征兆而引起人们关注，并且被刻意记录下来，则表明人们对当时社会重大变化的预测，司马集团的上位已经被政治敏感的人们预计到。

贡品归晋王　265年四月，东吴孙皓派遣使臣纪陟、弘璆来魏国求和，并献上地方特产。曹奂次月下诏说:"相国晋王妙运神思,德惠四海。他统兵征伐,将武威宣示到边荒;推行王教,把礼仪传播至天下。他怜悯江东生灵,一定要拯救民众,因而谋求息武崇仁,在他的武威震慑和仁德感召下,孙吴政权已有归附之意,因而遣使进献宝物,而晋王非常谦让,把东吴所献礼物登记入簿全部送交。这无法安慰孙皓,也不合于他归附的初愿,现在把孙皓进贡的礼品全部送还晋王,这样才合乎淳朴古义。"晋王极力辞谢,方才作罢。东吴进献了贡品,这从礼仪上属于国家间的交往,物品是献给国家和朝廷的,但在曹奂的诏书中,吴国的求和就是冲着晋王来的,贡品自然送给司马家才更为合适;尽管晋王把礼物的清单送了过来,但他认为应该考虑东吴贡献礼物的初愿,一定要将其送还晋王。在这里,诏书如果不是司马氏操纵而为,就是曹奂对司马氏的刻意讨好行为。尽管司马昭最终极力推辞了这些所贡礼物,但从事情的发生与过程看,皇帝与晋王的君臣关系似乎已完全颠倒。数月后西域康居、大宛来朝进献名马,这是汉武帝当年组织大军远征、费尽千辛万苦才找到的稀世宝物,曹奂的朝廷把得到的名马都归于相国府,声称是表彰司马昭怀柔万国的不朽功勋。

晋王的特权 曹奂特许司马昭戴皇帝那种装饰有十二根玉串的冠冕,允许他使用天子的旗帜,出行时拥有羽林骑兵开道并禁止路人通行的特权,称为"出警入跸";又特许晋王乘坐皇帝专用的六匹马拉的金根车,后面可跟随配以青、白、红、黑、黄各色的五辆从车,宫殿中设置悬挂钟磬的木架,可以演奏皇宫中的八佾乐舞。晋王妃为王后,称其世子为太子,其他王子、王女、王孙爵号照旧。《晋书·文帝纪》中载,司马昭受到的这些尊崇已经超过了皇帝曹奂的父亲曹宇,即所谓"位在燕王上",完全拥有了皇帝的派头。

晋王离世 265年八月,司马昭去世,太子司马炎次日继承晋王之位,并开始统领百官,独揽朝政。当月出现了一桩奇异事件,襄武县(治今甘肃陇西西南)报称有奇异的"大人"出现,高三丈有余,脚迹长三尺二寸,白发,身着黄衣黄巾,拄着拐杖。他喊来乡民王始,对他说:"现在天下太平了。"这与汉武帝当年安排方士求神仙而发生的事情非常相似，是一次更加祥瑞的事件。十多天后，为晋文王司马昭举行了葬礼。不久朝廷大赦天下，并任命了几位重要官员：任命司徒何曾为晋丞相，骠骑将军司马望为司徒，征东大将军石苞为骠骑将军，征南大将军陈骞为车骑将军等。

禅让帝位 265年十二月中旬，"天禄永终，历数在晋"，这是历代使用《尚书》语句表达改朝换代的官方辞语，表明曹魏王朝的天禄永远终结了，上天运数转到了晋朝司马氏手中。曹奂诏令各位公卿大臣，让在京都南郊举行祭天仪式，派遣特使捧着皇帝的玉玺、绶带和诏书正式禅位于刚刚嗣位不久的晋王司马炎，如同220年汉献帝刘协禅位给魏文帝曹丕的情景一样。事情的实质是相同的，而不同处在于：司马炎并没有曹丕那种"三辞而诏不许"的过渡形式（参见1.4.6《一场禅让的大戏》中），一切都来得非常直接和干脆。

两天后，晋帝司马炎派人给二十岁的前魏帝曹奂送去文书，将其封为陈留王，把他迁置到金墉城（当时洛阳城西北角上的小城）居住，后来又让其改驻邺城。这位奉送出曹魏前辈全部基业的年少皇帝以陈留王的身份生活至302年，五十八岁时病逝于邺城。曹奂在位五六年间司马氏的权位已极难动摇，他极好地配合了司马集团的上位和篡国行为，所有的活动仅仅保全了自身的生存，几十年间也没有显山露水之处，留下的是面目不清的形象。

1.10 魏王的族亲之臣

曹操当年在家乡组织军队时曾经招纳了沛郡谯县他的几位族亲兄弟，由于他父亲曹嵩实际来自夏侯氏的给养关系，曹操在血缘上和族属关系上，分别与夏侯氏和曹氏都有同族之亲。来自这两族的兄弟及其后裔始终是曹魏集团的骨干成员和中坚力量。

1.10（1）忠勇亲贵的夏侯惇（上）

夏侯惇应是最早参加曹操军队的将官，189年冬典军校尉曹操在洛阳与控制了朝廷的董卓政见相左，他辞绝了董卓的任用，潜返家乡招募义兵，夏侯惇此时即做了军中裨将。《三国志·夏侯惇传》及其引注记述了夏侯惇跟随曹操四处征战的一生，其中没有看到他超特出众的武功战绩，但其忠诚勇敢的气质和在曹氏集团中亲近贵重的地位却是十分明显的。

夏侯惇字元让，沛国谯人，西汉名臣夏侯婴的后代。他十四岁时投师学习，有人侮辱老师，夏侯惇就将其杀掉，为此他以勇敢壮烈而在当地著名。曹操组建义军后参加了关东诸军的反董卓联盟，被盟主袁绍任为奋武将军，夏侯惇即为奋武将军属下主掌军事的司马，当时他驻守白马（今河南滑县东二十公里）一带，不久升任折冲校尉，兼东郡太守，该郡治所在濮阳（今河南濮阳东二十公里）。

193年曹操父亲曹嵩被徐州牧陶谦部将所杀，曹操自兖州出兵征讨陶谦，夏侯惇镇守濮阳；次年夏曹操再攻徐州时，他的后方盟友张邈在兖州叛迎吕布（参见0.8.1《陶谦保徐州》下），当时曹操的家眷都在鄄城

（今山东鄄城北旧城），夏侯惇立即率轻骑部队从濮阳赶往鄄城营救，正与吕布相逢，双方交战后吕布退还，反去占取濮阳，夺得了夏侯惇部队的辎重。夏侯惇保护了鄄城中曹操的家眷，却失去了在濮阳的军用物资，但他与吕布交锋后能逼其退还，可见其武艺也非寻常。

吕布旋即派属下将领来鄄城假装投降，一伙人把夏侯惇抓了起来，向他索要宝物钱财，军中一时震惊。夏侯惇的将领韩浩守在营门口，把众位将领召集一起，让他们安定手下士兵不得贸然行动，稳定了军队后，韩浩进入夏侯惇的住所，怒斥挟持的人，并表示说："我身负讨伐叛贼的使命，不会因一位将军就放任你们为所欲为！"又哭着安慰夏侯惇说："我只能按照国家法律行事！"他立即召集士兵攻打劫持者。劫持者心中惶惧连连叩头，对韩浩等将士说："我们只求给点资费就离开！"韩浩并没有客气，最终将劫持者制服并全部杀掉，夏侯惇免于劫难。事后曹操听说了这事后对韩浩说："你这种对付办法可以成为后世的范例。"于是发布军令说："以后碰到劫持人质的事，都应全力进攻，不要考虑人质。"自此劫持人质的事再也没有发生。

曹操 194 年征讨徐州返回时，吕布已经占据了兖州大部地盘，只剩下鄄城及范、东阿（治今山东东阿西南二十五公里）三城在夏侯惇、荀彧、程昱的坚守下没有丢失。夏侯惇跟随曹操与吕布军队争夺，战场上为流矢所中，伤了左眼，军中自此称他为"盲夏侯"。夏侯惇对伤了眼睛非常痛心，据说他照镜子看见时就恼恨发怒，每次都把镜子摔在地上。曹操让他兼任陈留（治今河南开封东南）、济阴（治今山东定陶西北）太守，加建武将军，封高安乡侯。196 年曹操迎接汉献帝刘协到许县建都，夏侯惇转任河南尹，负责京都周边河南郡的防守与政务，这是曹操把重要的职位托付给放心的臣属。

在《三国志》其他篇目与《资治通鉴》相关部分中，能够看到夏侯惇在本传中没有记录的某些活动：①198 年，屈居小沛的刘备受到吕布大将高顺和张辽的进攻，刘备向曹操求救，夏侯惇受命援救刘备，被高顺等人击败，刘备单身逃走（参见 2.1.2《在徐州的艰难岁月》）。②202 年，刘表派刘备向北进攻，到达叶县（治今河南叶县南），夏侯惇等人受命抵挡，

1.10 魏王的族亲之臣

双方于博望坡对峙，刘备烧掉自家军营向后撤退，夏侯惇不听李典所劝，与于禁发起追击，被刘备伏兵所败，幸而李典前来救回。③官渡之战后曹操率军平定河北，夏侯惇为部队提供后方支持，至204年八月曹军攻破邺城。④河东官员卫固在205年反叛，与张晟、张琰及高干等合兵一处，曹操派夏侯惇前去征剿，又派张既去关中征调马腾等将领，两支军队都归钟繇节制，战争至次年大获全胜，反叛被平定。⑤215年夏侯惇参加了讨伐汉中张鲁的战事。夏侯惇参与的战斗不少，他在战场上的身影并不像历史小说中那么具体而鲜明，而镇守一方的功劳还是不小的。

204年八月曹操攻破邺城后，升任夏侯惇为伏波将军，让他继续兼任河南尹，授予其机动行事、不拘陈规的权力。207年总计夏侯惇前后所有功劳，为他增加封邑一千八百户，与前合计二千五百户。216年，他跟随大军征讨东吴返回后，曹操安排他都督二十六路军队，留守居巢（故治在今安徽桐城南）；又赐给他各种乐器和有名的倡优，对他说："春秋时魏绛联合西戎有功，尚能得到钟磬等金石乐器，何况将军你呢！"

219年，关羽与曹仁、徐晃在樊城交战时，权位堪比皇帝的曹操驻军摩陂（今河南郏县东南）以作后应，他召来夏侯惇，经常与其同乘出入，夏侯惇也可出进曹操的卧室，显示了他不同一般将领的亲近贵重。当时曹操受封魏王已三年之久，许多将领都有曹魏封国的官号，夏侯惇所担任的都是汉朝的职务，他向曹操上疏表示希望得到魏国的官职。曹操回答说："我听说最高的礼遇是把臣子当老师，其次是把臣子做朋友。你是一位尊贵高尚的人，小小的魏国，怎么能让你屈居呢！"夏侯惇坚持请求，最终曹操同意了，任命他为魏之前将军。夏侯惇跟随曹操征战了一生，两人关系非同一般，他理解曹操要与自己保持"不臣之礼"的看重心情，但他却希望与曹操建立一种真实的君臣关系，因为这是对自己人生的定位和肯定，符合他一生的情怀；尤其是，当曹魏政权正如旭日东升一般兴旺上升时，他内心对这一政权的诞生是心有期许的，自然不想置身局外，在即将扩张的企业集团中提前参与投资，也符合利益最大化的原则。担任了魏之前将军后，夏侯惇带领各路人马回到寿春，又转屯召陵（今河南郾城东十五公里）驻军，继续发挥镇守南境的柱石作用。

史书上说，夏侯惇虽然置身军旅，一生征战，但经常亲自迎接老师来授业学习，他生性清廉俭朴，有多余的财产则分施给众人，家中不经营产业，也不从官家获取资财。当初兼任陈留太守时，适逢大旱，发生蝗虫之灾，夏侯惇决定截断太寿水，在睢阳和宁陵之间修筑池塘，他亲自担土，带领将士协助当地百姓种稻，使民众渡过了难关。这种俭朴、廉洁和亲身劳作的亲民风格还是很受人们欢迎的。曹丕220年受禅建立魏国后，任命夏侯惇为大将军，这是主管国家军事的最高官员，夏侯惇任职数月后去世。

夏侯惇死后被谥为忠侯，他的儿子夏侯充继其爵位，其后夏侯廙、夏侯劭子孙逐代继其爵位。曹丕曾追念夏侯惇的功绩，想让他的子孙们都享受侯爵的待遇，于是将一千户封邑赐给他们家具有关内侯爵号的七子二孙。关内侯本是有爵无邑、没有封地的，曹丕这里是给了夏侯惇子孙们特殊的对待。夏侯惇的弟弟夏侯廉及他的儿子夏侯楙也受封了列侯。后来魏明帝曹叡在洛阳营建社稷七庙，他在233年发诏令，将已故大将军夏侯惇的灵牌安置为配享太祖庙庭的第一位（参见1.5.10《对族内事务的处置》）。266年夏侯惇的一位孙子夏侯佐去世，他没有儿子继嗣，刚刚受禅建国的晋帝司马炎发诏说："夏侯惇是魏国的元勋，功绩载于史册，我受禅于魏国，怎么能忘记这些功臣呢！应该选择其亲近支属继承爵位。"曹操对夏侯惇的看重、曹丕对其子孙的增封、曹叡在宗庙中对其配享灵位的安置，以及晋帝司马炎对其后裔的续嗣诏令，都反映出夏侯惇在曹魏集团中的确有着其他族亲之臣不能企及的地位。

1.10（1）忠勇亲贵的夏侯惇（下）

曹魏皇族自称是西汉名臣曹参的后代，这应是不无依据的，曹操早年在家乡组织军队时有族弟曹仁、曹洪等人相继加入，还有后来著《六代论》的曹冏（参见1.6.11《一份政治改革的意见书》）等人闪身出场，足见谯县的曹氏宗族其数众并不为少；后世人们把沛国谯县夏侯家族某些人物如夏侯惇、夏侯渊等也记作曹魏的族亲之人，陈寿在《三国志·魏书九》中就是合并撰写了"诸夏侯曹传"，把几位夏侯氏和曹氏人物一并看

1.10 魏王的族亲之臣

待，大多也是出于这种认识。夏侯氏与曹魏皇家所具有的亲族关系，这与曹操的祖父曹腾有关。

少年曹腾在汉安帝之时应征入朝做了宫中宦官，谯县家里尚有伯兴、仲兴、叔兴三位哥哥；曹腾在宫中先后侍奉了顺帝、冲帝、质帝和桓帝（参见1.1《一位穷小子的咸鱼翻身》），其间他与宫女吴氏结为"对食"夫妻，135年朝廷允许宦官以养子袭爵，据此曹腾在家乡抱养了曹嵩为子。曹嵩究竟是出自谁家的孩子，陈寿在《三国志·武帝本纪》中说："搞不清曹嵩的出生来路。"当时吴人所撰《曹瞒传》和西晋郭颁所撰《世语》（又称《魏晋世语》）中都说："曹嵩是夏侯氏之子，夏侯惇的叔父。"这样，曹操和夏侯惇在血缘上就是堂兄弟关系。

曹操曾经安排了与夏侯惇的儿女婚亲，为此有人认为他俩绝不可能是堂兄弟关系，认为陈寿所以合并"诸夏侯曹传"，就是因为曹家与夏侯家后来几世存在婚姻关系，并且几位人物都有开国之功，这样撰写合传才是合乎定式的。但也有史家指出："即使曹嵩是夏侯氏之子，按照当时的做法，曹操与夏侯惇的子女也并非不可以通婚，何况他们本来就不属于同一宗族。"史家还列举了当时的名臣陈矫小时候过继给母族陈氏，后来与自己原本出生的刘氏亲族之女结婚的事情以表明当时的婚亲习俗。曹嵩出生谁家，自然是至今无法做出确切论证的事情，然而曹嵩总有他在曹腾之外本来的出生处，综合各种资料，并参考曹操对待夏侯家人物极为亲切贵重的态度，从中可以做出判断，曹嵩来自夏侯家的根据更为充分些。就是说，从血缘关系的意义上，夏侯惇他们具有和曹魏皇族更为亲近的关系，无论夏侯惇本人的战功如何，他对曹魏政权的忠诚与推戴，以及曹魏掌政人对他们的看重，都是合乎情理的。

曹操早年与刘夫人生有一子一女，刘夫人早逝后，儿子曹昂交由丁夫人抚养，女儿清河公主年龄也应比曹丕更大些。曹操迁都许县时，听说年轻人丁仪颇有才学，就打算把清河公主嫁给丁仪，为此他与曹丕商量，曹丕却以丁仪眼睛有毛病为由不赞成此事，提出把公主嫁给夏侯惇的儿子夏侯楙，以便亲上加亲（参见1.3.12《既爱美色，也爱才俊》）。曹操并不知道曹丕的真正心意是嫉妒丁仪与曹植过于友好，他听了曹丕的建议，把女儿嫁给了夏侯惇的中子夏侯楙。

夏侯楙字子林,年轻时与曹丕亲近友善。曹丕220年受禅称帝后,任命夏侯楙为安西将军、持节,接替夏侯渊都督关中,驻守长安。夏侯楙喜好经营家业,但没有用兵谋略。228年蜀国丞相诸葛亮首出祁山,担任丞相司马的大将魏延提出自领五千精锐兵出子午谷(在今陕西长安县南秦岭北麓)而奇袭长安的方案,就是以"夏侯楙怯而无谋"为依据的,当时诸葛亮并未采纳魏延的方案(参见2.3.5《首出祁山》上)。当年魏明帝曹叡亲赴长安,安排张郃向马谡的部队出击,打败了蜀军。有人向曹叡介绍夏侯楙,大概绕不开其不会用兵的军事能力吧,曹叡撤军时召还夏侯楙,安排他回朝廷担任尚书。

夏侯楙在镇守关中时曾经收纳了不少妾室,清河公主为此与丈夫很不和睦。后来,夏侯楙的弟弟们因为不遵守礼度,夏侯楙多次对他们严厉斥责,几位弟弟担心受到惩处,于是与清河公主共同捏造罪名诬陷夏侯楙,并让公主上奏给侄子曹叡,曹叡下诏逮捕了夏侯楙,准备将其处死,他征询长水校尉兼京兆尹段默的看法,段默京兆尹的辖区当时正好覆盖长安,对夏侯楙早先在长安的事情大概有所了解吧,他对曹叡说:"这一定是清河公主和夏侯楙不和,出于谗言陷害的目的,事情应该难以查实。而且伏波将军有协助先帝定天下之功,惩处夏侯楙应该三思。"曹叡有所醒悟,他说:"我也有你那样的想法。"于是发诏书追查为清河公主撰写奏书的人,果然是夏侯楙的弟弟夏侯子臧、夏侯子江所捏造的事情,曹叡自然放弃了对夏侯楙的处置,他在这里能秉承公正的态度对待姑姑与夏侯姑父的矛盾对立而不曾过分偏袒公主,其中夏侯惇对皇家的忠诚勇敢以及他在皇家的贵重地位起到了重要作用。

夏侯家与曹家的婚姻关系还有:①夏侯渊的妻子丁氏是曹操的妻妹,史书上称为"内妹",即夏侯渊的夫人与曹操身边抚养曹昂的丁夫人为姊妹。也有人按《晋书》有关记载为例,认为内妹当指舅之女而非妻之妹,这是指曹嵩夫人丁氏,她兄弟的女儿丁氏嫁给了夏侯渊。两种相反的认识必有一假,相比较而言,前面一种理解似乎更合适些。②夏侯渊的长子夏侯衡,娶曹操弟弟海阳哀侯的女儿为妻,受到特别的恩宠。曹操不是曹嵩的独生子，193年曹嵩自琅邪投奔兖州路过泰山时受到陶谦部将张闿攻击而丧生，儿子曹德一同殉难（参见0.8.1《陶谦保徐州》下）；另外，曹操后来让宋姬所生的儿子曹徽做弟弟曹玉的后嗣，曹玉生前受封朗陵侯，死后谥哀侯。据此可知，曹操至少有两位弟弟，但史书上没有关于他们的其他信息记录。夏侯衡所娶女子是否为曹德或曹玉的女儿，似难确定。③夏侯渊的侄子夏侯尚早年与曹丕关系极为亲密，他的妻子是出自曹家的女儿，具体信息不详。夏侯尚身边一位极受宠幸的爱妾想争取嫡室正妻之位，曹丕听到这事后就派人去绞杀了那位妃妾（参见1.4.16《与几位族兄弟的交往》）。曹丕这里是利用手中权力保护家族的外嫁女在夏侯家的地位，为此引得夏侯尚神情恍惚，似乎精神失常，导致他过早离世。无论如何，这些婚亲关系的发生，表明了夏侯家族与曹魏皇家具有几乎对等的地位。

夏侯家族与曹魏皇家关系密切，这大半是因曹操父亲曹嵩出自夏侯家族，双方具有事实上的血缘亲情，因而能互相忠诚和长久信赖；夏侯家的人物不具有曹氏宗族的皇家身份，在曹魏两代执政人都对亲族诸侯王参政篡国心有提防的背景下，身为帝王的掌国者对夏侯家族反而会有更大的信任，从史料中看，夏侯惇虽然没有特别出众的武艺与战功，但仍能位居魏国文臣武将的首位，连续受到几代君王的推崇，不是没有道理的。

1.10（2）殉身疆场的夏侯渊（上）

夏侯家族还有另一位重要人物夏侯渊，他字妙才，是夏侯惇的同族弟，其与曹操的血缘关系似乎比夏侯惇要稍远些。曹操当年居家未出仕时，曾有涉及官方的案件，夏侯渊代他顶罪入狱，曹操后来将他营救了出来。这应该是曹操20岁举孝廉以前的事情，但奠定了两人终身友好的基础。《三国志·夏侯渊传》及其引注记述，夏侯渊在家乡时，兖州、豫州发生战乱，他家里饥饿无粮，遂抛弃自己的幼子而抚养了亡弟的孤女，这是为弟弟保留血脉的仁义行为，表现了他赤诚待人的高尚品格。

曹操在189年底在陈留招募义军时，夏侯渊应是最早参加的一批人员，他在其中担任别部司马、骑都尉，以军队武官的身份跟随曹操征战。史书上对这一阶段的战事记述很少,相信夏侯渊在战场上的表现是出色的,196年他升任陈留(治今河南开封东南)太守、后又改任颍川(治今河南禹州)太守。200年八月,曹操与袁绍在官渡决战,夏侯渊兼任督军校尉,负有监军之任;战后军中仍然缺粮,夏侯渊负责督运兖州、豫州、徐州的军粮,他及时运输补给,使军势得以振作。

　　史书中记述了夏侯渊在官渡之战后十余年间的多次平叛活动:①攻降昌豨。泰山寇首昌豨(又称昌霸)早年跟随吕布,吕布败死后投降曹操,为东海(治今山东郯城西北)太守。刘备在官渡之战时为袁绍攻掠汝南,昌豨于是反叛而追随刘备,夏侯渊与张辽围昌豨于东海,数月后双方力尽,张辽说服昌豨再降曹军。②再克昌豨。206年八月,昌豨又叛,于禁受命攻打而不能攻克,曹操再派夏侯渊前往协助,两人合力攻克十余座军营,昌豨遂到于禁军营投降,于禁依据"围而后降者不赦"的军令斩杀了昌豨。夏侯渊回军后被曹操拜为典军校尉。③大破黄巾余党。207年十月,济南、乐安(治今山东博兴)黄巾余党徐和、司马俱等部侵掠城池,斩杀官吏,夏侯渊率泰山、齐、平原三郡的部队围剿攻击,取胜后斩杀了徐和,恢复了被他们占有的各县,收其粮谷补充军资。④击败雷绪反叛。209年十二月,曹操南征孙权后返回家乡谯县,刘备攻取江南四郡时,庐江(郡治在今安徽庐江西南)雷绪率部曲数万口投奔刘备,被任为偏将军。曹操安排夏侯渊兼领军职,都督周边各路将领追剿雷绪将其击溃。⑤督军平定大陵。211年正月,太原商曜占据大陵(治今山西交城西南十公里)反叛,曹操以夏侯渊代理征西护军之职,督徐晃部队前往平定,这次战斗攻落叛军二十多据点,斩掉了反叛头目商曜,在大陵大开杀戒。⑥进剿关中。211年三月夏侯渊奉命进入关中,又都督徐晃、朱灵等平定隃糜(治今陕西千阳东)、汧氐(陕西陇县南部的部族)的反叛,其后又与关中钟繇统领的部队会合。同年曹操率军队来关中与韩遂、马超大战于渭南(参见2.2.5《声名在外的马超》),夏侯渊与曹操会于安定(治今宁夏固原),招降了马超的同伙杨秋。

　　夏侯渊在跟随曹操的征战中,这个时期更多地参加了平定地方反叛的战斗,平叛中夏侯渊经常会用兵迅疾使敌方难以预料,当时就有"典军校尉夏侯渊，三日可行五百里，六日可赴千里"之语流传。在夏侯渊与张辽首次攻降昌豨期间，他所养育亡弟的孤女夏侯氏出城拾柴时为张飞所获，后来做了张飞的妻子（参见2.2.4《"万人敌"张飞》），夏侯渊当时并不知道侄女的着落，用儿子性命换回的这位侄女不慎丢失了，战场上的胜利大概难以挽回他心中的悲凉。另外可以看到，典军校尉是曹操本人当年在东汉朝廷所任之职，斩杀昌豨后曹操把这一职务特意送给夏侯渊，正是要显示对夏侯渊的亲近和看重；同时，夏侯渊先前大多担任的是地方官职，及对付庐江叛军雷绪时再兼军职，后来督军平定大陵时有了正式的军内职务。有史家说，当时夏侯渊的资格难以做征西将军，曹操就给了他征西护军的职位，让他担负西征先驱之任，可以看到曹操对这位亲族之人的着意栽培与看重。

211年十二月，曹操自安定回军，次年正月返回邺城，夏侯渊被任护军将军，统领朱灵、路招等人驻守长安，由此开始了他另一段具有不少辉煌亮点的军事生涯。该时期关中军队成分繁多、关系复杂，各方战事频发，史料记载散乱，这里仅仅根据人物本传上的记述，看看夏侯渊在镇守关中期间的主要军事活动：①继续平叛。留守当年他打败南山贼寇刘雄，迫使其部队全部归降。不久在鄠县（今陕西户县）围攻韩遂、马超的余党梁兴，攻下鄠县，斩杀了梁兴，夏侯渊被朝廷封为博昌亭侯。②救援韦康。213年凉州刺史韦康被马超包围于冀县（治今甘肃甘谷东），夏侯渊前往营救，援兵还没到，韦康力竭投降而被杀。③追击马超。韦康的参军杨阜诈降马超，联络梁宽、赵衢、尹奉和姜叙等人欺骗马超，在214年劝说马超出兵攻打祁山姜叙，马超离开冀城后赵衢等人就杀掉了马超妻子家眷十余口。马超逃到汉中，从张鲁那里借兵返还包围了祁山。姜叙向夏侯渊求救，将领们认为必须有曹操的命令才能行动，夏侯渊坚持说："邺城往返四千里，等待回报命令，姜叙一定失败，这不是救急的办法。"于是他派张郃统领五千军队做前锋，从陈仓小路进击，自己督办粮草随后出发。张郃到后稍作接触，马超就带兵逃走了，夏侯渊到达时，周围各县全部归降。这次救援表现了夏侯渊在战场上积极主动的求战态度和敢于负责、不畏强敌的勇敢精神。

当时韩遂在显亲（今甘肃秦安西北）驻兵，夏侯渊准备率军袭击，韩遂闻讯逃走，夏侯渊追到略阳城，距离韩遂只有二十多里，一些将领想进兵攻打，又有人主张攻打兴国（今甘肃秦安北）氐人部队。夏侯渊认为韩遂兵卒精锐，兴国城坚固，仓促进攻无法取胜，坚持出兵攻击长离（指长离河流域地区，该水流自宁夏西吉经甘肃静宁、秦安，在天水市注入渭河）一带的羌族。他认为长离的羌人大部分在韩遂的部队中，一定会回来救助自己家族，这样可以调动敌人而取胜。夏侯渊率军轻装疾行，到达长离后烧毁了羌族各屯，韩遂果然率兵来救，与夏侯渊的军队正面相遇。将领们看到韩遂军队人多，提出扎好营寨、修好战壕再与敌人决战，夏侯渊说："我们转战千里，如果现在扎营挖堑，士兵会疲劳困乏，就难以对抗。现在贼兵虽多，还是很容易对付的。"于是击鼓出兵，一举打败了韩遂的军队。回到了略阳，然后再进兵围攻兴国。氐族王逃奔马超，其余属众都纷纷投降。这次战斗中夏侯渊采取"攻其所必救"的战术策略，最终调动敌人，自己军队则以逸待劳，取得了战胜强敌的胜利，事后曹操授予他灵活处事的机动权。

枹罕（治今甘肃临夏东北二十公里）人宋建早先在凉州叛乱，自称河首平汉王。曹操派夏侯渊督率军队讨伐宋建。夏侯渊领军到达后，围攻月余将其攻占，斩杀了宋建以及所任官员，同时又派张郃去平定河关（治今青海同仁县西北二十公里），渡过黄河进入小湟中（今青海大通一带），黄河以西的羌族就全都归顺，陇右之地遂告平定。曹操下令说："宋建叛逆三十多年了，夏侯渊现在一战攻灭，他在关右（关西）犹如老虎踱步，所向无敌。"这里的表彰虽然有些夸张，但这是已成结果的事实。夏侯渊在战场上勇敢迎敌，在镇守关中以西的复杂战斗中，他的军事指挥才能也得到了不少锻炼提高。

1.10（2）殉身疆场的夏侯渊（下）

曹操的亲族兄弟夏侯渊义气豪爽、忠诚待人，他跟随曹操参军后在督军运粮、平定反叛的活动中表现了乐于挑战、勇敢无畏的做事风格，尤其是在211年后驻军长安守卫关中的五年复杂实战中练就了出色的军事才能，取得了战胜强敌马超、韩遂和平定陇右之地的显著成果，曹操公开下发通令，表彰夏侯渊在关右所向无敌；文末借用孔子赞赏之语说："仲尼有言，吾与尔不如也。"丞相曹操在这里放低身段，表明自己也赶不上他，这无疑给了夏侯渊极高的赞扬和荣誉。《三国志·夏侯渊传》中记述，曹操不久还为夏侯渊增封三百户，并前八百户，作为对其战功的奖赏。

215年三月，曹操统大军西征张鲁（参见0.5.4《收复汉中》下），夏侯渊领军攻打武都（治今甘肃西河县西南三十公里）、下辩（治今甘肃成县西北十五公里）等地的氐羌部落，收氐部谷粮十余万斛，其后率凉州诸将及羌、胡诸王前与曹操会师。而曹操每次会见羌、胡的首领，都命夏侯渊陪同以壮威，可见夏侯渊也长着高大威猛的身材，对羌、胡之人也能形成一种威慑。张鲁当年十一月投降，汉中平定。曹操安排夏侯渊兼任都护将军之职，都督张郃、徐晃等平定巴郡。曹操年底自南郑回邺城，他留下夏侯渊驻守汉中，并任其为征西将军。

刘备在夺取成都并稳定了益州政权后，于218年春屯军阳平关，与夏侯渊、张郃、徐晃等相对峙，张郃驻军广石（今陕西勉县西），徐晃打败了蜀将陈式，双方主帅在阳平相持到了第二年。219年正月，刘备自阳平渡过沔水，驻于定军山，夏侯渊率军相争，在山间构筑了相互对峙的防御设施，其中把带枝的树木削尖朝向敌人，后部埋在营寨之前以阻挡对方进逼，这种设施因形似而被称鹿角。夏侯渊派张郃守备东围鹿角，自率精锐守备南围鹿角。刘备以精锐万余分十部猛攻张郃，张郃不敌，夏侯渊遂分兵一半往救张郃，于是刘备按照法正的计谋，在山中走马谷烧敌鹿角，夏侯渊前去救火，在一条偏僻道路上与蜀军相遇，短兵相接，刘备立即派讨虏将军黄忠居高临下突然攻袭，夏侯渊措手不及，被黄忠所杀。

"瓦罐不离井上破，将军难免阵前亡"。身经百战、不畏强敌的夏侯渊在与蜀军相持有年时竟为维护防守设施而殉身疆场，留下了终生遗憾。早先夏侯渊多次在战场取胜，而曹操经常提醒他说："身为将军应当有怯弱的时候，不能一味逞勇。为将应该以勇为本，但要善于使用智计；如果只凭勇气，一位勇士就能对付你。"夏侯渊具有身为将军的勇敢，他也逐步学会了使用智谋，这次失误看来是瞬间大意，疏忽了对敌方智谋的防备。

不久曹操听了夏侯渊阵亡的经过后说："我知道刘备做不了这样的安排，一定有人教给他这一办法。"可以说，夏侯渊疏于应敌而殒命定军山，是他一直过分逞勇无畏的个人心气所致，同时也是蜀地君臣刘备、法正和黄忠等人合谋的结果。

夏侯渊的妻子丁氏是曹操的妻妹，他的长子夏侯衡娶了曹操的侄女，与曹魏王族有多重亲近关系。夏侯渊阵亡时，他早先养育多年而在徐州沛县丢失了的侄女，当时已是巴西太守张飞的妻子，张飞的这位夏侯夫人听说叔父亡于汉中，她请求予以安葬，尽了自己的亲情，夏侯家稍后安置的只能是他的衣冠冢。许都东汉朝廷为夏侯渊谥号愍侯，夏侯衡继承了爵位，后来转封安宁亭侯。其后夏侯衡的儿子虎贲中郎将夏侯绩、孙子夏侯褒三世承继爵位。

夏侯渊的儿子较多，据多种引注资料介绍，长子夏侯衡外，次子夏侯霸在曹丕称帝后被封为偏将军，230年随曹真自子午谷伐蜀时，他被任为部队前锋，进至兴势（今陕西洋县北）一带，在曲谷中安营，蜀人知道是夏侯霸的部队，组织兵将进攻，夏侯霸依凭鹿角而迎战，救兵到达后方才解围，似乎颇具父亲夏侯渊那般勇敢气概；后来他被曹叡任为右将军，曹爽掌政时被任讨蜀护军右将军，晋封博昌亭侯。夏侯霸屯兵陇西，立誓为父亲报仇，但249年高平陵之变后，因为与曹爽、夏侯玄等人的特殊友好关系，他料定自己必受司马氏的迫害，于是费尽千辛万苦，只身翻越秦岭归降蜀汉，因为与张飞夫人和蜀国张皇后母女的亲戚关系而受到刘禅的特殊对待（参见2.2.1《刘禅执政》中），其后成为姜维北伐中原的重要助手。魏国朝廷考虑到夏侯渊的巨大功勋，并没有因为夏侯霸归降蜀国而追究其家族的罪责，夏侯霸在魏国的儿子也被赦免，只是将其迁徙到乐浪郡（治今朝鲜平壤南），算作一种处罚吧。

夏侯渊的第三子夏侯称和第五子夏侯荣当时非常出名，他们的侄孙夏侯湛曾在一篇书序中有过如下介绍：夏侯称在孩童时代就喜好合聚儿童们游戏，游戏多为战阵之事，他本人在其中担任统领，有违令者必定要用鞭捶严厉惩罚，其他人不敢违抗。父亲夏侯渊看到后感到惊奇，让他读《项羽传》和相关兵书，他不肯读，说："有能力就自己去做，怎么能效仿别人?"十六岁时父亲夏侯渊与他打猎,一只老虎在前面奔跑,夏侯称立即打马追逐,别人拦禁不住,他追上去一箭射倒了老虎,当时曹操听到了这件事,高兴地拉着他的手说:"我希望任用你!"夏侯称与魏文帝曹丕为布衣之交,每次聚会饮宴都盛气而坐,有辩才的人士均不能屈服他,社会上名声大的人都喜欢和他交往,不幸到十八岁早逝。夏侯渊的第五子夏侯荣,年少时即很聪明,七岁就能写文章,一天能背诵一千字,眼睛看过的文章能记下来。曹丕听说后请来他,并邀请了一百多位客人,每人拿着当时称为"爵里刺"的名片,上面写着各自的官爵、乡里和名姓,客人们拿出来都让夏侯荣过目,然后让他与各位客人谈话,竟然毫无差错,曹丕深感惊奇。夏侯渊驻军汉中时夏侯荣正跟随在身边,父亲阵亡时夏侯荣十三岁,身边人劝他赶快逃走,他不愿离开,说:"君亲已经蒙难,我怎么能逃避死亡!"于是拿起宝剑奋力迎战,死于乱军中。他比父亲更有聪颖的天资,同时也承传了父亲的勇敢和豪气,曹操关于"将军应有怯弱"的箴言,他们父子在天性上看来都难理解和接受。

夏侯渊一共有八位儿子,其中一位儿子,在当年家乡灾荒时,他为养育亡弟的孤女而将其抛弃。此外还有三位:四子夏侯威有侠义之风,历任荆州、兖州刺史,其长子夏侯骏曾任并州刺史,次子夏侯庄为淮南太守,是晋朝景阳皇后的姐夫。夏侯庄的儿子夏侯湛因为富有才学,曾任南阳相、散骑常侍。夏侯渊的六子夏侯惠,少年时以才学出名,善写奏议文论,朝廷多次采纳他的建议,后任乐安(治今山东高青)太守。夏侯渊的七子夏侯和,有论辩之才,曾任河南尹、朝廷太常。夏侯渊身边的七位儿子都很出众,他们家势不凡,一直到晋朝时代仍然门庭兴盛。

1.10(3)智勇辅魏的曹仁(上)

在谯县曹氏本宗人众中,和曹操亲族关系最为靠近的人物是曹仁兄弟。曹仁的爷爷曹褒,是曹操爷爷曹腾的兄长,曹褒曾任颍川太守,其长子曹炽曾任侍中、长水校尉,曹仁是曹炽的儿子。《水经·阴沟水注》中记录说,谯县曹腾的墓东是他兄长之墓,旁边石碑上写着:"故汉颍川太守曹君墓。延熹九年(166年)卒。"北面有儿子曹炽的墓,石碑上写着:

"汉故长水校尉曹君之碑，年三十九岁卒。熹平六年（177年）造。"曹褒应是曹腾谯县家中字号伯兴、仲兴、叔兴三兄长中某一位的名号。在曹腾入宫侍奉皇帝许多年有了权势后，他借势离开家乡出仕做官，这在东汉末期应是正常的事情。他们的父亲曹节本是谯县忠厚诚实的庄稼人，但自曹腾入宫后家势则逐渐兴盛（参见1.1《一位穷小子的咸鱼翻身》）。应该说，包括曹仁在内的整个曹氏族人都是曹腾早年自我牺牲的受益者。

曹仁字子孝，他是曹操的族亲之弟。《三国志·曹仁传》中记述，曹仁年轻时爱好弓马射猎，后来各路豪杰并起，他私下也交结了一千多少年，在淮水、泗水之间活动。曹操招募义兵，曹仁立即响应参加并在其中担任别部司马，兼厉锋校尉。史书对曹军早期的活动本来记述粗略，但曹仁当时就已有不少战功：①在193年攻打袁术的作战中，曹仁杀死和俘获的敌兵很多。②曹操发起为亡父的复仇之战而征讨徐州陶谦时，曹仁经常督领骑兵担任军队先锋，有一次他做侧翼配合去攻打陶谦的部将吕由，大获全胜，回师与大军在彭城（今江苏徐州）会合，大破陶谦军。③194年再征徐州时他随同大军进攻费（今山东费县西南费城）、华（治今山东费县东北）、即墨（治今山东平度东南三十公里）、开阳（治今山东临沂北三十里）等县，陶谦派将领前来援救，曹仁率骑兵击败了援兵。④曹军在兖州大战吕布，曹仁独自领兵前往句阳（治今山东菏泽北十五公里），攻破该城，生擒了吕布将领刘何。⑤196年曹军打败黄巾军余党，迎接汉帝定都许县，曹仁多次立功，被任广阳（治所蓟县在今北京城西南）太守。⑥197年曹操征讨张绣，曹仁配合进攻侧旁之县，俘虏了该县三千多人，曹操大军返还时张绣在后紧追，军队失利，士气低落。曹仁带领的将士奋勇当先，重振了士气，最终击溃了张绣军队。

曹仁早年喜好骑射，又曾组织过颇具规模的队伍，他加入曹操部队后，发挥了自己擅长军事的优势，在战场上立下了不少战功；曹操定都许县，开始挟天子以令诸侯时，给了曹仁广阳太守一职，此地当时并没有被曹操实际占有，应该属于一种遥领职务。史书上说曹操十分器重曹仁的勇敢善战和军事武略，不希望曹仁担任地方职务，而遥领广阳恐怕是曹操对这位族弟的刻意安排，一方面提高了曹仁的身份和待遇，同时又不必前往赴任，当时曹操安排他以朝廷议郎的身份督军，曹仁的实际事务仍然在军队方面，继续做着能发挥他优长的工作，而这一安排在反击张绣的战斗中当即发挥了积极效果。

曹仁在军事作战中似乎并不表现为单纯的勇敢，而是常有战术谋略上的考虑，他给曹操曾有两次关键时候的作战建议。先是官渡决战前建议出击刘备。袁曹双方在官渡对峙了很长时间后，袁绍派刘备领军队去攻打濦强（治今河南临颍东）诸县，那些县大多投降，致使许昌以南的吏民人心不安，曹操为此很是担忧。曹仁于是对曹操说："南方因为有大将军袁绍的影响，才有目前的危机，这个时候很难相救；刘备率强兵攻打，他们当然会背叛。但现在刘备刚刚统领袁绍之军，未必得心应手，我们马上攻击，一定能打败他。"曹操采纳了他的建议，派他率骑兵进攻，曹仁果然一举击溃了刘备，他把反叛的各县全部恢复后返回官渡战场。曹仁在这里的建议既看到了刘备在曹军后方骚扰的严重危害，又抓住了刘备仓促间领军扰乱的最大弱点，利用他统领袁绍军队时间不长指挥尚不顺畅的机会，建议迅速出兵将其击垮，该作战方案的提出及其实施，保卫了曹操军队的后方安全，也稳定了官渡作战的军心，是曹仁军事谋略水平的重要展示。不久袁绍派将军韩荀截断曹仁的后路，曹仁在鸡洛山（今河南新密附近）与韩荀遭遇，大败韩荀，袁绍从此不敢再分兵出战了；曹仁又与史涣等人偷袭袁绍的运输队，烧毁了他们的军粮，他为曹军官渡之战的胜利贡献了智慧和力量。

另有壶关攻战中建议允许敌人投降。河北平定后，曹仁又随曹操于206年领兵收复袁绍外甥高幹占据的并州之地，在进攻壶关（今山西黎城东北太行山口，山形狭如壶口而得名）时，曹操下令说："攻下城后将全城人活埋。"结果围攻了数月之久未能拿下。曹仁对曹操说："围城进攻必须给城中人留出一条生路。现在您要将全城人活埋，他们会全力死守。壶关城池坚固粮食又多，如果强攻我们会伤亡惨重，围困起来又会旷日持久。现在我们屯兵在坚城之下，攻击必死之敌，这不是好的办法！"曹操听从了劝告，撤回了前面的命令，壶关守将不久即愿意投降，曹军很快拿下了壶关，收复了并州。战斗之后有关部门总计了曹仁前后的功劳，曹操封他为都亭侯。

在这次进攻壶关时曹操可能没有做认真盘算，因一时的愤恨情绪而下达了坑杀全城的命令；进攻遇阻，大家都在分析原因，曹仁反思了曹操的命令，提出了不同的设想，主张应该鼓励守城之敌前来投降才对。他这里的用兵思路是与"围城必阙"的兵法精神相通的，主旨是要避免敌军以必死的决心相对抗，果然收到了费力小而见效快的用兵效果。面对主帅已经发布了的不恰当军令，曹仁能坚持陈述自己的不同意见，与主帅曹操的特殊关系当然是一种有利条件，但这一建议也离不开他对军事战术和兵法理论的熟知，以及自己对用兵策略的高度自信。作为智勇兼具的将军，曹仁在一代豪杰曹操的麾下不断展现出了他不俗的军事才质。

1.10（3）智勇辅魏的曹仁（下）

曹仁跟随曹操在多年的征战中充分展现了自己的勇敢善战和用兵武略，魏王曹操看重这位族弟的军事才能，安排他以议郎身份担任督军职务，曹仁为曹魏集团的开创性事业建功不少。《三国志·曹仁传》记述，曹操208年进军荆州时，曹仁被任为征南将军，随同大军一齐出征。赤壁之战后曹操返回，曹仁被安排驻守江陵（今湖北沙市西北五公里处），抵挡吴国将领周瑜的进犯。

有一次，周瑜领数万人马进攻，几千前锋将士到了城下，曹仁登上城墙观察，然后组织了三百名勇士，派属下将军牛金带领出城应战。吴军人多，牛金所带人少，被敌军所包围，长史陈矫等人都在城墙上，看见牛金等人处在重围中，吓得变了脸色。曹仁则意气奋怒，让身边人牵来自己坐骑。陈矫等人主张等待援兵，对曹仁说："敌军人多，难以拼杀，宁可舍弃几百将士，不能让将军您以身赴难！"曹仁不理睬，他披甲上马，带领手下几十名壮士冲出城门，离吴军百余步之处有一条河沟，陈矫以为曹仁会在沟旁停住，与牛金互相呼应，但见曹仁越过河沟，径直冲入敌军重围，将牛金等人解救了出来。发现还有一些士兵没有跟出来，曹仁再次冲入敌阵，救出所余士兵，斩杀了几名敌兵，吴军开始后退。陈矫等人起初见曹仁冲出去援救，都十分担忧，直到曹仁归来，他们无不惊叹说："将军真是天生的将才!"全军都佩服他的勇敢,曹操更加器重他,封他为安平亭侯。

曹仁驻守江陵的近两年间,吴国军队对此进行过多次争夺,这里通过守卫江陵的一次战斗中曹仁成功救援属将牛金的具体情节,表现了曹仁在战场上不畏强敌的英雄气概、勇力制敌的不凡武功,以及舍身救难的仁爱情怀,这些应属于一位优秀将军的基本素质,曹仁的行为表现的确令人佩服。但《三国志·孙权传》中记述说:"曹操北返时留下曹仁、徐晃守江陵,次年周瑜和曹仁对峙一年多,死伤不少将士,曹仁弃城而走,孙权任周瑜为南郡太守。"吴国当时的南郡治所就在江陵。《三国志·周瑜传》中记述:"曹操留下曹仁等镇守江陵城,周瑜、程普与曹仁对峙争夺,他们渡江屯军北岸,曹仁于是退军,周瑜被孙权任为南郡太守,屯据江陵。"根据这两处的记载,曹仁最终还是丢失了江陵城。后世有史家认为,曹仁本传中没有提及丢失江陵的事情,却详述他守城的英勇行为及人们的赞佩,颇有为曹仁失城而讳言的意味。

曹操在出征作战的紧要关口总是想到曹仁,喜欢把他用在重要的军事活动中,看看如下的事实:①曹操211年率大军征讨马超时,把曹仁从南方战场调至西部关中,任命他为安西将军,让他督率诸将在潼关抵御,这里所督率的主要应指夏侯渊、钟繇的部队,他们后来在渭南击败了马超之军。②关中当地苏伯、田银反叛,曹操让曹仁兼任骁骑将军之职,督领七军讨伐田银等人,大获全胜。③几年后曹操夺得了张鲁占有的汉中,大概觉得南部的守御更为紧要吧,又把曹仁从关中调往南部战场,让他代理征南将军,假符节,驻扎在樊城(今湖北襄樊之樊城),镇守荆州。④宛城(今湖北荆门南三十公里)守将侯音218年率部众数千人自立反叛,抄掠附近郡县的百姓几千人,曹仁领军队攻破叛军,斩侯音之首,其后又回师樊城,被任命为征南将军,后面接着发生了刘备大将关羽率军北伐来攻的艰险争战。

219年关羽自荆州进攻樊城,当时汉水暴涨,于禁等人率领的七军营寨都遭水淹,于禁投降了关羽。曹仁率数千名士兵据守樊城,大水再有几尺高就将淹没城池,关羽乘船攻城,围了好几层,樊城内外断了音信,粮食也即将吃光,而援兵尚未赶到。曹仁激励将士勇气,表示死守的决心,将士们为之感动,都一心守城。不久徐晃带援兵赶到,水势也逐渐消退,徐晃从外围向关羽进攻,曹仁得以突围,关羽退兵(参见2.2.2《关羽事迹辨正》中)。这次樊城攻守战的影响和意义非常重大,能够从中看到曹仁在危急关头组织队伍鼓舞士气的统军能耐和战胜困难的坚韧精神。

在曹操身后继位魏王并做了魏国皇帝的曹丕,对曹仁这位叔父也很敬重。史书上说,曹仁年轻时修为并不检点,大概也有点公子哥儿的做派吧;后来做了将军,则能严守法令,他经常将法令条律放在身边,按照其中的要求行事。当年曹操的次子鄢陵侯曹彰北征乌丸,太子曹丕在东宫写信告诫他说:"身为将军应当奉法,就应像征南将军那样!"(参见1.6.1《特能作战的黄须儿》),无论曹仁在年轻时有怎样的不足,但他展现给晚辈的形象是端正而光明的。曹丕当了魏王,即任命曹仁为车骑将军,都督荆州、扬州、益州的全部军事,晋封他为陈侯,增加封邑二千户,加上以前的共计三千五百户;同时追赐其父曹炽陈穆侯谥号,安置十户人家守墓,给了曹仁支属莫大的荣耀。后来曹丕又让曹仁驻军宛城,不久孙权派将军陈邵据守襄阳,曹丕命曹仁讨伐。曹仁与徐晃出军打败了陈邵,领兵进驻襄阳,又派将军高迁等人将汉水南岸归附魏国的百姓迁徙到北岸。

曹丕称帝后派使者任命曹仁为大将军,这是国家最高军事长官;又命曹仁移驻临颍(今河南临颍西北),221年曹丕改大将军称谓为大司马,命曹仁督领诸军守卫乌江(今安徽和县东北长江北岸的乌江镇),不久令其回合肥驻军。222年九月,曹丕安排三路大军讨伐东吴,其中第二路即是大将军曹仁领军出击濡须(今安徽巢湖),与东吴裨将军朱桓的军队对抗(参见1.4.17《三路伐吴》)。曹仁在进攻濡须时采取声东击西的战术,调动了敌军,一开始进展颇顺;但数月后战场上发生了瘟疫,战局出现反转,曹仁的军队折兵损将,其他两路也没有进展,曹丕只好在223年二月撤兵。次月军队刚回洛阳,不到五十六岁的大将军(大司马)曹仁即离世。各处资料中都没有说明曹仁死亡的原因,相信他是在战场上感染了瘟疫而猝死(参见1.4.20《战争期间的国内政局》)。

曹仁去世后,魏国朝廷谥其为忠侯。儿子曹泰继承爵位,官至镇东将军,假节,转封为宁陵侯;曹泰逝后,其子曹初嗣位;朝廷又封曹泰的弟弟曹楷、曹范为列侯;随同曹仁征战的牛金也官至后将军,成为一时重臣。后来魏明帝曹叡233年在洛阳营建社稷七庙,他将已故大司马曹仁的灵牌安置为夏侯惇之后配享太祖庙庭的第二位(参见1.5.10《对族内事务的处置》)。跟随曹操父子征战几十年的曹仁忠诚奉献出了自己一生的才智和勇力,他的名姓与形象与曹魏的事业紧密相连。

1.10(4) 统领虎豹骑的曹纯

曹操在自己的部队中组建了一支战斗力极强、天下无双的骑兵部队,称为虎豹骑,由他的亲近族弟曹纯统领,这支骑兵应该是大军出征时担任统帅部的护卫,有时会被投入到关键的战场上,总能收到出其不意的作战效果。曹纯是曹仁的亲弟弟,《三国志·魏书九》在曹仁本传后附有一段文字不多的《曹纯传》,其中介绍了曹纯的事迹,从中也能看到曹军虎豹骑在战场上的使用状况。

曹纯,字子和,他十四岁丧父,与同胞兄长曹仁分家居住,曹纯继承了父亲曹炽的家业,很有钱财,家中僮仆、宾客有上百人之多,但曹纯能以纲纪规矩管理家中仆从,不失条理,因此家乡的人都认为他很有才干。曹纯喜好学问,尊敬学问渊博的读书人,很多学人都来投靠他,这使他受到远近之人的称颂。十八岁时为朝廷黄门侍郎,二十岁时曹操征召军队,他跟随到襄邑(治今河南睢县)募兵,从此成了曹操部队中的将官。

曹纯早年跟随曹操四处征战,196年曹操将朝廷迁到许都后自任司空,曹纯以朝廷议郎身份担任司空参军,参议曹操的军事谋划,后来统领了曹操组建的虎豹骑兵部队。这支骑兵都是由天下骁锐组成,有些更是从"百人将"里挑选出来补充进去的。组建后曹操不能确定该由谁担任虎豹督以统领这支精锐骑兵,后来选定了曹纯,曹纯善于安抚存恤将士,因此甚得部众的拥戴。

曹纯统领的这支部队常常在关键时刻发挥重大作用,史书上记录了其几次出场参与的战斗:第一次是曹操围攻袁谭的南皮之战。205年,曹操以袁谭负约为名,率军进攻袁谭据守的南皮城(今河北南平北八公里),

曹纯督帅自己的部队跟随作战（参见 0.9.18《他和曹操玩起了心眼》）。袁谭不愿坐以待毙，遂出兵迎敌，曹军接战后伤亡甚多，损失很大，曹操意欲暂缓进攻，曹纯劝道："我们千里奔袭打击敌人，如果不能消灭对方而退兵，必然会折损军威；况且我们是孤军深入，难以持久，敌人因暂时取胜而有骄气，我军则因进攻受挫而心有警惧，以警惧之心对付骄傲之敌，一定可以获胜。"曹操听从了他的意见，于是督师加紧进攻，最后袁谭被击败，逃出南皮，曹纯统领的英勇骑兵追斩了袁谭。这里显示了曹纯所率军队的作战勇猛，也能看到曹纯出众的战术谋划。

虎豹骑第二次出场是 207 年曹操北征乌桓时的白狼山之战。当时曹操在平定河北占取邺城后，决定继续追击袁尚袁熙的残部，袁氏兄弟北投乌桓以图保存势力，曹操远征途中自无终暗地回兵，其后从卢龙塞口越过白檀（今河北承德西南）险阻，突然出现在白狼山（今辽宁建昌东），与乌桓的数万精锐骑兵相遇，曹操任命张辽率领先锋部队进攻。曹纯的虎豹骑受张辽指挥，跟随张辽冲击乌桓军阵。乌桓骑兵无法抵挡，部队大乱，曹纯所部虎豹骑兵抓获了单于蹋顿，各部王爷及以下的乌桓首领全被斩杀，投降的胡汉人众共有二十余万（参见 0.9.20《奔袭远方的征战》）。当时两军相遇时曹军尽管是以少敌多，但曹操仍果断下令迎战，就是他身边拥有一支王牌部队，有了这支部队，曹操具有一战而胜敌的底气和自信。

虎豹骑第三次出场是 208 年曹操平定荆州时追击南撤的刘备部队。当年八月曹操进军荆州，刚刚接替刘表统领荆州的刘琮被迫纳表请降，曹操听说刘备南撤，怕他得到江陵的军资，于是放弃辎重，与曹纯率领虎豹骑五千人马，以日行三百里的速度追击。刘备根本没有想到曹军有如此快捷的速度，他领着军队和民众一起行走，速度较慢，走到当阳县北六十里的长坂时听说曹操追兵即到，慌乱中抛弃了家眷和人众，与诸葛亮等几十人骑马急走。后来赵云在散乱的人群中找回一岁的阿斗，并保护着甘夫人追赶上来，张飞占据断桥阻止了追兵；曹纯则缴获了刘备无数辎重，收降了其离散的士兵，他还抓获了刘备的两个女儿（参见 2.1.11《当阳长坂的危与机》）。曹纯的部队在当阳长坂俘获的人员不少，史书上并无记录曹纯当时是否知晓俘获了刘备的女儿，她们的身份若未暴露，自然还会过上平民的生活，但两位女儿再无此后的信息记录。曹纯不久随曹操占领了江陵，赤壁之战后随曹操返回过谯县。

210年，四十岁的曹纯离世，史书上没有说明他早逝的原因。当时有关部门向曹操请示另选虎豹骑的统领人，曹操说："像曹纯这样的人，是无法再得到的，难道我不适合做虎豹督吗？"于是没有再选，这支部队由他直接统领。而据其他资料看，218年曹军争夺汉中时，曹操曾让曹休统领虎豹骑协助曹洪抵御蜀将张飞、吴兰，曹军在下辩（今甘肃成县西北）将吴兰军队击败，张飞被迫退走；早先曹操平定河北后，曾让曹真带领一支虎豹骑讨伐灵丘（今山西灵丘东固城）黄巾余党。曹军虎豹骑的总数不详，有时会临事划拨出一部分用于离开统帅部的远方作战，但无论如何它一直都由曹氏亲族之将所掌控和统领。

曹纯与他统领的虎豹骑兵为曹魏事业的开创建立了特殊功勋，曹丕在220年建立魏国后追谥曹纯为威侯，曹纯的儿子曹演继承了爵位，官至领军将军，执掌朝中禁兵。大约是曹髦在位的255年，曹演被晋封为平乐乡侯，后来他的儿子曹亮继嗣。曹纯是与兄长曹仁相似的忠勇将军，他统领的虎豹铁骑更有鲜明的色彩，可惜天不假年，给他本人和魏国事业的长久发展留下了莫大遗憾。

1.10（5）忠诚而受屈的曹洪

在曹氏家族中，曹洪与曹操的亲缘关系似乎不很清晰。《三国志·曹洪传》中说，曹洪是曹操的"从弟"，如果把从弟理解为堂弟，在这里明显是不合适的；《辞源》上把"从"解释为"同一宗族次于至亲者"，这显然和堂弟没有多大区别。《王力古汉语字典》上把"从"解释为同宗，给出了更宽泛的内涵。本传引注的《魏略》上说："曹洪的伯父为曹鼎"，而这里并未说明曹鼎的身份；另有资料显示，曹鼎是曹腾某位兄长的儿子，在族内即是曹嵩的堂兄弟。按照这一关系，称曹洪是曹操的从从弟，或称再从弟，大概更合适些。

曹洪字子廉，他的伯父曹鼎为尚书令，任命曹洪为蕲春（治今湖北蕲春蕲州镇）县长。曹操189年底回陈留招募义兵，身为蕲春县长的曹洪弃职后积极协助曹操去招兵。扬州刺史陈温平时与曹洪友好，曹洪即领着家兵千余人和陈温一起招募士兵，募得庐江（治今安徽庐江西南）上等兵二千人，东到丹杨（治今安徽当涂东北小丹阳镇），又募得数千人，他带着这支队伍与曹操在龙亢（治今安徽怀远西北龙亢集）会合。曹操兴兵起事的"原始股份"中按说是有曹洪的投资，而曹洪的一切活动其实都是无代价奉献给曹操的。

曹操起兵讨伐董卓，到了荥阳（治今河南荥阳），被董卓的部将徐荣击败，曹操丢失了坐骑，后面的敌兵追赶甚急，曹洪跳下马，把他的坐骑让给曹操，曹操推辞不受，曹洪说："天下可以没有我曹洪，但不能没有您！"于是徒步跟随曹操到了汴水岸边，水深流急，无法涉水过河，曹洪沿着河道搜寻，找到了一只船，和曹操一同渡河，返回到了谯县。不管亲缘关系如何，曹洪在危急关头宁愿向曹操奉献出的忠诚感情应该是亲兄弟难以企及的，其中也体现了他对曹操的某种敬仰和崇拜心理。

曹操后来为复仇而征讨徐州陶谦时，张邈以兖州之地叛迎吕布，曹操占有的兖州根据地几乎全部丢失，他当即回军反攻吕布。当时正发生饥荒，军粮是个大问题，在关键时刻，曹洪领兵在前，先占据了东平、范县，他征集粮食提供给后续部队。曹操在濮阳征讨张邈、吕布，吕布败退后，曹军遂占领了东阿，转而进攻济阴、山阳、中牟、阳武（治今河南原阳东南）、京（治今河南荥阳东南十公里）、密（约今河南新密）等十余座县城，全都攻克占领。到195年时吕布在兖州难以存身，只好去徐州投奔刘备。而曹洪在前后这些战斗中立有功劳，被曹操任命为鹰扬校尉，升迁为扬武中郎将。之后，曹操在196年迁都许县，任命曹洪为谏议大夫。又安排他率偏师征讨刘表，在舞阳（治今河南武阳西）、阴（治今湖北光化西北）、叶（治今河南叶县南）、堵阳（治今河南方城东三公里）、博望（治今河南方城西南）等地击败刘表的将领。曹洪因战功被提升为厉锋将军，封明亭侯。他屡次追随曹操征伐，被任命为都护将军。

官渡之战前的199年，曹洪与徐晃攻破濦强（治今河南临颍东）叛军祝臂。200年十月袁曹决战期间，曹操在许攸的建议下，率轻兵奇袭乌巢（今河南封丘西北七公里），留下曹洪、荀攸守营垒，袁绍得知消息后，派

152

<<< 1.10 魏王的族亲之臣

张郃、高览猛攻曹操大营,在曹洪与荀攸的坚守下,张郃、高览无法攻破。待曹操火烧乌巢后,张郃与高览烧毁了攻营的器械,到曹营去投降(参见0.9.14《官渡决战》)。曹洪与荀攸成功守卫了营寨,又招纳了张郃、高览两员大将的投降。

211年,曹操派曹洪去关中抵御马超,马超退兵后,曹洪即置酒聚会,他让歌女穿着薄衣踏鼓,在场的人大笑。杨阜厉声斥责曹洪说:"男女有别,这是国家的大节,怎么能在大庭让女人裸露形体!即使夏桀、商纣的败乱,也到不了这个程度。"于是愤然离开。曹洪马上停止女伎表演,又请杨阜还座,对他肃然忌惮。几年后曹洪受命去收复下辩(今甘肃成县西北),驻军汉中,曹操对随军的辛毗和曹休说:"过去汉高祖贪财好色,但有张良、陈平匡正他的过失,这次出军你们的责任不轻啊!"曹操应该知道曹洪贪财好色的特点,但他也知道只要身边有人提醒,曹洪也会随时纠正,不会固执错误。

文帝曹丕即位,任命他为卫将军,升为骠骑将军,进而分封为野王侯,增加食邑一千户,加上以前的共计二千一百户,赐位特进,后又改为都阳侯。曹洪家虽很富有,但他生性吝啬,曹丕年轻时曾向曹洪借钱而遭拒,为此怀恨在心,于是借曹洪的门客犯法一事,准备将曹洪下狱处死。群臣说情无效,多亏卞太后出面相救,并且胁迫曹丕的宠妃郭夫人出面求情,曹洪才免于一死(参见1.4.10《褊狭的气度》上),但官位、爵号、封邑全被削夺了。曹洪犯法时,自以为必死,后来却未受处罚,他心中大喜,于是上书致谢说:"为臣年轻时不循正道,有许多过失,私下觉得难胜重任,只是受到君主的宽容,我生性不曾检点也不知足,像豺狼一样贪得无厌,年老而昏头,触犯了国家法律,罪责很大不能赦宥,本来应该受诛弃市,但仍然蒙受天子恩宠,让我死而复生。为臣我仰视天上的太阳,感到愧对神灵,心中恐惧,我不能自缢而死,但知道自己的罪过,谨向君主陈述我的心情。"曹洪是曹操的功臣,而曹丕如此对待他,当时的人颇多抱怨。

明帝曹叡即位,任曹洪为后将军,改封乐城侯,食邑千户,赐位特进,再任骠骑将军。232年曹洪逝世,谥号恭侯。儿子曹馥继承爵位。当初，曹操分封曹洪的儿子曹震为列侯。曹洪的族父曹瑜，修身养性，谨慎从事，恭敬对上，官至卫将军，被封为列侯。243年，曹芳执政期间发诏将曹洪等多位故臣从祀于太祖曹操庙庭，表达了对他们一生功业的肯定，以及对曹洪这位忠诚将军的追忆。

1.10（6）曹家"千里驹"

谯县曹氏宗族中的曹休字文烈，被曹操称为"我家的千里驹"。曹休是曹鼎的孙子，他的父亲与曹洪为堂兄弟，因而曹休对曹操则为亲缘稍远的族侄。《三国志·曹休传》中记述说，东汉天下大乱时，曹氏宗族各自离散或回到家乡，应是相互间隔绝和难以照应的状况。曹休十多岁时父亲去世，他独自与一位客人处理丧事，把父亲暂时安葬后就带着母亲离开家乡，渡江到了吴郡（治今江苏苏州）。曹鼎早先曾做过吴郡太守，曹休在吴郡太守官舍看到了挂在墙上的祖父画像，立即哭着下拜，同坐的人都非常赞赏，且叹息不已。

曹休在父亡后所以要带母亲去吴郡生活，大概也是冲着祖父在吴郡有一段任职经历而前往的吧。但曹休到吴郡不久，就听说了曹操在家乡举义兴兵的事情，他非常向往，于是变易姓名，辗转来到荆州，又从小路行走回到家乡找寻到曹操。曹操见到他很高兴，对身边人说："这是我们家的千里驹呀！"这应该是对曹休自吴郡千里奔投行为的赞赏，但也非常切合于不甘平庸志向远大的年轻人。因为内心喜爱，曹操就安排他和曹丕在一起生活居处，就像对待亲儿子一样。曹休常随曹操四处征伐，曹操还让他带领虎豹骑来负责宿营警卫。

218年时刘备派部将吴兰驻守下辩，曹操命令曹洪去征讨，他特意安排曹休和辛毗做曹洪的参军以协助谋划。曹操对辛毗另有嘱托，又对曹休说："你虽然身任参军，但其实是统帅。"曹洪听了这话，也将很多事情交给曹休处理。当时刘备派张飞驻扎在固山（今甘肃成县西北），声称要截断曹军的后路，众人为此议论纷纷，对如何行动狐疑不决，曹休说："敌兵如果真的要截断我军后路，就会埋伏下暗地进行，现在却大张声势，这说明他们不会这样做。应该趁他们尚未集结，突然攻击吴兰，吴兰如被击

<<< 1.10 魏王的族亲之臣

败，那张飞自然会退走。"曹洪听从了曹休的建议，进兵攻打吴兰，大败其军，张飞果然撤兵。这里的出征安排表现了曹操对曹休军事才略的高度信任，而实战中的军事谋划及其结果也表明了曹休在用兵战术上的过人之处。后来曹操219年自汉中撤军，各路人马都回到长安，曹休被任命为中领军，这是执掌禁军的三品官职，曹休此时已经成为曹魏集团的高级官员。

曹丕建立魏国后，任命曹休为领军将军，总计曹休前后的功劳，封他为东阳亭侯。他数月后接替离世的夏侯惇为镇南将军，都统南方整个军事，并被授予专任权力。因为有与曹休一同成长的生活经历，曹丕对这位兄弟异常亲近，每当送曹休出征，仍然会下车拉着他的手分别；在曹休安葬母亲期间，曹丕怕他为此而损伤健康，给予了特别的照顾和关爱（参见1.4.16《与几位族兄弟的交往》）。孙权曾派将领驻守历阳（今安徽和县），曹休率大军出击，大败孙权军队；他又另派兵渡过长江，烧毁了孙权设在芜湖的数千处营盘。事后曹休被升为征东将军，任扬州刺史，晋封为安阳乡侯。

222年曹丕组织三路大军伐吴，除曹仁出击濡须、曹真等将领进军南郡两路外，征东大将军曹休督率张辽以及各郡县二十余路人马，在洞浦进击孙权大将吕范的部队（参见1.4.17《三路伐吴》），战后曹休被任命为扬州牧。曹丕在位几年间，曹休得到了皇家的更多关照，他镇守南疆，抵御东吴，军事才能得到了充分发挥，同时几番升职拜爵，个人的地位和荣誉也得到了极大提升，226年初曹休已是曹丕临终的四位托孤人之一。

曹叡继位后，曹休被封为长平侯。东吴将领审德驻扎在皖城，曹休击破审德并将其斩杀。东吴将领韩综、翟丹先后率部到曹休处投降，曹休的封邑增加四百户，加上以前的共计二千五百户，他再升为大司马，仍督领扬州。228年，曹叡分兵征讨吴国，派司马懿从汉水进军，曹休督率多支部队攻打寻阳（治今湖北黄梅西南）。东吴将领周鲂诈降，曹休大概因为刚有对韩综、翟丹受降的先例，他毫不怀疑，自己领兵进入吴境接应，因为孤军深入，进至石亭（今安徽桐城西南四十公里）时，遭到吴将陆逊、朱桓、全琮共约九万人的突然袭击，而退路已被对方阻断，魏军死伤数万人，多亏豫州刺史贾逵的部队赶来救援，才免于全军覆没（参见1.5.5《曹叡的国家治理》下）。

　　曹休在曹魏建国后的职务晋升是较快的，他比相同级别的官员更为年轻些，这当然可以视作他凭借自身才能而应该提前获取的功名，也合乎"曹家千里驹"的名号。曹休面对自己人生已经过早到来的成功，他心中坦然，自是没有任何愧疚。然而，这次石亭之战因为轻信了吴将周鲂的诈降，致使曹休损兵折将狼狈退军，本人威信也遭受了重大损伤。他刚一退回就上书谢罪，曹叡派屯军校尉杨暨宣旨抚慰，礼节赏赐更加隆重，是想给他一些宽慰，而曹休心中的羞愧和气闷难以消除，不久郁结成疾，背上生疽而病逝。千里驹曹休逝后，朝廷谥为壮侯，儿子曹肇继承了他的爵位。曹肇容貌俊美，有出众之才，深得曹叡宠信（参见1.5.23《与亲族的交好之人》），担任朝廷散骑常侍、屯骑校尉，为侍从皇帝左右并执掌宿卫的二千石官员，是曹休之后连续受宠的一代皇家亲贵。

　　早先，曹休与贾逵不相和睦，《三国志·贾逵传》及引注《魏略》中记述说，曹丕曾经准备安排贾逵督军并授予符节，曹休便说："贾逵性情刚烈，一向轻视诸将，这种人不可都督一方。"曹丕于是放弃了重用贾逵的念头。曹休这次石亭战败，如果没有得到救援，肯定难于逃命。当时贾逵奋力相救，但曹休埋怨贾逵救援太迟，当场呵责贾逵，使人传令给贾逵，让他前去捡拾军资弃仗。贾逵心中坦直，对曹休说："本是为国家担任豫州刺史，不是给大司马拾捡弃仗的。"于是引军退还。事后他们两人互相上表弹劾对方，曹叡虽然知道贾逵有理，但觉得曹休是宗室重臣，于是判定二人都没有过错。之后曹休不断为此怨恨贾逵，贾逵一直默然无言，曹休显然是一派皇家宠臣的行事风格。

　　曹休自从跟随曹操后，他的人生与事业过分畅顺，在不到50岁时已经担任了一个大国的高级军事长官，真正前程似锦，但突然因一时的大意疏忽，遭受到了意外的军事溃败，没有经过人生磨难的脆弱心理无法承受过分的重创，埋怨他人、推卸责任，都应是减轻自我压力的某种心理方式。他也过分夸大了石亭战败给国家造成的损失和对个人名誉的损害，因为排压不得，最终郁闷成疾，摧残了自身，落下了悲壮而遗憾的结局。

1.10（7）养子曹真

在曹氏家族中，有一位曹操早年恩养、忠勇有才的儿子，这就是对曹魏发展产生过重大影响的曹真。《三国志·曹真传》中记述，曹操在189年底组织义兵时，友人秦邵协助他招募士兵，不幸被州郡的人所杀。秦邵的儿子秦真成了孤儿，曹操深为同情，便收养在自己家中。而引注资料《魏略》中说，曹操大约在将吕布赶出兖州的195年，他与袁术的部队偶然遭遇，被对方追逐，仓皇之下逃入秦邵家中。秦邵字伯南，曹操与他早年是相好的朋友，危机时他前来秦家躲藏。追兵来到家中询问曹操在哪里，秦邵回答："我就是。"于是秦邵被袁军残害。曹操非常感念秦邵的情谊，所以养育了他的儿子秦真，并把他改为曹姓。另有引注《魏书》中说，曹真的父亲是曹操部队中很有才智的亲信，一直跟随军征战，大约191年时豫州刺史黄琬想要谋害曹操，曹操躲避掉了，而曹真的父亲却遇害身亡。后世史家至今弄不清楚三处记载中哪个更接近事情的真实，但从中大体可以看到，好友秦邵在关键时候曾代为曹操受死，事后曹操收养了他的孤儿，改其姓为曹真，这其中包含有对朋友的内心愧疚和双方极为深厚的生死情谊。

曹操把曹真养在家里，和自己的儿子一样看待，并安排他与长子曹丕一起生活居处，大概是两人年龄相仿，同时也比其他幼子更为看重。曹真在一次打猎时被一只猛虎追逐，他回身一箭射去，虎应声而倒。曹操赞赏他的勇敢，后来让他率领虎豹骑。在曹军收复河北之地后，曹真带兵去讨伐灵丘（治今山西灵丘东固城）的敌人，大获全胜，被封为灵寿亭侯。

218年，曹真以偏将军的身份带兵去攻打刘备的部属在下辩（今甘肃成县西北）的驻军，取胜后被任命为中坚将军，这是曹魏特设的四品官职。曹操218年九月自汉中撤军，曹真跟随返回长安，兼任掌管禁军的中领军职务，这是丞相府自置的三品官职。不久夏侯渊在定军山阵亡，曹操很为西部的守御而担忧，最后决定以曹真为征蜀将军，督领徐晃等将领。曹真受任后即在阳平（今陕西勉县西白马河入汉水处）与蜀将高详交战，打败了高详。曹操219年三月到汉中后，拨出军队让曹真率领去武都（治

157

今甘肃西和县西南）迎接曹洪，让他完成任务后带军队驻扎在陈仓（今陕西宝鸡东）。曹真担任征蜀将军，曹操的这一命令是安排他镇守西部国境、抵御蜀汉军队进犯的人事部署。

曹丕在220年初继位魏王后，立即任命曹真为镇西将军，假节，让他督领雍州（治今西安西北）、凉州（治今甘肃武威）的军事，实际是主持关中及其以西的整个军事防守。当年十月曹丕受禅称帝后，统计曹真前后的功劳，朝廷晋封他为东乡侯。张进等人在酒泉叛乱，曹真派属下将军费曜前去讨伐，杀死张进，平定了叛乱。221年十一月，凉州显美（治今甘肃永昌东）的胡族头领治元多举众反叛，曹丕派曹真等将前往征讨，出征作战中斩首五万余级，俘虏十万人口。曹丕听到曹真战胜的消息后，很为征战将军能与自己的谋划配合默契而得意（参见1.4.7《新皇帝的作为》下），也体现了他对曹真受命用兵的赞赏。

222年曹真返回京都洛阳，被任命为上军大将军，总督魏国内外军事，假节钺。当年九月曹丕组织大军伐吴，曹真与征南大将军夏侯尚等人为第三路，他们袭击牛渚（今安徽当涂西北十公里的长江边）的东吴驻军，曾包围了南郡（治今湖北江陵），用堆土山、挖地道、筑楼橹、射弓弩等多种手段，将江陵包围进攻达六月之久，后来战场上流行瘟疫，魏军各路全线撤回（参见1.4.17《三路伐吴》）。曹丕撤军后向国内发出了战胜吴国的通告（参见1.4.18《对战争的三份通告》），其后曹真被拜为中军大将军，加封给事中，前者是曹魏设置的二品官职，后者为执掌顾问应对而没有定员的朝中加官。因为与魏帝曹丕早年一块儿生活居处的亲近关系，曹真在养父曹操身后，他的职务得到了更快的提升。

226年五月，曹丕病重，曹真与陈群、曹休、司马懿四人接受遗嘱，扶立22岁的太子曹叡继位为帝。曹丕的兄弟有二十多位，而曹真则是辅政的首位大臣，其权位远在曹操的亲子之上。曹叡一上台，就晋封曹真为邵陵侯，升任他为大将军，这已是国家的最高军政长官。后世有些学人根据曹真这里所受邵陵侯的封爵，认为爵位称呼中含有"邵"字，没有对他的生父秦邵作出名讳，于是断定《魏略》所记他生父的名子及其发生的事情均不真实；但另有研究者指出：①封爵是由皇帝而不由曹真决定，曹叡考

>>> 1.10 魏王的族亲之臣

虑的只是邵陵（今河南郾城东二十公里）的地名，而不会考虑曹真的生父之名。②古代邵、召两字本通，曹真的生父字伯南，根据《诗经·召南》之义，他的名子当为"召"；而爵名中的该字从邑旁，写为邵。两字其实是不同的。③自春秋时该地一直就为召陵，如齐桓公与楚国"盟师召陵"，夏侯惇本传中也称"徙屯召陵"；其后晋朝将该县由汝南郡划归颍川郡，开始称作邵陵，故而在曹真受封爵的226年根本不存在避讳的事情。这些论证是要表明本传所引注的资料并非荒唐不堪的记录。

曹叡即位两年时，蜀国丞相诸葛亮在做好了各种准备后的228年首出祁山，当时南安、天水、安定三郡的守军叛魏降蜀。曹叡指令曹真组织各路军队屯驻于郿（今陕西眉县），大将张郃受命攻击马谡在街亭的驻军，魏军大胜（参见2.3.5《首出祁山》下）。当时安定城的杨条挟持了一些官吏百姓自守月支城（今甘肃镇原与环县之间的三岔附近），曹真将其包围，杨条对手下说："大将军亲自前来，我愿意早些投降。"于是将自己捆绑起来出降，三郡都被平定。曹真料到诸葛亮后面必会出兵陈仓，于是派郝昭、王生守卫陈仓，让他们修筑城墙。229年春诸葛亮果然率大军攻打陈仓，但郝昭早有准备，蜀军未能攻克（参见2.3.6《兵出散关》）。朝廷给曹真增加封邑，总计以前所封的共二千九百户。

230年曹真赴洛阳朝见，曹叡升任他为大司马，赐给他佩剑，给了他穿履上殿、入朝不趋的待遇。曹真上书提出："蜀军接连出兵骚扰边境，应当讨伐还击，我们分兵几路同时出击，可以大获全胜。"曹叡听从了他意见，曹真于是组织军队进攻蜀国，曹叡亲自前往送行。曹真八月从长安出发，经子午道向南进军；司马懿逆汉水前进，两军约定在南郑会合。其他几路有的从斜谷道进军，有的从武威入蜀。适逢大雨连绵，下了三十多天不停，入蜀的栈道很多地方断绝，朝中反对意见很多，曹叡于是下令撤兵（参见2.3.8《与魏军的两次交锋》），这是一次消耗极大而毫无结果的军事活动。

曹真年轻时与同族人曹遵、同乡朱赞一起跟随曹操干事，两人早已去世，曹真怜悯他们的家人，请求把自己食邑分一些给曹遵、朱赞的儿子。曹叡下诏说："大司马有春秋时叔向抚养孤儿的仁慈，坚守晏平仲遵守旧

159

约的信用。君子成人之美，现赐予曹遵、朱赞的儿子关内侯爵位，同意将曹真的封邑赠给他们各百户。"曹真每次征战，总是与将士们同甘苦，军中赏赐不够，就将家产拿出来贴用，所以士卒都愿为他效劳。

曹真231年因病回到洛阳，曹叡亲自去府邸探视他的病情。曹真逝世，谥为元侯。曹叡追念曹真的功绩，下诏说："大司马坚守忠孝节义，辅佐两位先祖，不因自己是皇亲而对内邀宠，对外也不鄙视贫寒之士，可以称得上恭谦守位、品德高尚！"他的儿子曹爽继承了爵位，另有曹羲、曹训、曹则、曹彦、曹皑五个儿子被封为列侯。当初曹丕已封曹真的弟弟曹彬为列侯，因而曹真身后他家中封侯的至少七位。在曹魏建国不长的时期，曹家的这位养子家势最盛，国家的政局与前景稍后也操控在他的儿子曹爽手中。

1.10（8）曹爽如何失政（上）

231年魏国大将军曹真离世后，他的儿子曹爽继承了爵位，另有五子皆被封为列侯，一家人贵重无比。《三国志·曹爽传》及其引注记述，曹爽字昭伯，年少时常以皇家宗室的身份出入宫中，他做事谨慎持重，其间与皇子曹叡多有交往，两人甚相亲爱。226年魏明帝曹叡即位后，即任命曹爽为散骑侍郎，多次迁升至城门校尉，加散骑常侍，又升为武卫将军。曹爽从六百石的五品官员很快升至二千石的三品官员，他其实在继承父亲爵位之前，就已成为国家重臣，其后都督中军宿卫禁兵，皇帝对他宠爱有加。

曹叡239年病重时，决定让八岁的养子曹芳继承帝位，同时安排曹爽、曹肇等协助自己叔父燕王曹宇辅佐曹芳，但因中书监刘放、中书令孙资与宗室几人平素不睦，他们说服病榻上的曹叡改变了主意，最终选定由曹爽和司马懿共同辅政（参见1.6.7《掌政四天的曹宇》）。曹叡把曹爽叫到床前，任命他为大将军，假节钺，都督内外军事，总揽朝政，让他与太尉司马懿一起接受遗诏辅佐小皇帝曹芳。曹叡的托孤之臣有两人，但他把年轻的曹爽放在首位，且授给其大将军的更重官职，显然是看重曹爽的宗室身份，讲求的是政治可靠；因担心曹爽才能不足，曹叡又任命尚书孙礼担

<<< 1.10 魏王的族亲之臣

任大将军长史以协助曹爽。

曹叡离世后,即位的曹芳发诏任命曹爽为侍中,改封武安侯,封邑一万二千户,特赐他佩剑穿履上殿、入朝不趋、朝拜皇帝不称名的极高礼遇。刚刚上台的少帝曹芳怎会有这样礼待曹爽的想法,当然是曹爽身边的亲信操控而成。史书上记述了曹爽执政后几年间所做的若干事情。

剥夺司马懿的权力　曹爽出面奏请少帝曹芳,让下诏封司马懿为太傅,名号更加尊贵,实则由尚书处理政务,可以把事情绕过司马懿。《魏书》中介绍,当时曹爽让弟弟曹羲为自己代写奏表,其中对司马懿的德行和功劳大加赞扬,表示司马懿年龄大资格老,如果自己官居上位,天下人会以为对宗室人存有偏私,进而提出应该以司马懿为太傅、大司马,这样可以彰显朝廷的敬贤之明,也让自己免于受人谤诮。曹芳接受了他的意见,于是让中书台刘放和孙资写下诏书,赞扬了司马懿的功劳,把司马懿的官职由太尉调整为太傅。这一主意是曹爽身边的丁谧所献,实际上是以表面升职的方式,剥夺了司马懿对国家政务的参与权。

任用兄弟与亲信　曹爽掌政后任用弟弟曹羲为中领军,曹训为武卫将军,曹彦为散骑常侍、侍讲,都是朝廷的重要官职,其余几个弟弟都以列侯侍从皇帝,出入宫禁,尊贵无比。当时有何晏、邓飏、李胜、丁谧、毕轨等人名声颇高,他们想求进用,但先前曹叡认为他们做事浮华,一直加以抑制。曹爽辅政后将他们推荐任用,以何晏、邓飏、丁谧为尚书,何晏还主管选举,毕轨为司隶校尉,李胜为河南县令。这些人实际成了曹爽的心腹亲信,他们与曹爽结成了利益上的小集团。

盲目伐蜀　邓飏等人感念曹爽的任用,劝说他去攻打蜀国,试图借此立威天下。曹爽听从了他们的意见,司马懿想阻止未能成功。244年曹爽在长安集合六七万大军,从骆谷(今陕西周至西南通往汉中的秦岭山谷)向蜀国进发。当时,关中及氐、羌的粮草供应不上,饿死了无数头牲畜,沿途百姓乞讨哭号。而部队入骆谷前进了数百里,因为蜀军依山设防,竟无法前进(参见2.7.3《不识字的名将王平》)。参军杨伟当面斥责邓飏的主张,曹爽很不高兴,最后撤军返回。曹爽这次伐蜀并没有立威,反而自损威信,显露了自己军事能力的不足。

滥用职权谋私 何晏等人擅自将洛阳野王（今河南沁阳）屯田官典农属下的桑田几百顷分割，又把朝廷赐给诸侯的汤沐地破坏后据为他们的产业，倚仗权势攫取公物，还向各州郡索要财货。主管部门慑于他们的威势不敢抗争。何晏等人与廷尉卢毓向来不和，他们抓住卢毓的小过，苛刻用法将卢毓治罪，先没收了卢毓的印绶，然后上书皇帝，依仗职权而作威。

僭越规矩 曹爽的饮食住行都效仿皇帝，把皇宫里的珍玩摆设在家中，他的妻妾很多，又私自将先帝（指曹叡）的才人七八人，及将吏、匠工、演奏者、良家子女三十三人作为倡伎养在家中取乐。又伪作诏书，将五十七名才人送往邺台，让先帝的婕妤教习成伎工，擅自动用太乐中的乐器和武器库中的禁物。他制作了一座窟室，用漂亮的丝绸装饰四壁，经常与何晏等人在里面聚会，饮酒作乐。

不听劝谏 曹羲对曹爽等人的行径深为忧虑，多次劝谏，还写了三篇文章，力陈骄奢淫侈的祸害，措辞恳切，但不敢直接指责曹爽，假托劝诫几位弟弟，以此想让曹爽警醒；曹爽知道是针对自己的，为此很不高兴。曹羲有时因谏言不被采纳而哭着离开。曹爽等人追求奢侈和不守规矩，连他自家的兄弟都看不下去了，由此更能表明他们不臣行为的真实性，但就像历代的奸佞之臣一样，曹爽听不进别人的意见，在犯错的道路上执迷不悟。

上述这些事实，都是在一场重大事变之后由当政者搜集整理出来记录在案的，记录者在这里追求的是曹爽行为的罪错性和事情的可信度，真实性自然是其次的。陈寿将其采摘在自己的历史撰著中，但由此也能看到后期执政人对曹爽他们的厌恶之处何在。史书中还说，曹爽刚辅政时对司马懿非常敬重，逢事向他请教而不敢专断，后来何晏等人被任用，他们都拥戴曹爽，说重要职位不应交给他人，其后各种政事就很少经司马懿，司马懿声称有病，避开了曹爽，但他秘密地做着准备。

248年冬，李胜出任荆州刺史，前去与司马懿话别，司马懿称自己病重，做出一副病入膏肓的样子，李胜信以为真，返回后将情况告诉了曹爽。249年正月，在曹叡去世十周年之际，曹爽一伙与少帝曹芳一同前往高平陵祭奠曹叡的陵墓，洛阳城中的司马父子立即纠集队伍发动政变，他们以郭太后的名义组织力量并对付各方，提出收缴曹爽兄弟的兵权（参见 1.7.2《高平陵事变》上、中），曹爽放弃了桓范所提据许都以对抗司马氏的建议，抱着当个"富家翁"的心态回城交出了兵权，但不久却受到了谋反的指控，他们兄弟及亲信均被诛杀灭族。曹魏建国的四十五年历史，在二十八年之际的曹爽失政后打拐转向。

1.10（8）曹爽如何失政（下）

魏国大将军曹爽血缘上不属于谯县曹氏宗族，依靠他们父子对曹魏集团三代执政人的忠诚和亲近，他在不到四十岁时就总揽了魏国的军政事务，掌控了国家的命运。曹爽自然身怀着守护曹魏万世江山的宏图愿望，但在掌政十年后的高平陵事变中却陷入了人生困境，落得了身死族灭、国政易手和万劫不复的结局。如果将历史的过程从头审视，就能看到曹爽掌政后走错了的步子。

239年正月，新任大将军曹爽与刚刚平定了辽东公孙渊的太尉司马懿同时接受皇帝曹叡的遗嘱，一同辅佐八岁的少帝曹芳。司马懿是比曹爽父亲曹真更为年老功高的重臣，历史小说中描写司马懿曾与曹真在西部边境守御中明争暗斗，史书上是没有这些记录的，实际上应该主要表现为共同目标下的相互协作。曹爽掌政后没有什么上代怨仇，他对司马懿非常敬重，逢事向他请教而不敢专断，这种良好关系出于共同的责任，也出于曹爽对司马懿的敬重。当然，朝廷的两位辅政之臣必有主次，当时曹爽地位在前，其中内含着皇家对视为宗室的曹爽具有特殊信赖。在曹爽辅政做主的时期，无论他对来自司马懿的权力之侵是否有所感觉，最好的方法都莫过于维持平和的关系，这一方面是对司马氏政治力量的借重和利用，属于扩大曹魏政治根基的必要方式；另一方面在策略上也是借重时光流逝而对司马私人势力的消耗，因为岁月消耗的胜利者永远在年轻人一边。同时，在不触动司马懿政治参与权利的同时，缓慢而逐步地吸纳皇家宗室政治势力参与国家政权结构，也是出手有名、理所当然的事情。即便和司马懿在处政中发生些芥蒂，也应该以合作关系的正常保持为限度。

人才的吸纳永远是国家掌政人面临的重要事务，但接纳什么样的人才却不能完全凭感情好恶来决定，虚浮不实的人物偶尔可以用来装点门面，但绝不能大量任用。从曹爽当时掌政后的实际情况看，所选用的人物首先要能保证与司马氏和善相处，至少不能恶化双方关系，同时要十分重视军事人才的选用，因为用兵布阵是曹爽本人的短项，而御敌扩疆始终是兴旺国家的需要。但曹爽在这里做的正好完全相反，他重用了一批虚浮无实的出名文士，并轻信了他们权力独断的主张，以权术般的手段剥夺了司马懿的政治参与权，把本来要协助自己辅佐国政的顶尖才士逼到了与自己对立的地步，这无疑是对国家政治力量和个人社会关系的双重削弱。

司马懿做了太傅后称病不朝，对政务与朝臣有意回避，曹爽应该从司马懿的不正常态度上感到了其中的问题，如果他在反省后做些努力，能尽量恢复与司马懿原有的合作状态则更好；如果他终于决定要权力独享，并不想继续顾及司马懿的政治要求和个人心理，那也未尝不可，但必须明白，这种方式实际上是在政治上做出了抛弃司马懿的选择，如果尚还能估量到对手的智慧和强大，就始终不能松懈自己防备的警惕性。这一化友为敌的选择实际上已是掌政人政治活动的下策，但却是保持国家政治掌控权不能少有的行为。历史上许多气度不宏的高层执政者常常有如履薄冰之感，就是身处这一环节上而无法解脱的心理紧张状态，才质寻常的曹爽把魏国政治操控到这种程度，没有理由会比别人更为超脱，除非他对现实社会的政治感觉达不到寻常人的敏感度。

后来的事实总是一次次向最糟糕的方面下滑。曹爽对他自己树立的政敌司马懿并没有做出应有的提防，249年正月，他相信了李胜的报告，大概认为司马懿会不久人世了，遂与皇帝曹芳一行人前往高平陵。祭祀先帝自然是必要的，如能邀约司马懿或其家族重要人物一同前往，追念先帝的意味就更浓厚些，也会获得一种安全保障；但与曹爽同往的是他几位掌握军政的兄弟和亲信，这就实在有些游玩的性质了。把政敌司马懿撇在脑后，自己与同伙离开洛阳外出游玩，这远不是一位成熟政治人物的作为。就这样，曹爽的多种政治失误凑合在一块，导致了他在高平陵事变中陷入了凄凉的人生困境。"冰冻三尺，非一日之寒"。官二代曹爽在这里遇到的生命困局，是他身居高位十年间多种重大失误铸成的链条一朝反扣的

>>> 1.10 魏王的族亲之臣

结果。

另外，朝中重用的名人文士们政治上对曹爽一味追随奉承，当时使曹爽感到了权力独享的畅快；在排除了常有不同意见的臣僚参政后，朝廷近乎成了他本人的朋友俱乐部。在曹爽独揽朝政期间，他的亲信党羽们做了一些化公为私、追求奢侈和打击报复的事情，这是权力失去制衡而无所顾忌的表现，后来的执政者对此作了搜集记录，相信这类事情即便不是很多，但也不会没有。曹爽自己生活奢靡、看重享乐，他对兄弟和党羽必然在此疏于管控，这样的事情积累起来，就引起了朝廷政治力量的某种分化。百官臣僚对他们所处的政治环境心有不满，进而会对造成这种环境的掌政人心生失望，他们宁可希望另外的政治力量来替代现有的掌政人，这种情绪的出现和滋长，在关键时候就成了极其危险的因素。司马懿兵变后勒令曹爽返回洛阳交出兵权，此时朝廷公开站出来反对司马氏的人物几乎没有，表明朝中群臣对首辅执政曹爽的离心离德到了何等严重的程度。当时曹家谯县同族中有一位叫曹冏的人物，属于曹操的子侄辈，他从曹魏的现实状况出发，联系历史上各代治理的经验，发现了国家治理中存在的严重问题，出于对亲族政权的真诚爱护，他向执政者上书提出亲疏兼用的治理观，强调重用亲族的必要，目的是要扩大曹魏政权的社会根基，杜绝异族势力的专权（参见 1.6.11《一份政治改革的意见书》）。掌政人曹爽看了这份上书，竟没有任何触动与回应，其政治悟性的低劣由此可见。

曹爽的同乡友人桓范建议带着皇帝曹芳一同前往许昌，然后调集各地军队与粮草与司马懿公开对抗。这当然不失曹爽解开困局的第二重方式，手中掌控着发布诏书的皇帝，桓范的大司农身份和印章也能征调来各地的军资，但尽管有这些有利条件，曹爽要想取得对付司马懿政变的最后胜利恐怕还是不能成功的，这有多种原因：其一，曹爽身边没有善于运筹用兵的军事将才，他的几个兄弟执掌兵权，但其阵战之能恐怕连司马懿的儿子都比不上；即便曹爽组织起军队，但也难以与司马懿对阵取胜。其二，少帝曹芳只是徒有虚名的权力象征，司马懿发动事变及要求曹爽交出兵权的通令，都是打着洛阳城中郭太后的命令而行事；司马懿完全可以在曹芳随居许都另发诏令时，公开宣布皇帝已受曹爽劫持，或者再以郭太后的名义废掉曹芳重立皇帝，几年后司马师正是这样处置曹芳的（参见 1.7.7《曹芳出局》），曹爽手中的王牌只能在不拿出去时产生些心理支持作用而已。其三，曹爽手下军队许多将士的家属都在洛阳城中或其附近，他们无心恋战，不愿意与洛阳军队对抗。其四，曹爽兄弟的家属和财产也都在洛阳城中，关键时候司马懿会扣押他们的家属作为人质，这会使曹爽兄弟在与洛阳军的对抗中不战而胆寒。由于这些原因，相信曹爽即便听从桓范的劝告，组织军队与司马懿对抗，也只是增加了司马懿处置事情的难度，最终还是于事无补，挣脱不出生命的困局。

曹爽在高平陵收到司马懿要求收缴他兵权的通告后苦苦思索了一个晚上，他所想到的大概是第一和第四点问题，加上有司马懿关于"只是免职，别无其他"的承诺，也有其他朝臣做证和保障，于是就接受了交出兵权的要求，他绝没有想到事情有后续的发展，最后到了受诛和灭族的程度，自己与全族百余人口完全成了受政敌宰割的羔羊。说到底，曹爽虽然对曹魏有更多的忠诚，但他不具驾驭全局的胸怀，缺乏政治筹谋的能力，没有敢于拼争的胆略，事前不慎，临事无可奈何地失却了国政。他才不配位，反受其殃，并且断送了曹魏的宏伟大业。

1.10（9）曹爽的同罪人何晏

曹爽在辅政时荐用了一批文人才士，这些人物包括何晏、邓飏、李胜、丁谧、毕轨等，他们此前因曹叡厌恶浮华而受到抑制，在新朝受到重用后即追随和推崇曹爽，成为曹爽的亲信党羽。《三国志·魏书九》及其引注中对几位人物做了简单介绍，叙述了他们在高平陵事变后作为曹爽同罪人被司马氏诛杀的过程，何晏是其中的最重要人物。

高平陵事变当天曹爽经过一夜思考，最后准备接受司马懿提出的条件，回洛阳交出兵权。他认为自己即便不在朝廷做官，弃职做个"富家翁"也可以将就一生，不至于会有生命危险。因为司马懿对此做了承诺，朝中几位大臣也可做证保障，曹爽兄弟毫不怀疑。事情在一开始也没有什么大的波折，但过了一些时日，有关部门发现了黄门张当先前与曹爽的不正当交往，交廷尉核查审问，张当交代了曹爽及其党羽准备反叛，前已开始练兵，等到三月中旬起事的阴谋计划。事情从张当身上打开了缺口，朝廷召集公卿百官公开商议，最后给曹爽等人定了大逆不道之罪，他们的这一罪行已经无法宽恕了。于是曹爽、曹羲、曹训、何晏、邓飏、丁谧、毕轨、李胜以及桓范等人都被逮捕入狱，不久全被诛杀，并灭了他们三族。

曹爽的同罪人何晏字平叔，是东汉末大将军何进的孙子，他的姑奶何氏是汉灵帝刘宏的皇后（参见0.1.2《何太后的小家思维》），汉少帝刘辩是何晏的表叔。何晏的父亲早亡，曹操在196年迁都许县担任朝廷司空期间，娶何晏的母亲尹氏为夫人，一并收养了何晏。何晏长得白净漂亮，出外行走常是路人的一道风景，同时又是极有天资的神童，曹操对兵书上有些迷惑的句子，七八岁的何晏能解释得头头是道（参见1.3.12《既爱美色，也爱才俊》）。曹操想要把他收为同宗养子，大概是何晏不愿意吧，曹操后来把杜夫人所生的金乡公主嫁给他。

何晏在曹家做事无所顾忌，所穿的服饰与世子相类似，引得曹丕非常厌恶，每次都不叫他的姓名或字，有时称他为"假子"。何晏身为曹家女婿却颇为风流好色，他在曹丕执政时未被任用，曹叡继位后厌恶虚浮，何晏只是担任一些冗官，没有专门事务和权力的闲职，因娶了公主而有列侯爵位。而曹爽一向与何晏亲近友好，因为同附曹家，早年有许多交集交往吧。曹爽应是欣赏何晏的才能，他在239年辅政后，马上提升何晏为散骑侍郎，迁侍中尚书，这是尚书加侍中的称号，可以出入宫廷侍从皇帝的二千石三品职位，何晏成了极有职权的朝廷中枢官员。

何晏是曹爽最亲信的人物，做过不少滥用职权而谋取私利的事情。他被安排主管国家选举，过去与他相好的人多被任用擢升，对不顺从的人罢黜斥退；他擅自将洛阳野王屯田官典农属下的几百顷桑田分割，又占有了朝廷赐给诸侯的汤沐地，并向各州郡索要财货；也曾利用职权对廷尉卢毓打击报复等。他的夫人金乡公主曾对母亲杜氏说："何晏做的事不受别人喜欢，不知他以后怎样保全自己？"杜氏笑着说："你该不是嫉妒何晏吧！"

曹爽兄弟因谋反罪被收捕后，司马懿让何晏参与治理曹爽等人的案子，何晏彻底查办曹爽的党羽，希望以此获得赦免。司马懿说："参与的共有八族。"何晏梳理了丁、邓等七姓。司马懿说："还没完。"何晏急迫地说："难道是指我吗？"司马懿说："对。"于是收押了何晏。后世史家怀疑这一记录的真实性，认为司马懿不可能安排曹爽最亲近的党羽何晏去审理曹爽的案子，但极富心机的司马懿设局诱使知情人何晏来审曹爽之案，使他们自相攻讦，最后取各个击破之效，这种玩政敌于掌股之上的手法其实也不能排除。不久，何晏被司马氏处死，他还有一位五六岁的儿子，司马懿派人去追查归案，何晏的夫人将小儿子藏在王宫中，他向使者做出忏悔，苦苦哀求，使者把情况报告了司马懿，司马懿早先听说金乡公主贤惠并曾多次劝谏过何晏，内心佩服她；同时考虑到公主兄弟沛王曹林的关系，就赦免了何晏的儿子。

何晏身为朝中尚书，但爱穿女式服装，敢于违逆传统习俗与大众心理，喜欢自创时髦。他精通《老子》《庄子》《周易》并为其作注，提出"天地万物皆以'无'为本"，并形成完整的理论，成为魏晋玄学的重要开创人。《三国志·管辂传》记述了何晏与管辂讨论易学的情节（参见1.7.2《高平陵之变》下）。在思想理念上极为推崇"无"的大师级理论家，却在生活中迷恋于权位财物等纷繁庸俗的"万有"，陷入政治斗争的旋涡中未能脱身，这才是何晏人生的悲剧所在。

有资料说，管辂后来因故见到了冀州刺史裴徽，他是一位善于谈论玄学理论的官员，裴徽询问说："何平叔是当代才学名流，他到底怎么样？"管辂回答说："他的才学就像大盆中所盛的水，能看到的是清澈，看不见的是混浊。因为追求的是广博，心志不在学问上，所以不能成才。想在大盆子的水里看到一座山的形状，最终还是看不到山形，得到的认识反而有偏差与迷惑。用这种方法解释老、庄则言语精妙而充斥浮华，解释《周易》则辞句优美而多有虚言；浮华则道理不实在，虚言则精义缥缈；具有上等才质的人，其论说会肤浅而蕴意不深长；具有中等才质的人，其论说会使精义脱离文体而游散，我以为这些都是没有下功夫的才质发挥。"裴徽听后说："你说得非常对。我多次与何平叔一同讨论老、庄及《周易》，经常觉得他文辞精妙很有道理，根本无法反驳。同时倾听的人都很适应，大家都佩服他，名声就更大了。现在你给了中肯的评价，我心里就亮堂多了。"（参见1.20.2《半为神仙的管辂》丁）管辂指出了何晏因缺乏专注心志，以上等才质和浅显功夫来做学问而造成的内在不足，看看何晏对现实政治的热衷程度，相信管辂的评价并非虚妄之言。

《世说新语·文学篇》中有多篇关于何晏撰著的故事，其中一篇记述说，何晏注释《老子》尚未结束时，他前去见到更年轻的玄学大师王弼，王弼向他谈到自己所注《老子》的意旨，何晏觉得自己的注释比不上王弼，他听着听着就不再说话，只是连声应诺，于是返回后不再注释《老子》，而开始撰写《道德论》。何晏这种文不虚撰、论不枉发的求精精神还是令人敬佩的。何晏的著作不少，至今有《论语集解》被收入《十三经注疏》并得到完整流传；他的玄学理论开一代思想新风，推动了民族理性的深化，影响了后世的思维方式。无论何晏在政治上有怎样的错失和悲惨遭遇，但他在中国思想史上的辉煌地位是难以撼动的。

1.10（10）夏侯尚的遗憾

与曹操有亲族关系的谯县夏侯氏家族中有一位突出人物夏侯尚，字伯仁，是夏侯渊的侄子，他少年时与曹丕关系很好，是因同族关系交往颇多吧。曹操在205年平定冀州时，夏侯尚担任军司马，为俸禄千石的中级官员，带领着一支骑兵跟随征伐，后来任五官将文学，这应是211年曹丕担任五官中郎将之后为其设置的属官，夏侯尚一直属于太子系的官员。《三国志·夏侯尚传》及其引注记述了夏侯尚一生的重要活动及其与曹丕的情谊，展现了一位谋略战将早逝的遗憾。

216年曹操做了魏王，建立了诸侯王国，夏侯尚升任黄门侍郎。不久代郡（治今河北蔚县东北）胡人叛乱，鄢陵侯曹彰受命前往征讨，夏侯尚参与曹彰的军队事务（参见1.6.1《特能作战的黄须儿》），平定反叛返回后，曹操在洛阳去世，夏侯尚持节护送曹操灵柩回到邺城。总计夏侯尚前后的功绩，封他为平陵亭侯，任散骑常侍，升为中领军，其时夏侯尚已是职跨军政、任将封侯的三品官员。

夏侯尚有筹谋策划的智略，曹丕非常看重他，他们间的私人情谊也很友好。当时丞相长史杜袭对曹丕说，夏侯尚算不上有用的朋友，没有必要给他特殊对待。曹丕对杜袭的这些言行很不高兴，他对夏侯尚的信赖是坚定的。220年十月曹丕受禅建国后，改封夏侯尚为平陵乡侯，任他为征南将军，兼任荆州刺史，让他总督南方军事。夏侯尚上书说："刘备的一支军队在上庸，那里山高路险，他们没有准备，可以派遣奇兵出其不意前去袭击，必然一举攻克。"于是他组织军队攻下了上庸，平定了周围的三郡九县。这次战斗实际上是魏国夏侯尚与徐晃协助益州叛将孟达赶走了刘封，得到了刘备占有的房陵、上庸和西城三郡之地（参见2.5.4《反复无常的孟达》），战后夏侯尚被任命为征南大将军。

当时因东吴偷袭了荆州，杀害了关羽，吴蜀关系在夷陵交战前后非常紧张，孙权因而向魏国自称藩国，曹丕也一直期待吴主送来太子做人质，促进双方建立更为友好融洽的关系（参见1.4.8《与东吴的短暂"蜜月"》）。而夏侯尚并不相信东吴能真正臣服曹魏，他在边境修缮军队装备，积极备战。事实证明孙权臣服曹魏果然没有诚意，222年九月曹丕组织军队讨伐东吴，安排三路大军同时出击，曹丕亲临宛城，夏侯尚率领军队随曹真一起围攻江陵（参见1.4.17《三路伐吴》）。当时夏侯尚的军队与吴将诸葛瑾隔江对峙，对方带兵渡至江中小洲，并将水军分散在附近江面。夏侯尚则带领一万将士用许多小船乘夜自下游暗中过江，水陆并进，烧毁了吴军的船只，击败了诸葛瑾之军。后来江陵城迟迟不能攻下，适逢瘟疫蔓延，曹丕在次年二月发诏令让各路军队回师。

这次交战是曹魏的一次大规模军事行动，动用军队十多万，三路部队战场上的争锋各有得失。身为南方前线军事首领的夏侯尚根据他对时局的判断，提早做了战争的准备，这当然对全军整个行动的配合起到了积极作用，也表明了他军事筹谋的出众之处。战后朝廷给夏侯尚增加食邑六百户，合计以前历次封邑共一千九百户，升职为荆州牧，又给他假节钺，有了更大的军事专断权。荆州之地经过数年战争而荒凉残败，周边与蛮夷外族相邻，又和东吴隔汉水为境，以前的百姓大都居住在江南。夏侯尚自从攻占上庸后，打开了向西的七百多里通道，山里的百姓与蛮夷民众很多都逐渐顺服，五六年间有数千户人家表示归附。显然，夏侯尚驻守南方期间为国家开拓了地盘，增加了人口，和顺了民心，提升了曹魏的声望。

曹丕对夏侯尚在南境的驻守和功绩显然是感到满意的，224年他另封夏侯尚为昌陵乡侯。当时夏侯尚有一个十分宠爱的小妾,她总想恃宠夺得正妻的地位,但夏侯尚的妻子是曹家的族女,曹丕听到这事后就派人去绞杀了那位妃妾(参见 1.4.16《与几位族兄弟的交往》)。曹丕以为事情就此了结了,但夏侯尚对死去的宠妾非常思念,将其又从坟墓中挖出来看视。曹丕发怒说:"难怪杜袭瞧不起夏侯尚,看来是有道理的。"而夏侯尚自此神情恍惚,不久在225年病重回京,曹丕几次到他家中看望,拉着手流泪不止,但夏侯尚的病情终究没有好转,终于悲伤而逝。曹丕大概认为他仅仅是帮助朋友处理了家中的一件麻烦事情,如何要较真到这样的程度;夏侯尚不能理解自己跟随了一生的君主何以完全不珍重自己纯真的感情,他始终没有怨恨曹丕,而事情引发的结果是两人都没有能想到的。

夏侯尚去世后谥号悼侯,朝廷又赐给他家三百户封邑,赐给夏侯尚弟弟的儿子夏侯奉为关内侯之爵。夏侯尚的爵位由他的儿子夏侯玄继承,这是一位比父亲更有个性的政坛名士。曹丕当时发诏书表彰说:"夏侯尚从年轻时就跟随着我奉献出了忠诚与节义,虽然我们不同姓,但就像亲骨肉一样,完全称得上在内为腹心之臣,出外作爪牙助手。他的智略深刻而敏锐,做事情的筹谋超过众人。"诏书表达了沉痛和遗憾,并宣布赠给他朝廷制作的征南大将军与昌陵侯印绶。尽管曹丕后来对夏侯尚的某些行为和心情不能理解,以至于产生了某些负面的印象,但这并没有根本上改变他们之间的长久情谊,诏书中所提对君主的忠诚和谋划才略的出众,正是对夏侯尚一生人格特征的精准概括。

作为一名皇帝亲信的智谋战将,夏侯尚一生对国家的重大贡献仅限于守卫南疆及攻取上庸的功绩,他显然是在军政才能没有充分发挥出来时就撒手离世了,比年寿不高的曹丕还早逝一年,使曹魏失去了一位杰出的柱石将才。不能责怪一位钢铁汉子的某种情感深沉,这一结果是他个人心性的局限所致,也是命运对曹丕一种荒唐行为的报复。

1.10(11) 清流名士夏侯玄

225年征南大将军夏侯尚去世后,他的爵位由儿子夏侯玄继承。夏侯玄字泰初,他是曹魏朝中极有文才、影响颇大的名臣,《三国志·魏书九》

记述了夏侯玄在当时的某些政治主张及其行为活动,《世说新语》中也有多篇关于他为人处事的故事,从中能够看到他自命不凡的个性特征及动荡世态中的不幸命运。

夏侯玄少时便有名声,在二十岁时担任散骑黄门侍郎,属于皇帝身边的近臣,为两千石三品官员。当时皇帝曹叡正贬黜了虞妃而宠幸平民女子毛皇后,皇后的弟弟毛曾被任用为郎中,也属于皇帝的侍从官员。在夏侯玄一次进见时,曹叡让夏侯玄与毛曾同列而坐,夏侯玄竟然以此为耻(参见 1.5.3《皇帝的家事》)。夏侯玄文才出众,又出身贵族,尽管与毛曾同在皇帝身边做事,但他从心底里仍然看不起出生低贱的毛曾。以同坐而为耻的反应显然是过于严重了,曹叡为此对夏侯玄心生恨意,把他贬用为羽林监,这是禁卫部队中六百石的五品官职。夏侯玄把他对毛曾的厌恶情绪当着曹叡的面不加掩饰地表现出来,毫不顾忌曹叡的心理感受,足见他做事情的个性风格。

夏侯玄的母亲是曹真的妹妹,曹爽与夏侯玄是表兄弟关系。239 年曹爽在曹叡身后辅佐新帝执政,他经过几次调动把夏侯玄升任为散骑常侍、中护军,这是恢复了贬职以前的品级待遇,中护军更是掌禁军、统领诸将和主持武官选举的重要职位。有资料说,夏侯玄是当时的知名人士,他在中护军职任上选用的武官和牙门将卒,都是一时俊杰,后来大多成了主州领郡的显达人物,而他选拔人才的标准和方式,都可以作为后世的典范。可见,夏侯玄既有独特的个性,也有自己做事的本领,依靠自己的出众才能,他有一种自命不凡的心态。

当时的太傅司马懿询问国家政事,夏侯玄为此专门写了一篇近两千字的文论,后人将该文取题为《时事议》,陈寿撰著中几乎将其全文选录。不清楚司马懿的咨询是面向全体朝臣的,还是特意询问夏侯玄一人,而夏侯玄在文论中针对时事坦率地提出自己的政治原则和变革设想,包括用人机制,各层官员的职能与责任等。司马懿在回复中表示赞成他的主张,但认为变革时机不成熟,同时说缺乏贤才去实施。夏侯玄竟然再写书信给司马懿说:"你这种说法就像伊尹、周公不端正殷周的现世政治一样,我是不能理解的。"言语上似乎毫不客气。身为太傅的司马懿其时已被曹爽挤出了国家权力中枢，夏侯玄不会不清楚这些情况，当时真正的改革意见应该提给实际掌政的曹爽才是，人们至今无法清楚地了解当时更具体的现实背景，不知夏侯玄为何绕过权势在手的表兄弟曹爽，却要对司马懿如此苦费周章，但从中也能看到他说话直率无情的口气和心性特征。

不久夏侯玄被任用为征西将军、假节，都督雍州、凉州军事，他成了关中西部边境军队的总指挥，这是曹真在曹魏初建时的职务，掌有十万兵马；而司马师接替了他中护军的职位。何晏曾说："因为深刻，所以能通天下之志，夏侯玄就是如此；因其微妙，所以能成天下之事，司马师就是如此。唯其主宰，所以不迅疾就能快速，不急行就已到达，我只听过这话，但未见这样的人。"何晏是想以此来标榜自己的，但这里把夏侯玄和司马师相提并论，可见他对这两人是同样看重和推崇的，夏侯玄升职后由司马师接替他在朝中的职位似乎是顺理成章的。而《魏略》中说，中领军这一职务因为主管武将的考核选举，所以受贿的事情难以禁止。早先蒋济担任此职时，就风传"想求牙门将，应送千匹绢；百人督，五百匹"。司马懿与蒋济关系很好，他私下询问蒋济，蒋济无法解释，所以开玩笑说："在洛阳市场上买东西，即便缺少一钱也买不来。"说罢两人相对而笑。夏侯玄接替了蒋济任此职，不能拒绝这种人情关系。后来司马师代替了夏侯玄，他严格整顿法令，人们才不敢违法行事了。这里的记述显然是表示，在一个难禁贿赂的职位上，只是司马师顶住和刹住了这股歪风，而为人率直清高的夏侯玄在职务受贿的节点上却并没有能够免俗；244年，夏侯玄与邓飏等人协助曹爽组织策划了盲目伐蜀的骆谷之役（参见1.10.8《曹爽如何失政》上），这次军事行动耗费了人力物资，劳而无功，为时人所嘲笑，其间也暴露了夏侯玄军事能力不足的缺陷。

早先夏侯玄的妹妹夏侯徽曾嫁给司马师为其第一位夫人，这是他们父亲夏侯尚生前的安排，《晋书·后妃列传》中记述，夏侯徽很有见识器度，每当司马师有什么想法，她都参与筹划，共生有五个女儿。在曹叡执政时司马懿位居上将重位，司马师也有雄才大略。夏侯徽深知司马师绝非曹魏忠臣，而她作为曹魏家的至亲，也受到司马师的内心忌恨，后来于234年24岁时被司马师毒杀，政治斗争的残酷性把司马与夏侯两亲家分割成了对立的仇敌。

249年高平陵事变后曹爽等人被司马氏诛杀,朝廷调夏侯玄回朝任职。当时夏侯玄的叔叔、征蜀护军夏侯霸与夏侯玄一同被召,夏侯霸料想司马氏定会报复迫害,他准备南逃蜀汉,临行前劝夏侯玄一起离开,夏侯玄说:"我怎能为了苟活性命而投降敌国呢!"于是夏侯霸逃到了蜀国,夏侯玄则接受诏命前往洛阳,他自此不与人交往,不讲究华妍。司马氏安排他担任大鸿胪,这是负责地方诸侯和蛮夷礼仪事务的官职,二千石三品官员;几年后司马懿去世,主政的司马师改任他为太常,这是掌管宗庙祭祀礼仪的九卿之一。级别没有降低,但主管的事务均已简单得多了,夏侯玄是因为与曹爽的表亲关系而受到司马氏的猜忌,权力位置被边缘化了,他为此内心很不爽快。当时朝廷担任中书令的李丰,虽然受到司马师的善待,但他内心偏向夏侯玄,于是联络少帝曹芳张皇后的父亲张缉,准备采取行动,除掉司马氏而把夏侯玄推到辅政之位,于是在254年组织了多人参与的密谋政变(参见1.7.6《君臣结怨》),不幸被司马氏察觉而失败,参与之人均被诛杀和灭族,他们许多亲属被流放到辽东之外,曹芳的张皇后也被废黜。

夏侯玄知道李丰等人的活动,但没有亲身参与,事后仍然被逮捕收监。他在受审时拒绝认罪,廷尉钟毓亲自审理,夏侯玄严肃地斥责钟毓说:"我有什么可说的,你作为官员审讯我,你就自己给我写罪状吧!"钟毓觉得夏侯玄是当世名士,气节高亢不能屈服,而审案的时间又催得很紧,他就晚上为其写下认罪书,让与事情大体相符合,流着眼泪拿给夏侯玄观看,夏侯玄看罢只是点了点头。钟毓的弟弟钟会,年龄比夏侯玄小,早先夏侯玄曾拒绝与他交往,钟会于是在夏侯玄受审当天坐在钟毓的座位上戏弄他,夏侯玄正言厉色地说:"钟君为何要这样相逼呢!"

夏侯玄被定罪后带到刑场上,他脸色不变,举动自若,死时四十六岁。夏侯玄被处斩后,有人记录下了他生前的两件事情:251年司马懿去世后,侍中许允对夏侯玄说:"你此后没有可以忧虑的了!"夏侯玄叹息道:"许君怎么看不清事情呢?司马懿尚且能以世家少年善待我,而司马师他们是不会容忍我的。"夏侯玄被捕判刑后,司马昭流着眼泪请求对其宽赦，司马师说：你忘了在赵司空葬礼上的事吗？"此前司空赵俨去世时，司马师兄弟前来会葬，座上客人有数百人，夏侯玄晚到，而所有客人都越席来迎接他，司马师因此而厌恶夏侯玄。夏侯玄之死是魏国政治斗争的结果，这里则更表现出了清流名士对政治动向的判断力以及由此引起的嫉妒与伤害。

夏侯玄博学多识，才华出众，他也是魏晋玄学的重要创立人，撰有多卷文集，今已佚。史书上没有夏侯玄兄弟和儿子的记录。曹髦为帝之初，约255年，朝廷将夏侯尚的侄孙夏侯本封为昌陵亭侯，并有三百户封邑，安排他为夏侯尚的继嗣。夏侯玄绝没有父亲那样的内敛，表现出了独特的个性，他自命清高，坦直为人，而在特定的背景下他比父亲的结局更惨。

1.10（12）曹魏的忠贞之臣

高平陵事变后，魏国权力重心开始加速向司马氏集团一方偏转，在曹魏皇室之外，公卿百官的政治态度也渐次发生了变化，其中大多把自己的命运与司马集团联系起来，屈从和认同了现实的政治演变趋势，那些被两代执政者排除在国家政权之外的某些曹氏支属，也基本放弃了与命运的抗争。但在曹氏皇家政治势力江河日下的时期，也有一些坚守传统节义、不与时势妥协的清流忠贞之臣。像尚书令李丰等人一样，他们不属于曹氏宗族，却是曹氏皇族政治的坚定支持者。《三国志·魏书九》及其引注中叙述了许允、王经等人的政治活动与人生结局，展现了他们在特殊背景下的个人遭际与不同流俗的精神特征。

许允字士宗，高阳（治今河北高阳）人，出身世家大族，他的父亲许据担任过典农校尉、郡守。许允年轻时与同郡崔赞都在冀州成名，其后参加了军队，明帝曹叡执政时为尚书选曹郎，协助尚书台长官分曹治事，为四百石六品官员。当时许允属于善于讨论问题并提出见解的活跃分子，他后来出任郡守，又晋升为侍中尚书中领军，这是担任侍中、尚书，又兼中领军事务的复合职务，其时他已为二千石的三品官员。

许允的妻子阮氏聪明贤惠，长得不好看，许允开始见到后很吃惊，结婚交拜礼结束后，他没有进入洞房的打算。妻子让侍女去观看，回来说：

"有个姓桓的客人。"妻子说:"必定是桓范,这人将劝他进来。"不久桓范果然劝他。许允进入房间,很快就要起身离去,妻子抓住他的衣襟挽留,许允回头对阮氏说:"妇人应有四德(指妇德、妇言、妇容、妇功),你有几个?"阮氏说:"我缺少的只有容貌。但听说士人有百种品行,你有几种?"许允回答:"我都具备。"阮氏说:"士人有百种品行,以德为首位,你却好色不好德,怎么能说全都具备?"许允面有惭色,知道阮氏不是一般人,于是对她亲近看重。

许允一度担任吏部郎官,这是负责选官用人的部门,有一次选用官员,许允大多用的是自己家乡的人,曹叡觉得他没有按照条件任用,就派虎贲武士召他来宫中,准备给他加罪。许允的妻子阮氏追出来告诫他说:"对聪明君主只能讲道理,不能求情。"许允点头离开去了宫中。曹叡发怒诘问他如何选官用人,许允回答说:"'举尔所知',我的家乡人都是我所熟悉的。陛下详细审查一下,只看他们是否称职;如果不称职,就是我的过错。"许允在这里应用了孔子《论语·子路》中的一句话,虽然有曲其意,但也有似是而非的相合处。曹叡审查这些人后感到还真是官得其人。另有资料记述,针对曹叡对他选人不讲条件的怀疑,许允告诉曹叡:"某郡的太守虽然年限已够,文书也先到,但他年限资历靠后;另一郡守虽然年限靠后,但他资历在前。"曹叡把档案取来观看,果然是许允所说的那样,于是就打发他回去。临走时看见他穿的衣服寒酸,说:"这是位清廉的官员。"赐给他一些财物。两处所记的情景不同,而许允都采用了讲理而不求情的方式,他是把曹叡当作明主看待,努力去显示自己做事的充分理由;即便对方认为自己的道理错了,也要表明那绝不属于权力滥用的私情问题。

许允的做事方式未必完全恰当,他是一位有德行缺失的能臣,在百官僚属中也并非突出之人。高平陵之变后国家政治趋势发生转折,许允的坚贞心性逐渐显露了出来。许允与夏侯玄、李丰他们关系友好,这并没有因为政局的变化而改变。254年李丰他们筹划起事,想要把夏侯玄推到执政地位,许允没有直接参与这次活动,但他政治倾向上应是夏侯玄、李丰的支持者。这年初,一位身份不明的人在天未亮时骑着马来到许允家门口,

<<< 1.10 魏王的族亲之臣

给看门人交给一份文书说"有诏",随即驰马而去。这份诏书一尺一寸长,上面写着委任夏侯玄为大将军,许允为太尉,共同执掌朝政。许允料到是伪造的诏书,立即将其烧毁,没有打开呈报给朝廷(参见 1.7.6《君臣结怨》),这大概是司马氏对许允的考验吧。

不久魏国执政司马师成功粉碎了李丰、张缉等人组织的密谋政变,肃清了曹魏政治势力的一次夺权反扑,并妄加罪名而处死了对方想要推举执政的清流名士夏侯玄,这几人遭到诛杀并被灭族。许允听说李丰等人被捉,想前去面见司马师,出门时恐慌不定,司马师见到他后询问说:"我捉拿李丰等人,你为什么要这样匆忙呢?"司马师是把许允在政治上划归曹氏一方,始终对他保持着戒备,只是没有拿到他参与叛乱的证据而已。

后来,朝廷派许允担任镇北将军,负责都督黄河以北的整个军事。皇帝曹芳聚宴招待了许允与群臣,在临行上任前有关部门却上奏了许允擅自发放官用物品的罪名,将他拘捕审查,最后判处迁徙边疆,妻子儿女不得同行。许允当年秋天被流放乐浪郡(治今朝鲜平壤南),冬天死在半路上。因为政治站队的问题,许允终被司马氏迫害致死。他虽然没有参加政变夺权活动,但仍然没有摆脱悲惨的结局。

许允与妻子阮氏生有许奇、许猛两个儿子,他们年少时就有好的名声。许允死后,其门生跑来告诉阮氏,想把两个儿子藏起来。阮氏正在织布,听到消息后说:"不关孩子们的事。"后来全家迁到许允的墓地里住,司马师派大将军府的幕僚钟会去看他们,并交代说:"如果儿子的才能德行比得上他父亲,就逮捕他们。"两个儿子去和母亲商量,母亲说:"你们虽然才质不错,可并不突出,按自己的所想和钟会谈,这没有什么担心的。谈话中不必过度哀伤,可以适当地问及朝廷的事。"儿子按照吩咐去做。钟会回去后把情况报告司马师,两个儿子最后免于祸灾。

出身平民的王经也是一位与许允同获声誉的冀州名士,他受同乡崔林的赏识,被提拔任用,在陇西参加过抵御蜀军姜维侵扰的多次战斗。他一度担任江夏太守,当时掌政人曹爽给他送来二十匹绢,让到吴国市场做生意,王经没有拆信,他弃官还乡。回家后母亲问他返回的原因,王经据实相告,母亲认为王经统领着兵马却擅自离去,遂将他送到官方让杖责五十,曹爽听说了这事后,也不再对他加罪。母亲经常对王经说:"你是一位农家儿子,现在成了二千石的官员,事情过头了不吉祥,可以辞职回家了。"王经不能听从,先后担任过二州的刺史,大约在曹髦执政后期,他被调任到朝廷任尚书、司隶校尉。

260年四月,皇帝曹髦与掌政人司马昭的矛盾进一步加剧,他不愿忍受任人摆布的屈辱地位,决定要与司马昭公开摊牌拼争,王经劝阻未果。在曹髦去见郭太后的间隙,知道情况的王沈、王业去向司马昭报告,司马昭做了准备并安排贾充领将士前往应对,曹髦在率众出击时被贾充手下的成济兄弟所刺杀(参见1.8.7《曹髦的拼争》上)。事后王沈、王业立了功,王经因为知情不报,司马昭为其捏造罪名准备将其收捕处死。王经入狱前去向母亲辞别,母亲笑着回答:"人谁不死?只恐怕死得不得其所。为此事我们一同去死,还有什么遗恨!"王经本是一位有过错的寻常官员,但在历史转折关头同样显示出了特立独行的心性,他不随流俗的节义和政治上的坚贞感动了当时的人们,也反映了一个时代特有的精神。

政治斗争的推进常是一个持续的过程,这个过程伴随着政治势力的分化和人们思想理念的转变,一种坚定的心志立场和坚贞的精神信仰在这一转变过程中可能不合流俗与时宜,但却是人们内心敬佩的珍稀品格。可以说,许允、王经他们是曹魏末期的忠贞之臣,同时也是人类某种坚定精神节义的守护者。

1.11 功业彪炳的智谋之士

曹操创立的宏大事业始终以人才为根本，其中就主要包括运筹帷幄的谋划人才。由于其创业之初主要活动于文化发达的中原之地，同时他在当地政治目标明确，用人理念先进，政治活动的影响又颇大，因而团结和吸引了一大批志存高远、才智不凡的人物，他们在曹魏集团中的功业是彪炳史册的。

1.11（1） 算无遗策的汉末谋臣（上）

东汉战乱年代，以人物出名的颍川之地集聚了一批胸怀匡济之诚的优秀青年，其中的代表人物荀彧经历了一番波折和比较，最终把自己的归属确定于那位以"治世能臣"而自认的政治创业人曹操，实现了汉末乱世中一次极有历史意义的政治合作。《三国志·荀彧传》记述了一段当时颇为寻常的人物求职经历，表现了年轻才俊荀彧的人生选择和他协助曹操防守兖州时初露的谋事才华。

荀彧字文若，颍川颍阴（治今河南许昌）人，他的祖父、父亲及叔父都做过东汉的高级官员。荀彧在年少时，南阳善评人物的何颙见到他后惊异地说："这是一位王佐之才！"认为他是辅佐帝王的良才。189年，荀彧在家乡举孝廉，被任用为守宫令，这是朝廷少府中负责提供纸张笔墨及印泥等物品的职位，此前由小宦官担任，因为何进被杀后袁绍等人诛除宦官，当年开始任用了举孝廉的年轻人荀彧，为六百石的吏员。

董卓当年入朝为乱时，荀彧请求出补地方官职，他被任为亢父（治今山东济宁南三十公里南阳湖西中部）县令，但不久荀彧弃官回乡，他对乡亲们说："颍川是四面受敌之地，天下有变，会成为军事要冲，应赶紧离开这里，不要久留。"乡里很多人留恋故土而犹豫。适逢同郡人韩馥做了冀州牧，他派骑兵前来迎接荀彧，没有其他人愿意跟随，荀彧就带领自家宗族迁往冀州。但他到达冀州时袁绍已夺了韩馥的职位（参见0.9.5《才不配位的韩馥》），袁绍以上宾之礼对待，他的兄弟荀谌及同郡人辛评、郭图都接受了袁绍任用，而荀彧预料袁绍最终不会成事，就没有在袁绍属下任职。

当时曹操任奋武将军，驻军东郡（治今河南濮阳西南），荀彧听说曹操有雄才大略，于是在191年离开袁绍，前往东郡奔投曹操。曹操与他见面后高兴地说："你就是我的张良啊！"这应该是经过接触交流以后曹操做出的判断，即刻任命他为司马，参与军事和执掌军务的职务，这年荀彧二十九岁，曹操三十七岁，两人都对对方不乏内心的钦佩与欣赏。当时董卓掌控朝廷，迁都于长安，他以权势威凌天下，曹操以此事询问荀彧，荀彧说："董卓暴虐过分，必将以乱亡告终，不会有什么作为。"董卓派属下李傕等出关东，所到之处大肆掳掠，直到颍川、陈留（治今河南开封东南）才返回。当时荀彧家乡没有离开而滞留的人大多遭到杀掠，这里已显示出了荀彧对事情的先见性预察。第二年曹操兼任兖州牧，后又任镇东将军，荀彧以司马身份跟随。

194年曹操报父仇征讨徐州陶谦，他安排荀彧主持兖州留守事宜，大军离开后张邈、陈宫在兖州反叛，暗中迎奉吕布。吕布到后，张邈派刘翊告诉荀彧说："吕将军来帮助曹使君攻打陶谦，应赶快供他军粮。"众人感到疑惑，荀彧知道张邈已经反叛，当即整肃军队，加强守备，并迅速召来东郡太守夏侯惇。当时兖州各县已纷纷归顺吕布了，因为曹操进攻徐州时几乎带去了全部军队，留守兵力极少，而驻守的将领大多与张邈、陈宫通谋。夏侯惇来到后当夜诛杀了谋反者几十人，局面才安定了下来。

豫州刺史郭贡率兵数万来到城下，有人说他是吕布的同谋，大家都很害怕。郭贡请求与荀彧见面，荀彧准备前往，夏侯惇说："您是一州的守御总领，前去必定危险，不能去！"荀彧说："郭贡与张邈等人平素并无勾结,现在他突然来到,一准是主意还没打定,趁他未定去说服,即便不能为我所用,也可以让他保持中立;如果先猜疑他,他会被激怒而与张邈联合。"于是坚持去见郭贡。郭贡看到荀彧毫无惧意,料定鄄城不易攻下,因此领兵离去。荀彧又与程昱计议,让他去说服范和东阿二县,最终保全了三座城。曹操从徐州回师,在濮阳击败了吕布,吕布向东撤退。

195年夏,曹操驻军乘氏县(治今山东巨野西南三十公里),当地发生饥荒,以至有人吃人的事情。这时徐州陶谦已死,曹操想趁机夺取徐州,然后回师平定吕布。大概是他复仇心切,对攻夺徐州的军事行动非常坚决吧,而荀彧不同意他的意见,坚持说一定要首先平定兖州,然后才能考虑其他,为此向曹操进行过一次周详而中肯的分析劝谏,其论说较长,但极有思想内涵和逻辑层次,体现出了荀彧虑事和分析问题的特点。他说:"①先代汉高祖(指刘邦)保守关中,光武帝占据河内,都是先巩固基地,以此控制天下;有了自己的基地,那就进可以制胜,退可以固守,即便遭遇困难和失败,也终能完成大业。将军本来是凭兖州起家以平定山东祸乱,百姓无不心悦诚服。况且兖州跨有黄河、济水,是天下要冲,现虽残破,但还容易自保,这就是您的关中、河内,不能不首先安定该地。②现在已击溃了李封、薛兰,如果分兵东击陈宫,陈宫必定不敢西顾,我们趁机让军队收割麦子,节粮储谷,可以一举击垮吕布,然后向南联合扬州刘繇,共讨袁术,以控制淮水、泗水一带。③如果舍弃吕布不打而东攻徐州,多留兵则攻城不够,少留兵就只好征百姓守城,不能打柴耕作。吕布会乘机侵掠,民心将更恐惧,只有鄄城、范、卫三地可以保全,其余都不为我们所有,这就等于失去了兖州。要是徐州攻不下,将军将安身于何处?④何况陶谦虽死,徐州也不易攻破。徐州鉴于往年的失败,会因畏惧而联合,内外相应,现东方都已收麦,他们必会坚壁清野以防将军;将军久攻不下,抢掠又无收获,不出十天,十万人马尚未开战自己就陷入困境了。⑤上次讨伐徐州,实施了暴力惩罚,徐州子弟想到父兄被杀的耻辱,必定会人人奋战,没有投降之心,即使能攻下徐州,还是不能占有它。⑥天下的事情都包含有取舍,取大舍小可以,取平安舍危险可以,特殊时权衡一时之势,不怕舍弃根本也可以。而现在没有三种情况中的一种,希望

181

您对事情仔细考虑。"

荀彧这里的论说中有基于历史上成功先例的一般政治战略，也有对眼前战术问题的久远设想，还有针对天时季节、粮食军资及对方人心等具体情况而对两个战场作战状况的细致分析；他还提出了面临事情做出选择的几条根本原则，通过对作战结果的引申而把各种情况的利弊展现出来，提供给受谏人比较对照。当时徐州已是刘备接替陶谦做了州牧（参见2.1.2《在徐州的艰难岁月》），但无论是谁主政徐州，曹军面临的客观情况都是同样的。荀彧对事情这样的严密分析和客观性说明，终使曹操打消了进攻徐州的念头，他于是组织兵力收割麦子，后来再与吕布交战，分兵平定了各县，后来吕布败走去徐州投靠刘备，兖州得以平定。

由于荀彧对自己人生定位的慎重态度和不肯屈就袁绍的职场选择，他在汉末政局大乱之时和曹操走到了一块，当世最为杰出的文臣与将帅实现了历史性的合作，这使他们双方获得了自我价值和青春理想得以兑付的保障，也成就了社会生活走出自身衰败境地的某种条件。荀彧守御兖州的应事策略，以及他对曹操军事活动极为周详的谋划设定，初步展现了他作为当世出色谋士的才质与特征。

1.11（1）算无遗策的汉末名臣（中）

汉末才士荀彧在年轻时经过选择而辗转投身曹操的治平大业，并在兖州守卫战和相关战略战术的规划中显露了不凡才华。《三国志·荀彧传》中记述，195年后吕布退出兖州，曹操的根本立足地得以巩固，进而举首四顾，开始与群雄逐鹿中原、争夺天下。自此荀彧连续向曹操奉献了应对时局的多项对策，端正了曹操政治战略和军事行动的根本定向，使曹操在军阀混战的纷乱局面中迅速脱颖而出。

建议迎奉天子　196年，曹操击败了周边黄巾余党，当时汉献帝刘协同朝臣历经一年险难后摆脱了董卓余党李傕、郭汜等阻挠，从长安回到了洛阳，有些政治敏感的人物已经看到了这一政治资源的有用性，沮授、毛玠等分别向袁绍、曹操提出了迎接朝廷以凝聚力量的主张（参见0.2.11《有人看上了朝廷空壳资源》）。荀彧劝曹操说："春秋时晋文公迎周襄王返回而诸侯服从,汉高祖东征项羽为义帝发丧而天下归心。自从天子蒙乱,将军您首倡义兵勤王,只因地方战乱,不能远赴关中,但还是派将领冒险去与朝廷联系,虽然远离朝廷,而心系王室,这是将军平治天下的本来志向。现在天子返回京城,义士都想保护朝廷,百姓也感念旧主,如果能迎奉天子,就顺从了民心、显示了公心、弘扬了正义。"荀彧充分肯定了曹操先前心念天子的内心忠诚,他认为迎奉天子是一个政治策略问题,也是一种政治态度问题,力劝曹操迅速实施。曹操于是前往洛阳,把献帝刘协一行迎到许县建都(参见0.2.5《被忽悠了的杨奉》)。献帝迁于许都后,荀彧被任为汉侍中,代理尚书令,他经常居于朝中处理政务。曹操后来担任朝廷司空,开始了他"奉天子以令不臣"的活动。

举"四胜"之说 自从曹操迎天子到许都后,袁绍心中不服,袁绍已经占有了河北,成了天下最强大的政治势力。曹操正东忧吕布,南拒张绣,而袁绍有次给曹操写信,言辞傲慢无礼(参见0.2.12《对空壳资源的利用与再争夺》),曹操收信后非常气恨,出入举止与常不同,众人都说是因前次败于张绣的缘故,荀彧说:"曹公是聪明人,必不会追究往事,可能是其他原因。"于是前去询问,曹操将袁绍的信拿给荀彧看,说:"我现在想讨伐他,可力量不敌,怎么办?"荀彧说:"自古决定成败的在人,如果真有才能,纵然弱小,也会变得强盛;如果是庸人,虽然强大,也会变得弱小。刘邦、项羽的存亡足以使人明白这一道理。"荀彧于是把曹操和袁绍两相比较,向曹操分析了他在四方面的优胜处。一是"度胜":袁绍貌似宽容而内心疑忌,任用人疑心太重;曹操公开公正,不拘小节而处事通达,唯才是用,这是度量上的优胜。二是"谋胜":袁绍遇事迟疑犹豫,少有决断,往往错过良机;曹操能断大事,随机应变,不拘成规,这是谋略上的优胜。三是"武胜":袁绍统军宽缓,不受法令,士兵虽多,其实难以调度;曹操法令严明,赏罚必行,士兵虽少,却都奋战效死,这是军事武略上的优胜。四是"德胜":袁绍出身名门,喜欢装饰以博取名誉,士人中缺乏才能而喜好虚名的人大多归附他;曹操以仁爱待人,推诚相见不求虚荣,而对有功之人无所吝惜,所以天下忠正求实的人都愿效力,这是德行上的优胜。荀彧说:"凭借这四方面的优势辅佐天子,扶持正义，征伐叛逆，谁敢不从？袁绍目前强大有什么用？"荀彧的分析大体符合袁曹两人的实际，极大地鼓舞了曹操的自信心，同时也是勉励他保持和发挥上述积极的方面。

制定了平定北方的部署 荀彧提出与袁绍交战前必须先取吕布，认为"不先攻取吕布，河北也不易谋取。"曹操顾虑说："你说得对。但我担心东攻吕布时袁绍会侵扰关中，引起羌、胡作乱，同时会向南勾引蜀地刘璋。我无法以兖、豫二州抗击天下六分之五的兵力啊！"荀彧说："关中将帅十多位，只有韩遂、马超最强。他们看见关东战乱，都各自拥兵自保，如果您以恩德招抚，派使者与其通好，即使不能长久安定，至少在平定东方之前不会生变。西部那边的事情可以托付给钟繇。"正是按照这样的部署，曹操在198年击破张绣，东擒吕布，平定了东境。

对敌方人物做细致分析 当与袁绍形成军事对峙时，许都群臣中产生了一种失败主义论调，例如孔融就说："袁绍地广兵强，有田丰、许攸等谋臣在做划策，审配、逢纪等忠臣主持事务，统兵的颜良、文丑勇冠三军，恐怕很难战胜！"荀彧坚定地表示："袁绍兵虽众而法令不整，田丰刚强而与上不和，许攸贪婪而不检束，审配专权而处事无谋，逢纪果决而刚愎自用，这两人料理后方，如果许攸家人违犯了法规，一定不会被宽纵，许攸定会叛变。颜良、文丑不过匹夫之勇，可以一战而擒！"荀彧在袁绍的军队中待过一段时间，对他们的情况都较熟悉，做出的上述分析估计都被后来的事实所证实。

袁曹决战时的关键性主张 200年官渡之战最困难之时，曹军被袁绍包围，军粮将尽，曹操写信给荀彧，提出想退兵许县以引开袁军。荀彧回信说："眼下军粮虽少，但远没有楚汉在成皋对阵那样艰难。当时刘、项都不肯先退，先退者必定全局被动。您现在以十分之一的兵力扼住敌方咽喉使其不能前进，已经半年了，敌人的力量已经枯竭，情势就要发生变化，这正是出奇制胜的机会，绝不可失去！"曹操于是坚持了下来，后来奇袭乌巢，斩杀淳于琼，终于取得了官渡之战的胜利（参见0.9.14《官渡决战》）。

主张缓取荆州而先定河北 201年曹操因为筹备的粮食太少，难以继续与河北军队相对峙，他准备趁袁绍刚败的间隙去讨伐刘表。荀彧说："袁绍新败，部众离心，应趁机一举平定河北；我们背靠兖州、豫州，若远征荆州江、汉，那袁绍要是收集残部，乘虚攻击我们后方，您的大事就完了。"曹操于是重新驻军黄河岸边。袁绍病死后，曹军渡过黄河，分步打垮了袁谭、袁尚；而高干与郭援侵略河东郡，关中震动，钟繇率马腾击败了他们。203年曹操根据荀彧前后的功绩，上表请封他为万岁亭侯。

反对即时恢复九州古制　204年曹操攻下了邺城，兼任冀州牧。有人对曹操说："应恢复古代区划，设置九州，那么冀州所控制的地盘广大，天下就会服从您了。"曹操准备采纳这个建议。荀彧说："如果这样，冀州还应包括河东、冯翊（治今陕西大荔）、扶风、河西、幽州、并州的一些地盘，要夺占的地方还很多。先前您打败袁尚，擒获审配，天下震惊，人人都担心不能保住所占的地盘；现在让他们归属冀州，将会人心紧张。希望您先平定河北，然后南征荆州，待天下完全平定后，再考虑恢复古制。"曹操于是搁置了恢复古制的计划。这个时期曹操将女儿嫁给荀彧的长子荀恽，称安阳公主。

另有引注资料记录，河北完全平定后，曹操约在207年给朝廷上表说："当年袁绍侵犯，与其在官渡交战时兵少粮尽，准备返回许都，写信与荀彧尚议，他不同意，认为应该继续坚守，想办法出奇制胜。这一建议激发了我的信心，于是改变了错误的决定，最终取得胜利。这表明荀彧能看清胜败的契机，智略为当世所仅有。及袁绍被打败时，我军也粮食用尽，我觉得河北不容易平定，想南征刘表，荀彧再次劝阻我，陈说得失，我于是用兵于河北，最终消灭了袁氏残余，平定了四州。假使我当时从官渡退兵，袁绍必然向前逼近，形势就会反转，我们不会取胜。后来如果南征荆州，不仅取胜困难，且会失去兖、豫两州的立足根本。荀彧这两次谋划，化亡为存，转祸致福，智谋高功绩大，是我达不到的。"他坚持给荀彧增加封邑一千户，合计二千户。

与曹操合作共事十六年来，荀彧应该提出过不少奇谋妙策，史书上记录了他在关键时刻具有决定意义的筹谋和主张。通过曹操的上书可以看出，荀彧所提出的某些策略，对曹操的克敌制胜起到了不可或缺、难以替代的作用。曹操在收拾北方山河时能够保持几不失手、凯歌行进的状态，与荀彧算无遗策的筹谋奉献是不能分开的。

1.11（1）算无遗策的汉末名臣（下）

荀彧191年投奔曹操，十六年中提出了不少具有决定意义的战略策略，同时还引荐了荀攸、钟繇、郭嘉等当世才俊前来投身，他以自己的功业将曹操的事业推向了通往巅峰之路。《三国志·荀彧传》及其引注也记述了他们两人的关系及其转变，使人们对汉室谋臣荀彧有更深切的了解。

自朝廷迁于许都后，荀彧一直担任朝廷侍中、代理尚书令，常留居许都处事。他折节下士，从不坐官方礼制规定的双层席子；在官府办事，也绝不受私欲的干扰。他有一位族侄，才能德行一般，有人对他说："以您的身份，就不能给侄儿一个议郎职务吗？"荀彧笑着回答："做官的要展现出才能，如果照你所说的去办，那众人会怎么议论我呢！"他在职位上始终保持着公平之心；而曹操在外率兵征战，常与他书信联系，许多事情都是他在后方谋划的。

有资料记述，203年时曹操就向朝廷上表说："自从我举义兴兵，四处征战，都与荀彧勠力同心，辅佐朝廷，他提出的策略，实施后没有不见成效。天下初定，是荀彧的功劳，应该授他高爵位，以彰显元勋。"曹操还给荀彧写信说："与君共事以来，您做出的策划、荐举的人物非常多，立功未必都要靠野外作战。"正是根据荀彧前后的功绩，曹操上表后封他为万岁亭侯。207年北征乌桓，平定了整个北方后，曹操再次上表，特别赞扬了荀彧当年关于坚守官渡和先定河北的主张，提出为他增加封邑，荀彧坚辞不受，曹操说："你的对策谋划，不仅是我给朝廷上表中提到的两件。你一直这样谦让，是想成为古代高风亮节的鲁连先生吗？过去介子推说'窃人之财，就称为盗'。何况你用密谋安定众心，对我有影响的就有百余次！现在你以提到的两事为借口而推辞，为什么要过分谦逊呢！"曹操是表明，他也绝不隐藏和私下占有荀彧的功劳，于是向朝廷表奏荀彧为朝廷三公，荀彧坚决辞让十多次，曹操只好罢休。

曹操208年罢三公而自任丞相，这年八月南征荆州，他也是按照荀彧所提"明出宛、叶，暗中从小路轻装行进"的意见安排进军，使荆州人出其不意。刘表的儿子刘琮举州而降。这是史书上明确记录着的曹操与荀彧两人的最后合作，其后有几年的间隔没有记录。

212年，这是曹荀两人合作共事的第二十一个年头，当时董昭等人认为曹操应当晋爵为国公，得到九锡的礼遇，以表彰他的特殊功勋，并就此事私下征求荀彧的意见。荀彧认为曹操起兵本是为了扶助朝廷，安定国家的，应该怀忠贞之诚，坚守谦退德行才是；他说君子爱人就应维护他的德行，不应该这样。荀彧对董昭等人的请求应是做了拒绝和斥责吧，但曹操为此对他产生了不平之意。当时正好要征讨孙权，曹操上表请派荀彧到谯县慰劳军队，荀彧随军出征后，曹操又上书朝廷，让荀彧以朝廷侍中、光禄大夫的身份持节，兼丞相府的参军。军队到了濡须，荀彧因病留在寿春，他心中烦闷，不久忧郁而逝。

陈寿对荀彧离世的事情叙述得非常简略，应该是省略了好多资料，使事情的发生有突兀难解之感。而引注资料《献帝春秋》中提到早年皇宫中"衣带诏"引发的矛盾纠纷：200年董承受诛后，伏皇后给她的父亲伏完写有书信，其中说司空曹操杀了董承，皇帝正想给董氏报仇（参见1.3.27《与上司的误会和冲突》）。伏完把书信让荀彧看过，荀彧看后很不高兴，他很长时间没有对人说起。伏完又把书信拿给妻弟樊普，樊普封好后送给了曹操，曹操于是暗中防备。而荀彧后来怕事情被察觉，就想自己汇报，他为此请求出使邺城。曹操在204年占有邺城后兼任冀州牧，多在冀州留驻。荀彧到邺城见到了曹操，劝他把女儿嫁给献帝刘协。曹操说："现在有伏皇后，我的女儿如何能配得上皇帝，我因为小功劳而被任用，位在三公，难道依靠女儿受宠用吗！"荀彧说："伏皇后没有儿子，生性又凶邪，早先就给父亲伏完写信，言辞很恶劣，可以因此废黜她。"曹操问："你当时为什么不告诉我？"荀彧佯装吃惊地说："我当时已对你说过的。"曹操说："我难道会因为这是小事而忘记！"荀彧又惊慌地说："那就是我没有说吧！当时您在官渡与袁绍相持，担心说了增加您的忧虑，所以没有说。"曹操问："官渡之战后为什么不说？"荀彧无言以对，只是道谢而已。曹操为此心恨荀彧，而表面上宽容他，所以世人未知实情。等到董昭要推曹操

187

为魏公时,荀彧并不同意,准备向曹操当面说明,后来他受命到谯县犒军,饮宴和飨礼结束后,荀彧请求曹操单独谈话,曹操料想荀彧要劝谏他封爵的事,就礼貌地回绝了,荀彧没有得到说话的机会。荀彧逝于寿春后,寿春有逃亡到东吴的人告诉孙权,说曹操让荀彧杀掉伏皇后,荀彧不听从,所以自杀了。孙权还把这事给蜀汉说知,刘备听到后表示:"老贼不死,祸乱未已。"曹操后来在214年收捕了伏皇后,将其幽禁致死。这里的叙述情节具体,有头有尾,似乎因果相联,但把荀彧歪曲成了没有做事原则,智商低下的庸人之流,其真实性早就受到了引注人裴松之的否定,裴氏的认定是有道理的。

《后汉书·荀彧传》与《彧别传》中披露,荀彧病留寿春时,曹操从濡须送给荀彧食物,荀彧打开后里面是空的,于是他饮药而死。空盒之食的寓意大概只能从他们两人相处的往事中来寻找和说明,外人无法有更精准的理解。曹操总之是借助某个事情向荀彧表明:我们的往来只有其表而并无其里,都是空虚无实的交往,他是责备荀彧并没有把真心交给自己;而荀彧显然是认可了曹操对两人关系的归结,他没有想到自己二十年前选定的跟随人竟然不是想象中的德性纯洁之人。另有资料说,荀彧为尚书令时,经常上书言事,临逝时他将这些上书全部焚毁,所以好多奇策密谋后世人都无法看到。荀彧显然在临终时难以接受眼前的现实,他对自己一生的奋斗和功业产生了怀疑,最后一死了之,时年五十岁。

可以说,曹操和荀彧携手合作了许多年,他们互相欣赏,互相成就,在三国乱世合力创造了非凡的业绩,但曹操在功业与地位即将走上巅峰时,他也逐渐显示出了要让曹魏之业超越和凌驾在汉室之上的心理自觉,这就到了荀彧不能认可接受的程度,他们的分歧是由政治理想的不同而引起的。荀彧本质上是一位尊奉汉室的谋臣,当曹操的军事与政治活动是维护汉室统治时,荀彧能给他以全力支持,竭力成就他的平治之功,这是两人合作的黄金十六年;当曹操的事业显示出了对汉室统治的放纵冲击时,荀彧就宁可放弃这种合作。但既有的权势一旦形成并按自身的惯性而走上强化通道,就不是任何个人的力量所能左右的,董昭等人推戴曹操的提议在213年很快变成了现实,而处在权势控制下的荀彧应该料到了这种结果已经毫无悬念了，但他不愿迁就残酷的现实，情愿让自己的生命陪送早年的理想一同幻灭，他是一位身在汉末心念汉室的忠贞汉臣。

1.11（2）荀攸的战术谋划

在曹操的谋士团队中，荀攸是一位出色的人物，他受荀彧的推荐而参加了曹操平治天下的开创性事业，经常跟随曹操四方出征。《三国志·荀攸传》中记述了他早年的活动及跟随曹操后多次在两军阵战中提出的灵活策略，展现了他战术谋划的过人才能，他是当时曹操身边仅次于荀彧的智谋之士。

荀攸字公达，是荀彧的族侄，早年在家乡时就以智识聪敏而出名。荀攸年少时死了父亲，由叔父荀衢照顾，荀衢有次喝醉酒后无意间误伤了荀攸，当时荀攸只有七八岁，他于是出入玩耍就有意避过荀衢，不让他看见。荀衢事后听说了这事，对他的聪明感到惊叹。荀攸的祖父荀昙曾任广陵太守，去世后其故友张权请求为荀昙看守墓地，这年荀攸十三岁，他对叔父说："这人脸色不正常，恐怕有案情！"荀衢突然醒悟，后来做了追查，张权果然是杀人逃犯。从此人们对荀攸另眼相看。

东汉末大将军何进掌权时，征召国内知名人士荀攸等二十多人进朝廷任职，荀攸被任黄门侍郎。189年董卓乱朝，关东诸侯起兵对抗，董卓迁都长安。荀攸与议郎郑泰、何颙、侍中种辑、越骑校尉伍琼等人商议准备谋杀董卓，策应关东军队。不幸事情被察觉，何颙、荀攸被捕入狱，何颙忧惧自杀，荀攸则饮食言谈都很自然。董卓死后，荀攸幸免一死，他弃官回乡，又被官府征召，考试为优，升为任城（治今山东济宁东南二十公里）相，没有赴任。荀攸觉得蜀地险阻城坚，生活殷实，请求担任蜀郡太守，因道路不通，于是停驻在荆州。196年朝廷迁都许县后，因荀彧推荐，曹操给荀攸写信，以汝南郡太守的职位征召他，荀攸来许都后被任为朝廷尚书。当时曹操与他一交谈就十分高兴，对荀彧和钟繇说："公达不是平常之人，我能够与他谋事，天下事没有什么可忧虑的！"让他做了军师，荀攸自此开始了协助曹操逐鹿中原的军事阵战活动。

198年曹操征讨张绣，荀攸对曹操说："张绣与刘表互相援助，但张绣是流动部队,依靠刘表供给食物,刘表无力供给时,双方势必离散。现在应该暂缓进军稍作等待,也可以引诱张绣前来;如果急于进攻,他们势必互相救援。"曹操坚持进军,到了穰县(治今河南邓县),与张绣交战,张绣告急时刘表果然前来救援,致使曹军作战失利。事后曹操对荀攸说:"没有按照您的主张去做,果然结果不利啊!"随即设置奇兵再次交战,大败张绣。

这年曹操从宛县发兵征讨吕布,有人提出,刘表张绣在后面,现在去进攻吕布,那是很危险的。荀攸认为,刘表和张绣刚被打败,他们不敢轻举妄动,吕布作战骁勇,又依仗着袁术,如果在淮水、泗水之地往来活动,必然有人跟随响应,现在应该乘他反叛初期人心不一时,迅速将其击败。曹操赞成他的看法,出兵时吕布已经击败了刘备(参见2.1.2《在徐州的艰难岁月》),而臧霸领军与之呼应。曹操领军到了下邳后,吕布交战失利而回军固守,曹军连续作战仍然攻不下城,因为士兵疲惫,曹操遂想收兵,荀攸和郭嘉劝说:"吕布勇而无谋,现在三战皆败,锐气已衰,部队没有战斗意志了。而陈宫有智谋却来得慢,现在趁吕布的锐气尚未恢复,陈宫的谋划还未确定时,我们急速进兵攻打,吕布就可被拿下。"其后引来沂水、泗水灌进城里,城破后活捉了吕布(参见0.8.9《最后的覆灭》)。

在曹操与袁绍的战场交锋与官渡决战中,荀攸随军谋战,智计连出,他在白马之战中提出佯攻延津,声西击东的策略,分散了袁绍的兵力,然后突袭白马,使袁绍大将颜良在战场授首;随后又在延津之战中与主帅曹操对袁绍骑兵采取以利诱之的策略,斩杀了敌军大将文丑(参见0.9.13《白马延津折两将》),使袁绍军队非常震恐、士气大衰。200年袁曹官渡对峙,双方军粮将尽,荀攸对曹操说:"袁绍运粮车今天就要到达,押车将领韩猛勇而轻敌,攻击他可以获胜。"并向曹操荐举可以派遣徐晃领兵出击。曹操派徐晃及史涣半路截击韩猛,打败其军,烧毁了他押送的粮草。适逢许攸前来投降,向曹操献了火烧乌巢之计,众人都怀疑许攸,只有荀攸和贾诩劝曹操听从,曹操于是安排荀攸和曹洪留守军营,他自己率军袭击乌巢,斩杀了守将淳于琼,烧毁了袁军囤积的全部粮草。袁绍的大将张郃、高览攻不下曹军大营，他们知道乌巢已失、取胜无望，最后前来投降曹军。曹洪怀疑两人而不敢接受，荀攸说："张郃的方案不被袁绍采用，他怒而来降，没有什么怀疑的！"（参见0.9.14《官渡决战》）荀攸的这些建议和主张都对官渡之战的取胜起到了重要作用。

203年曹操准备暂缓河北而南征刘表，当时袁谭、袁尚兄弟在袁绍离世后争夺冀州，袁谭派辛毗来归降曹操并请求救援，曹操就此事征询群臣意见，众人大多认为刘表强大，应该先定荆州，袁氏兄弟不值得担忧。荀攸说："天下正值多事，而刘表却坐守江、汉之地，他显然没有宏大志向。而袁氏占据四州地盘，有甲兵十万，假使袁氏兄弟和睦相处，共守成业，那天下之难就不会停息；现在他们兄弟交恶，势难两全，趁他们内讧时谋取河北，这个机会不能丢失！"这与荀彧的想法不谋而合，曹操立即予以认可，答应与袁谭结亲，随即派兵出击袁尚（参见0.9.17《袁氏兄弟的窝里斗》）。曹操后来是对袁氏兄弟分而治之，最终平定了河北，完成了北方的统一。

在平定了冀州后，曹操给朝廷上书说："军师荀攸自从辅佐我以来，没有哪次出征不曾跟随，战场上克敌制胜，都靠荀攸的谋划。"于是封荀攸为陵树亭侯。207年北征乌桓返还后，曹操大行封赏，他发表通令说："提出的方案忠正缜密，能安抚人心的，要数文若，其次便是公达。"他给荀攸增加封邑四百户，连同以前的共七百户，转任中军师，这属于丞相府的五品属官。

曹操在213年做了魏公，他开府并建立诸侯国时，荀攸任尚书令，这是一千石的三品官员，掌各种文书众事，出征时则尚书台随从。荀攸多谋深算，心思缜密，明智而能守密，自跟随曹操征战，常常运筹帷幄，没有人知道他都献了哪些谋划。据说许攸的表兄弟辛韬曾向他问起曹操取冀州的事，荀攸回答说："当时辛毗为袁谭乞降，曹公自己率军出击，我怎么能知道？"从此辛韬和远近的人没有人敢再询问军国之事。曹操经常称赞他说："荀攸外愚内智，外怯内勇，外弱内强；他不自我炫耀，不夸大功劳；他的内心机敏别人可以赶上，而外表愚钝却难以达到。"曹丕做太子时，曹操对他说："荀攸是人之表率，你应尽礼节尊敬他。"荀攸生病时曹丕前去慰问，太子独自在床下拜礼，这种礼遇很少有人得到。荀攸在214年七月随从曹操征讨孙权时途中去世，时年五十八岁，逝后曹操说起来就流泪。荀攸的长子荀缉离世较早，他的爵位由次子荀适继承，后来荀适无子，荀攸的继嗣断绝。荀攸应该是比自己的族叔荀彧年长六岁，但与荀彧不同，他对曹操与汉室的关系不大关注，把自己的才智忠诚地奉献给了曹魏，是曹魏事业的重要奠基人。

荀攸与钟繇一直友善，钟繇说："我每次做事都反复思考，自以为没有什么变动了；但若询问公达，他的答复总是超出意料。"荀攸擅长于对具体事情的战术性谋划，据说荀攸前后共筹划奇策十二条，只有钟繇知道。钟繇想将其撰编成册，但他未完成就去世了，所以世人不能完全知道这些计策的内容。曹操曾经说："我与荀公达共事二十多年，对他提不出丝毫非议，他是一位温良恭俭让的真正贤者。"

1.11（3）以谋略成就人生（上）

官渡之战前的199年，曹操的智囊团队中新加进一位谋不虚发、每策皆中的谋略高手，有人认为他是三国时代最有智慧的"点子大王"，这就是贾诩。《三国志·贾诩传》中没有像对其他谋士那样介绍贾诩的出身背景，提到他"少时人莫知"，应该是家世低微甚或出身贫寒的士人。他从不起眼的僻远山谷出发，凭借自己的聪明机智长期游走在军阀混战、虎狼搏噬的世道，运用独出心裁的谋略追寻属于自己的人生，曾二次自保三番跳槽不断走向人生的辉煌处，并以许多出色的策划给同行人送达温暖，向世人展现了以谋略成就人生的成功范例。

贾诩字文和，武威姑臧（今甘肃武威县）人，年少时没有人知道他，只有汉阳（治今甘肃甘谷东南）士人阎忠十分惊异他的才华，认为贾诩有张良、陈平那样的奇才。这位阎忠与贾诩同为凉州之人，在担任信都（治今河北冀县）县令期间曾劝平定黄巾军有功的皇甫嵩脱离朝廷，以挽救国家命运（参见0.1.7《名将皇甫嵩的职场沉浮》）。后来的事实说明，阎忠对贾诩的看法是正确的。贾诩后来在家乡察孝廉而任郎官，因生病离职。史书上记述了他此后的一系列谋略活动，表明了阎忠对人物判断的确实性。

为了生存而两次自保 一次是，贾诩因病离职返乡，在路上遇到反叛的氐人，同行的几十人都被抓获杀害，贾诩对氐人谎称说："我是段公的外孙，你们不要埋我，我家会用重金来赎回。"他说的段公即是时任太尉的同乡段颎，其在氐人中很有威信。贾诩临急借用段颎的威名来吓唬和利诱对方，氐人果然送他回家。另一次是，192 年董卓在长安被杀后，其部将牛辅、李傕、郭汜等正领军在颍川活动，他们请求朝廷赦免自己，而主政的司徒王允加以拒绝，这些部将准备自行解散，从小路悄悄返回凉州。贾诩当时在牛辅军中任参谋，他听说朝廷将要杀死凉州兵将，于是不赞成解散兵众而单独行动，建议集中力量攻打长安（参见 0.1.13《贾诩其人》）。后来凉州军攻打长安取胜，李傕、郭汜、樊稠控制了朝廷，贾诩与其他凉州兵将死中获生。李傕等人要封给他侯爵以奖赏功劳，贾诩说："那不过是救命之计，有什么功劳！"坚辞不受，后来担任了负责选举的尚书。

明随李傕而暗助皇室 凉州将领们进入长安后肆行暴虐（参见 0.1.14《三恶控朝廷》），贾诩目睹了这些行径，他对将领们有过一些规劝，大概感觉自己难以控制局面吧，于是自觉地与他们保持距离。贾诩因母丧回家一段时间，在长安时曾对皇家暗中协助过两次。一次是，李傕派兵抄掠关东地区的财物，其间得到了前少帝刘辩寡居的夫人唐姬，这是献帝刘协的嫂嫂。李傕想要娶她，唐姬坚持不从。贾诩听到消息后即将情况告诉了刘协，刘协很感悲怆，他让侍中持节拜唐姬为弘农王妃，对其进行了应有的保护（参见 0.1.6《刘辩夫妇的悲惨命运》）。另一次是，刘协被劫持到李傕营中时，李傕请来助战的几千羌胡兵众在营外，他们有抢劫御物与宫女的企图，刘协恐慌之下请来贾诩让想法对付，贾诩于是摆下酒宴，款待其首领，许诺给他们爵位财物，外面的人不久离去，解除了一时的危机（参见 0.2.1《献帝刘协的危机应对》下）。贾诩当时被人们视为凉州军的成员，但他并没有与李傕等人同流合污，而是以自己的方式来暗助皇室。史书上说："李傕他们停止内斗，献帝能够离开，大臣们受到保护，贾诩是有贡献的。"

踩点求进而三次跳槽 贾诩当时对自己的处境也是很不满意吧,他一直在谋求脱身。195年七月刘协等人利用张济来京劝和的机会,经过艰难争取而自行离开长安,意在返回洛阳。贾诩离开长安时就向刘协上交了朝廷的印绶,后来跟随众人向东行进,路过段颎族弟段煨驻守的华阴时他离开了大队,留在了段煨处。段煨驻守华阴数年,民望不错,贾诩是想将这里作为他新的干事之处,这是他从李傕属下第一次跳槽。贾诩不久还把他的妻子儿女迁到了华阴,看来是准备在此长久做事的。但不久出现了新的问题,贾诩在凉州军中一直很有声望,他来到后军士们心中倾慕,这一情况却使段煨心生恐惧,他怕贾诩取代了自己在军中的地位。当时凉州军将张济在宛城阵亡后,部队由他的侄儿张绣统领。贾诩与张绣两年前在长安就认识并有深交,于是他暗中联系后即往投奔,这是他在段煨属下第二次跳槽。贾诩临行前有人问他:段煨待你这么好,你为何还要离去?你走后家人留在这里怎么办?贾诩对此做了清楚的回答,结论是:我离开这里,段煨一定很高兴;我离开后段煨必定会善待我的家人;而张绣没有谋主,也乐意得到我(参见0.2.9《贾诩去了哪儿?》)。贾诩对事情的分析判断被后来的事实所印证,他把自己的智谋策划功力用在生活实践中,立即见到成效。

贾诩到了宛城后得到了张绣充分的信任和礼遇,他在这里赢得了地位,也第一次真正获得了对军事活动的参与谋划权。197年初,曹操驻军于淯水,张绣表示举众归降,但不久却暗生芥蒂,率军反叛,原因是张绣因为曹操结交身边的亲信而生疑心,后世人大多认定是曹操将张济的寡妻邹氏纳为夫人,引起了张绣的怨恨。张绣反叛时用了贾诩的计策,他向曹操请求移军到高道安营,移军时要经过曹操营寨,于是又请求:"车辆少而军资重,请让士兵各自披上盔甲带过去。"曹操相信张绣,张绣遂率军队全副武装行进,经过曹操营寨时突然发起进攻。贾诩的军事谋划使曹军措手不及,曹操的长子曹昂和侄儿曹安民战死。

198年曹操前来征讨张绣,作战中听说袁绍从冀州出兵袭击许都,于是突然退兵。张绣不听贾诩的劝谏而追袭,遭遇伏击,兵败后狼狈返回;贾诩劝他再行追击,这次果然大获全胜。事后贾诩解释了他两次做出判断的原因，张绣听说后非常佩服（参见 0.8.5《张绣与贾诩的将相璧合》），历史小说据此演绎了"贾文和料敌决胜"的情节，基本是合于事实的。第二年袁绍和曹操在北方展开了决战的架势，双方都派来使者请求张绣与自己结盟，贾诩说服张绣坚定地选择曹操，并说明了这一选择的三条理由：曹操志向远大不会计较过去的私怨；曹操势力弱小会看重归降者；曹操奉天子号令。而袁绍不能容纳自家兄弟，怎能容纳天下豪杰！于是张绣和贾诩领着队伍归顺了曹操，这是贾诩的第三次跳槽。

出身凉州偏远之地的智谋才士贾诩在他五十三岁时终于找到了自己人生的一片光亮之处。命运没有给他与荀彧、荀攸、司马懿等人大体相同的生活起点，并且在艰难的岁月中一再摆弄他；生活的经历也限制着他的眼界，致使他在起步时没有关于自我人生的全面设定。然而他在昏暗的境遇中始终没有灰心丧志、自暴自弃，而是憋足生命的韧劲，踩着生活的点步追寻人生的光亮，依凭自己最为富有的才智和谋略，他一步步逼近并终于达到了超越想象的生活驻足地。

1.11（3）以谋略成就人生（下）

199 年袁曹官渡大战之前，贾诩说服张绣率众归降了势力弱小的曹操，《三国志·贾诩传》中记述，曹操见到他们非常高兴，拉着贾诩的手说："你使我的信誉得到天下人的看重啊！"他推荐贾诩为执金吾，这是执掌京师警卫的二千石三品官员，封都亭侯，任命为冀州牧，因冀州为袁绍所占，贾诩便留任司空府参军，跟随曹操参与军事谋划。贾诩第三次跳槽成功后，他的人生进入了一个新的阶段，此后在曹操父子身边展现自己的聪明才智。

次年官渡之战时曹军粮食用尽，曹操问计于贾诩，贾诩说："您在精明、勇敢、用人、决断四个方面都胜过袁绍，之所以相持半年不能取胜，是想保证事情万全的缘故，现在只要瞅准机会出击决战，很快就会取胜。"贾诩的意思是，战场上不能一直追求万全，只要遇到机会果断做出风险决策，就会打破双方对峙的平衡，很快取得胜利。曹操很赞赏他的意见，后来抓住机会偷袭乌巢，一举而胜。贾诩在这里指出了战争久拖不决的根本原因，建议曹操发挥自己的四种优长，也是利用袁绍决事迟缓的特点，迅速出击而一招毙敌即可，这对曹操应是实战中用兵方法上的技术性点醒。河北平定后，曹操改任贾诩为太中大夫，为执掌顾问应对的高级参谋。

208年曹操占领荆州，想乘机顺江而下，攻取江东。贾诩劝阻说："您已经攻灭了袁氏，现在又收取了汉水之南，威名远扬，军势盛大。如果利用楚地的丰饶物资来休养将士，安抚百姓，使大家安居乐业，那就会无须动用军队而使江东归服。"他是希望首先创造物质条件，等待机会，最后用政治方式解决江东割据问题。曹操没有听从，结果在赤壁交战中失利而归。

曹操在211年出兵关中，与韩遂、马超的部队大战于渭水之南，马超提出划地为界的议和要求，并愿意送儿子为人质。贾诩认为可表面上答应。曹操又问其后的对策，贾诩告诉说："只需离间就行。"曹操高兴地回答："我明白啦！"于是采用了贾诩的计谋，他与韩遂在阵前并马交谈，又给写去书信而故作涂抹，终于引起了马超对韩遂的疑忌，两人发生内斗，曹军乘机进攻而大胜。历史小说中有"曹操抹书间韩遂"的情节描写，是有事实根据的。贾诩这里仅仅指出了用计的方向，他是觉得以曹操的心思灵透根本不需要自己做具体安排，事情果然进行得完美而富有成效。

当时曹操面临确立太子的难题，曹丕与曹植各自的追随者都在协助争取，贾诩并未发表意见。曹丕曾派亲信前来询问自保的方法，贾诩说："希望将军您提升道德风度，干好自己的事情，时时勤恳努力，履行儿子的道义。"并说做到这些就行。曹操有次去见贾诩，向他单独询问选嗣之事，贾诩默然不应。曹操问他为什么问而不答，贾诩说："正好我在想一些事情，所以不能立即回答。"曹操又问："您在想什么？"贾诩说："在想袁绍、刘表父子。"曹操听罢大笑，返回后遂立曹丕为太子（参见1.4.2《在夺嫡之争中险胜》）。在曹操选立太子的问题上，贾诩正像他一贯的谋划处事方式一样，他了解受用人的心思，能看准关键处而应对，没有主动参与的他其实投了决定性的关键一票。

贾诩自从来到曹操团队，他对自己谋略对策的深长有效是清楚的，但觉得自己并非团队的故旧之人，很怕引起别人猜疑，于是经常闭门在家，

>>> 1.11 功业彪炳的智谋之士

公事之外没有私交,子女的婚姻嫁娶都不与高门大户结亲。他能看到自己在新团队中的长处和短处,在政治斗争的旋涡中把自己做了严谨的保护。世人认为贾诩机速过人、智防缜密,所以终生平安,认为他在谋身涉世上是最成功的一位。220年曹丕做了皇帝,任贾诩为太尉,晋爵魏寿乡侯,增邑三百,并前八百户。又分邑二百,封其小儿子贾访为列侯,以长子贾穆为驸马都尉。这应该包括对他助立太子一事的酬劳吧,贾诩参与曹操团队迟些,但他此时成了曹家谋士中职权最高的一位。

曹丕称帝后曾询问贾诩统一天下应该先攻吴蜀哪一家,贾诩回答说:进攻敌人和完成统一两者是不同的,前者主要靠军事,而后者的关键在施行道德教化。他建议首先搞好国家治理,并施行文德以静候天下变化,认为等到条件成熟了,统一天下就并不困难(参见1.4.19《长江北岸的两番叹息》)。这和十多年前说给曹操的建议大体相同,曹丕没有听从,他前后三次出军征讨东吴,都毫无所获。223年贾诩去世,终年七十七岁,谥为肃侯,儿子贾穆继承爵位,位至郡守,孙子贾模在晋朝时为散骑常侍、护军将军,家世一时显贵。无论从谋略的效应还是从人生的发展看,贾诩都是三国之世中最为成功的士人之一。

考察贾诩的谋略与人生,有两个绕不开的问题:首先是,他的谋略活动从出发点上是否具有正义性。早年董卓刚死时凉州军受到朝廷追究,贾诩向几位将领们提出不要解散军队,应该集中兵力进攻长安。这一建议导致李傕、郭汜、樊稠等军阀控制了朝廷,使东汉社会陷入了最为动乱的三年,长安民众遭受的苦难远超董卓执政时期。后世有人据此认定贾诩的谋略没有正义属性,他所造成的恶果罪不容诛。其实,当时王允提出对凉州军不能赦免(参见0.1.12《职场上的"变脸"者》),贾诩提出建议的目的仅仅是为了自我保护,人们任何时候都不能否定一位意识正常之人对自我生存的追求,贾诩借重于众人的力量保护每个人包括自己的生命,出发点没有问题。李傕等人在长安城中的作乱是贾诩事后看到而无法控制的,他为此与李傕等人保持距离,并努力帮助受困的汉室君臣脱离危机与困境,其做事的动机是经得起道德考验的。清代史家何焯就说:"贾诩本来就是凉州人,他的提议是为了救死,事情的结果应该归咎于王允,而不能把账记在贾诩身上。"这一议论不是没有道理的。

另一问题是，传统社会强调人们忠诚，提倡政治归属的唯一性，比如吕布多次职场跳槽，就被人骂为"三姓家奴"，而贾诩在他的职业生涯中至少三次跳槽，为什么还被曹魏两代执政人所推崇？他的行为在当时究竟是否合理？其实，这里应该看到贾诩的跳槽与吕布显然是不同的：一是贾诩前几次追随他人时并没有把自己的人生交付出去，他只是李傕、段煨、张绣等人的合伙人而不是归附人，不存在政治隶属；而吕布对丁原、董卓已是归附和投靠，甚至做了对方的义子。二是贾诩跳槽离开时绝不伤害合伙人的利益，他在东行途中与李傕及朝臣都是平和离开，不久在段煨的高兴状态下分手而去，后来要投曹操时干脆拉着张绣一块儿前往；而吕布每次跳槽都要置前任上司于死地，两者完全不能同日而语。贾诩的确不像诸葛亮那样一开始就有自比管仲乐毅的人生目标，他处在社会的低谷处，只能把定自己，逢高就跳，在五十多岁时基本到达了自己理想的境况，其谋略和人生的高点处少有企及之人。

据说贾诩是西汉贾谊的后代，这当然没有徵信而不能确认，但无论如何，他智识超众、思路精深，遇事能够把握其中的内在机理；面对特定的问题对象，他能抓住事情的要害，采取精准手段击中关键穴位，从而收到良好的效果。他谋不枉出，算无遗策，把自己的智识谋略自觉运用于生活中的进取与追求，对自身的问题考虑得更多些，最终成就了自己的理想与人生，应属才不世出的高超谋略家。

1.11（4）颍川奇才郭嘉（上）

曹操早期谋士团队中的首席人物是郭嘉，他的职位为军师祭酒。祭酒本是对主持祭祀的尊长的称呼，东汉时用为文士学界主持人职位的称谓，如博士祭酒、国子祭酒、师友祭酒等，均含首席位置之意。197年，司空曹操在许都见到了年轻才士郭嘉，因为非常满意，稍后为他特设职位，任为军师祭酒。陈寿在晋初撰史时为避司马师名讳而写为军祭酒。《三国志·郭嘉传》及其引注记述了这位颍川奇才十多年间献给曹操的智谋妙策，展现了他与君主曹操相互欣赏信任的深厚交情。

1.11 功业彪炳的智谋之士

郭嘉字奉孝，颍川阳翟（今河南禹县）人，他少年时就有远见，见汉末天下将乱，便在二十岁隐匿名迹，秘密结交英杰，不与世俗往来，所以大多人并不知道他，而结识他的人都视他为奇才。约191年时他曾北去拜见袁绍，后来对袁绍的谋臣辛评、郭图说："聪明的人都会慎重选择君主，所以才能做事万全并立下功名。袁绍想效仿周公礼贤下士，但他不知用人的关键，想法很多却抓不住要害，喜欢谋划但没有决断，想与他一同匡济天下，成就王霸之业，实在很难！"于是离开了袁绍。郭嘉见到袁绍后感到失望，按照良禽择木而栖的思路，他应是重返家乡继续隐匿。

当时在朝廷任职的荀彧先前曾向曹操推荐了颍川人戏志才做谋士，曹操非常看重他，但不幸早逝，曹操向荀彧写信说："自从志才去世后，没有人能协助筹划事情，汝南与颍川的奇士俊才本来就多，谁能接续他呢？"曹操是想让荀彧另荐人才，荀彧于是推荐了郭嘉。197年郭嘉前来许都相见，与曹操议论天下时事，事后曹操说："使我成就大业的人，必是郭嘉。"郭嘉也高兴地说："真不愧是我的主公。"两人对对方都很满意。郭嘉这年二十七岁，被安置在曹操的司徒府任职，次年曹操上奏朝廷后任他为司空军师祭酒，当时为五品官职。郭嘉跟随曹操后没有辜负这首席军师的职任。

评估袁曹 曹操对郭嘉说："袁绍拥有冀州人众，青州、并州也都跟随，他地广兵强，多次言语无礼。我想征讨他，但力量不够，该怎么办呢？"郭嘉回答说："刘邦与项羽的力量悬殊，您是知道的，但汉高祖凭智谋而取胜；项羽虽然强大，最终还是失败了。我私下琢磨，您比袁绍有许多优胜之处，袁绍虽说兵势强大，终究起不了作用。"郭嘉这里向曹操做了具体的对比分析。郭嘉的判断以历史事实为依据，向曹操提供了观察问题的另一视角，认为估量敌我双方的最终胜负不能以现时的力量强大为依据，而要把着眼点放在指挥员应用智慧谋略的方面，这一理念极大地支持了曹操战胜袁绍的决心和自信，曹操感到非常高兴。

剿灭吕布 郭嘉对曹操说："袁绍现在正在北方与公孙瓒交战，我们可以乘他远征的机会东攻吕布。如果不先消灭吕布，后面袁绍侵犯，吕布做他的后援，危害就大了。"曹操对此赞同，于是在198年九月出征吕布

（参见 0.8.9《最后的覆灭》）。在这次联合刘备围剿吕布的作战中，曹军三战取胜，吕布退至下邳城固守，这时军队士卒疲倦，曹操想要撤军，郭嘉说："过去项羽七十多次战斗未尝失败，他仅依仗勇力，一朝失势后身死国亡。现在吕布每战失败，气衰力尽，他的威势远不及项羽，而危败困局已超过项羽，我们乘胜攻取，必能活捉他。"荀攸也主张继续进攻，曹操听了他们的建议，加大攻势，最后擒获了吕布。

处置刘备 剿灭吕布后，刘备归附曹操来到了许都，曹操让他担任豫州（治今安徽亳县）牧。有人对曹操说："刘备有英雄之志，现在不早些处理他，以后必为祸患。"曹操就此事询问郭嘉，郭嘉说："说的有道理，但您当年兴起义兵，是要为百姓除暴，诚心立信招致俊杰，尚且怕人们不相信，现在刘备有英雄之名，因为穷途无助前来归附却将其伤害，那会造成害贤的名声，天下智士必然产生疑心，就会另择君主，您将与谁来平定天下呢？除掉了一人之患，却阻隔了四海之望，得失安危的比较应该深加考虑！"郭嘉在这里承认刘备给曹操事业可能造成的威胁，但认为除掉刘备则会产生害贤的名声，也违背了创业的初衷，他主张两害相权取其轻，倾向于保护刘备而不加害。曹操听了他的意见笑着说："你看得很准！"似乎显示了赞成之意。

和上述《魏书》中叙述的情况不同，西晋史家傅玄所撰《傅子》中对对此事有如下不同的叙述：当时刘备来归附，曹操以客礼对待，让他做豫州牧。郭嘉对曹操说："刘备有雄才并且能得人心，张飞、关羽都勇敌万人，愿意为他尽死力。据我观察，刘备终究不会居人之下，他的图谋难以预测。古人说：'一日纵敌，几世之患。'应该早早做出决断。"郭嘉是将刘备作为政治对手看待，劝曹操早早下手除掉。当时曹操奉天子以号令天下，正在招徕英雄才士以彰显信义，所以未能听从郭嘉的建议。后来曹操安排刘备领兵去徐州邀击袁术，郭嘉与程昱一同前来劝谏说："放走了刘备，事情会有变化！"其时刘备已经离开，他到徐州后就举行反叛（参见 2.1.3《虎穴栖身》），曹操悔恨没有听从郭嘉的建议。后世史家注意到了两处引注资料中对事情叙述的差异，因为陈寿史书中《武帝纪》与《程昱传》采纳了《傅子》的资料，所以大多认可了上述相反叙述中的后一记述。就是说，郭嘉早先建议曹操除掉前来归附的刘备以防后患，至少也希望将他扣留，但曹操为了对付袁术而一时疏忽大意，在199年安排刘备在徐州驻军，竟然放走了刘备，造成了后来的政治敌手。

急攻徐州　曹操因刘备在徐州反叛而准备前往征讨，众人担心军队东进后袁绍会从北面来袭，曹操也为此担忧，前去征询郭嘉的意见。郭嘉坚持说："袁绍生性迟缓而多疑，就是前来袭击也不会很快；刘备刚反叛起事而人心未附，如迅速进攻，他必败无疑。这是关乎存亡的机会，决不能失掉。"曹操听从了他的意见，立即组织军队征讨刘备，刘备不及提防，他在城外望见曹军大军前来，料知难以抵御，于是弃众而逃，前去依附了袁绍。曹操俘获了刘备的家眷，在下邳城擒获关羽，并收编了刘备部队后很快返回（参见2.1.4《对袁绍的依附与疏离》）；而袁绍因为儿子得病，并没有南向出兵的部署，郭嘉的预料和主张非常正确。

谋刺孙策　当时孙策在南方转战多年，已经占尽了江东，他听说曹操与袁绍相持于官渡，于是准备渡江北上袭击许都，这等于是向曹操的后背插刀。曹军众将闻讯都很紧张，郭嘉对大家说：孙策在江东杀过许多豪杰，他做事却轻而无备，若碰上刺客一人就能对付他，我料他必定会死于匹夫手中。果然，孙策过江前率军队去袭击广陵太守陈登，200年四月在丹徒等待粮草时他带着几位将士前往山中打猎，被仇人许贡的三位门客射中面颊，受伤而死。后世史家一直疑惑郭嘉为什么对孙策死亡一事会预料得这么具体而准确，以至清代学者姚范认为郭嘉这里是采用了卜筮之术。其实仔细考察其中的蛛丝马迹即能认定，应是陈登与曹营的郭嘉商定或策划了谋刺行动，郭嘉至少是谋杀方案的审定人和知情人（参见3.1.10《一枝射向面颊之箭》），许贡只是事后为人背锅而已。郭嘉把谋刺方案提前泄露出来，完全是为了稳定众将的情绪。

分化袁氏　官渡之战后袁绍在202年去世，曹军在黎阳与袁谭、袁尚作战，取得不少胜利，众将都认为应该乘胜消灭袁氏。郭嘉根据袁氏兄弟的状况，断定他们"急则相保，缓则相争"，建议部队向荆州进军，假装进攻刘表，以等待袁氏内部变乱分裂。曹操实施了这一策略，大军南行到达西平（治今河南西平西五十公里）时，袁氏兄弟果然争夺冀州，袁谭战败后派辛毗前来求援（参见0.9.17《袁氏兄弟的窝里斗》），曹操采取分而治之的策略，起先援救袁谭，攻破邺城；而后攻打消灭南皮的袁谭，最终平定了冀州。此战后曹操封郭嘉为洧阳亭侯，以奖赏他的谋划之功。

1.11（4）颍川奇才郭嘉（下）

郭嘉自二十七岁跟定曹操担任军师祭酒以来不到十年间，为曹操战胜强敌、逐鹿中原制定过许多奇谋妙策，推动了曹操统一北方的进程。《三国志·郭嘉传》及其引注记述，206年曹操占有了河北全境后，郭嘉建议征召青、冀、幽、并四州的知名之士至邺城，给他们以从事掾属等闲散性职位，作为笼络人心的手段。田畴、王修、邴原等不少名士受征召归附，曹操逐渐把他们作为臣属对待，这一措施强化了曹操对河北变革治理的社会根基，是郭嘉在军事活动之外对曹魏政权建设的特殊贡献。

曹操在207年准备征讨袁尚及北方乌桓，很多将领担心刘表派刘备袭击许都威胁后方，郭嘉对曹操说："您虽然威震天下，但乌桓因路途遥远，必然不会防备，我们突然进击必能打败他们；何况袁绍有恩于乌桓百姓，而袁尚袁熙兄弟还在，如果袁氏兄弟得到乌桓的援助，纠集袁绍旧部，各地都跟随乌桓而响应，使乌桓首领蹋顿生了野心，率军向南进攻，恐怕青州与冀州就不是我们的了。"他坚持北征乌桓。针对大家对荆州方面的担忧，郭嘉分析说："刘表是一位坐而空发议论的人，他知道自己不能驾驭刘备，委以刘备重任怕无法控制，不委以重任刘备就不会卖力。现在虽然我们虚国远征，却也不必担忧。"曹操于是率军北征。大军到达易县（治今河北雄县西北八公里），郭嘉说："兵贵神速。今日千里远征袭击敌人，辎重太多，难以突袭，如果敌军知道，必定会做准备；不如放弃辎重，以轻兵从小路进击，攻其不备。"（参见0.9.20《奔袭远方的征战》）曹操于是暗出卢龙塞，直扑单于的驻守地。乌桓人听说曹军兵临城下，慌忙迎战。曹操击败敌军，蹋顿和各部王爷及以下的乌桓首领全被斩杀，曹军一举攻克了柳城（今辽宁朝阳南）。

自柳城返回后，郭嘉生了重病，曹操不断派人前来问候看望，但未能挽留下郭嘉的生命，他不久离世，时年三十八岁。一代奇才逝去了，曹操亲自前来哭丧,极为哀伤。郭嘉是曹操创业初期身边最为出色的战略策划家,也是与曹操交情最深和最承厚望的英俊才士。他们相互间内心的坦诚与一直未曾消减的信任,来源于郭嘉对曹操的人格欣赏,以及曹操对郭嘉逐步生成和寄予的厚望。

郭嘉与曹操初次见面时,曹操坦率地谈出了他对袁绍强大势力的顾虑,郭嘉表示要把双方比较的着眼点放在指挥员应用智慧谋略的方面,他在就此做对比分析时详细考察了十个具体方面,提出著名的"十胜十败"之论,表达出的是对曹操的中肯评价和高度欣赏:其一是"道胜":袁绍礼仪繁多,曹操做事体任自然,不求形式,因事制宜。其二是"义胜":袁绍违背君命而行动,曹操则奉天子以引领天下。其三是"治胜":汉末政治失之于宽,袁绍更施以宽缓,这样的方法难以搞好治理;曹操用严苛的方法来纠偏,使上下各层都知道法制的存在,达到宽猛相济。其四是"度胜":袁绍外表宽厚而内心猜忌,任人唯亲戚子弟;曹操则外表简易而实际机智聪明,用人不疑,唯才是举,不问远近。其五是"谋胜":袁绍谋划多没有决断,主意总在事情之后;曹操一有对策就施行,方式变化无穷。其六是"德胜":袁绍家世背景深厚,交往讲求名誉,喜好说大话的人大多归附;曹操以诚心待人,讲究实用,不求虚美,奖赏有功者无所吝啬,那些德行忠正并且务实的人喜欢归附。其七是"仁胜":袁绍一看到饥寒的人就显出同情之色,对看不见的饥寒者也想不起来,属于妇人之仁;曹操对眼前小事或有疏失,而对天下大事,即便自己看不见,也考虑得很周全,并且能给予解决,恩德施于四海。其八是"明胜":袁绍属下争权内斗,谗言惑乱;曹操用道义统御属下,谗言难以惑乱众心。其九是"文胜":袁绍是非不明,曹操对正确的给予表彰,对不正确给予处罚。第十是"武胜":袁绍用兵喜欢摆出架势,他虚张声势,不知道用兵的要领;曹操能够以寡敌众,用兵如神,将士有所恃,敌人闻而畏。

郭嘉提出的上述比较涉及人物德行、道义、心性、理念、决策、气度、方法、法制、识人、用兵等许多方面,在内涵上不能排斥可能存在着的相互交叉与重复,每项概括也未必非常精当;然而,他把两位政治竞争的对手放在度量天平的两端,抛却表面鲜亮的非决定性东西,抓住政军首脑人物的关键因素逐一做出对照，落脚到双方最终胜负的结论上，这首先为人们分析事物提供了一种更为可靠的参照方法，同时也表达了他对其中一方首脑人物的揣摩欣赏与诚挚感情。郭嘉提到的许多人物事实与荀彧论证曹操"四胜"时列举的情况大体一致，与历史事件中人物的实际表现也相符合，表明他用以分析对照的基础素材绝不是出于某种主观意向而信口诌来，而是经过了自己的观察揣摩而获得。他对自己君主曹操的人格缕分条述得那么周详，缺乏内心的敬佩和欣赏是很难做到的，这也是郭嘉在曹操麾下十多年间一直不懈努力、甘愿忠诚奉献的内在动因。

　　郭嘉去世后，曹操曾对人讲："只有奉孝能理解我的内心。"他给朝廷上表说："军师祭酒郭嘉，随我征战已经十一年了。每逢大事，总能针对敌情制定灵活对策，我还没有拿定主意，他就有了成熟的方案，平定天下的活动中，他的谋划功劳最高。现在不幸短命，事业未终，追思他的功勋，使人难以忘怀。"曹操奏请朝廷给郭嘉增加八百户封邑，与前合计共千户，并谥为贞侯，让其儿子郭奕继嗣。曹操还对荀攸等人说："你们各位都与我年龄相近，只有奉孝最年轻。天下事情完毕后，本想把身后的事情托付给他，他却中年夭折，这难道是命吗？"在曹操的心目中，首席军师郭嘉一是思维机敏，出策快捷，每临大事都会迅速拿出有效方案，能解决战场上的急需；二是能理解自己内心的所需所求，有一种相互间的内心默契感，而这是君臣间很少能达到的关系；三是由于年龄关系，他是自己将来理想的身后事务嘱托人。曹操的这些意思都表达了他对郭嘉高度的信任和内心寄予的长远期望。

　　曹操曾给荀彧写信追念郭嘉说："郭奉孝年龄不到四十，跟随我征战了十一年，战场上的艰难险阻都共同承受。他做事通达，预察事情无所凝滞，本想以身后事相托，未料到突然失去了他，不胜悲痛伤心。现在表奏朝廷增加其子千户封邑，但对死去的人有什么意义呢！而且奉孝是深知我的，天下人相互理解的本来就少，我为此深感痛惜。"给荀彧另一信中又说："追惜奉孝，不能忘怀。他这人预察时事和用兵，超绝一般人，而且大多人都怕生病，南方常有瘟疫，他经常说'我若去南方，就不能活着回来了'。但一块议论军队行动，总会说应该迅速平定荆州，这是他做策划忠厚诚实，为了国家事业不顾个人生命。他的内心这样忠诚，怎会使人忘却！"在给荀彧的两封信中，曹操不仅再次称赞了郭嘉的超人谋略和许多年的功绩，而且提到他明知南方瘟疫而无所畏惧的忠诚献身精神，肯定了他的为人诚实和德行之美，这也是曹操所以看重郭嘉并愿把他作为后事嘱托人的原因所在。据说当初官员陈群批评郭嘉行为不检点，有几次在庭堂上当面斥责，而郭嘉像往常一样行事自若。曹操既为陈群的行事公正而高兴，同时也更加看重郭嘉，可能曹操觉得一个能在他面前显露本性、敢于亮出缺点的郭嘉更为真实可靠吧，总之他们君臣间的关系十分密切而又真诚自然。

郭嘉本传中记载，曹操在郭嘉去世的次年攻占了荆州，后来在巴丘（今湖南岳阳南）遇上疾疫，烧了过江的战船，曹操在此叹息说："郭奉孝如果还在，不会使我走到这个地步。"另有资料表述，曹操当时感叹道："哀哉奉孝！痛哉奉孝！惜哉奉孝！"在赤壁之战失败受挫后，曹操又一次想起了他的首席军师郭嘉，他是痛惜于颍川奇才郭嘉的谋划才能已经无人能够替补，同时也是表达对身边其余臣僚谋士们未尽职分的严重不满。

1.11（5）胆识过人的程昱（上）

曹操的谋士团队中年龄最大的应该是程昱，他在184年黄巾军起事时就已成为当地的知名人物，后来历经波折，在兖州归属了曹操。程昱以自己的胆略和识见支持了曹操早期的创业，端正了曹操对自身的政治定位，很快成了曹操非常信任的谋臣。《三国志·程昱传》及其引注记述了程昱一生的重要活动，展现了他作为优秀谋略家的过人胆识。

程昱字仲德，早先称程立，东郡东阿（治今山东东阿西南二十五公里）人，身高八尺三寸，约今1.9米以上，长着漂亮的胡须。当地黄巾军起事时，县令的助手王度起而策应，烧掉了县中的仓库，县令逾城逃走，城里的官员百姓扶老携幼向东逃到渠丘山（今山东莘县东南），程立让人去侦视王度，发现王度等人得到空城不能固守，而在城西五六里外屯驻。程立于是向县中大户薛房等人说："如今王度得到城郭不能屯居，其势可以料知，他不过是想掳掠财物，并没有坚甲利兵和守城而居的打算，我们为何不回城坚守呢！况且城高墙厚，城内又有谷米，我们回城找到县令共同坚守，王度必不能久待下去，那时就可攻败他了。"薛房等人同意，而吏民却不肯相从，程立对薛房说："与他们难以商议。"于是暗中派遣几位骑兵在东山上举着旗幡，假扮黄巾军队士兵，薛房等人望见后大喊："贼兵已经攻来了！"随后下山往城里奔跑，吏民见势便跟随着进城，最后找到县令一同守城。不久王度等人来攻城，不能攻破，正想离开，程立率吏民打开城门追击，王度败走，东阿得以保全。程立此时并没有担任什么职务，但他依靠自己的智慧才略成功地组织了民众对贼寇的防御和反击，赢得了应有的声誉。

大约191年，兖州刺史刘岱征召程立准备任用，程立没有应召。当时刘岱与冀州牧袁绍、幽州军阀公孙瓒关系都好，袁绍把他的家眷安置在刘岱的兖州，公孙瓒也派部属范方领着一支骑兵协助刘岱镇守兖州。后来袁绍与公孙瓒起了矛盾，公孙瓒击败了袁绍军队（参见0.9.2《他对现管动了歪心思》），派人告诉刘岱，让把袁绍的家眷送来幽州，并令刘岱与袁绍绝交；公孙瓒又对范方下令："若刘岱不把袁绍家小送来，就带回骑兵，等消灭了袁绍，我就去攻打刘岱。"刘岱对此事几天决定不下来。别驾王彧对刘岱说："程立有智略，能断大事。"刘岱于是召见程立询问主意，程立说："冀州近而幽州远，如果放弃袁绍的近援而求公孙瓒的远助，就像孩子溺水了而求越人拯救一样，况且公孙瓒并非袁绍的对手，如今虽说战胜了袁绍，但最终必为袁绍所擒。如果只看一时之势而不思长远之策，将必败无疑。"刘岱听从了程立的意见。于是范方领军归去，他的部队尚未返回，公孙瓒就被袁绍打败（参见0.9.4《失掉了的牌局》）。程立在这里凭借自己对事情的分析认识，以及对北方战事结局的判断，为刘岱提供了对重大问题的正确选择，保证了兖州一时的安宁，为此刘岱表奏程立为骑都尉，程立借口有病而辞却，他似乎是一位无心功名的人物。

192年，刘岱在与黄巾余部黑山军的交战中阵亡，东郡太守曹操受吏民推举主政兖州，自为兖州牧。曹操征召程立，程立准备前往，同乡之人说："为何前后态度如此相反！"因为程立前面拒绝了刘岱的任用，这次却一召就往，大家不能理解而询问，程立笑而不答。曹操与程立交谈后很高兴，安排他代理寿张（治今山东东平西南）县令。至此能够看到，程立先前拒绝刘岱的任用，其实与有无功名心没有关系，他拒绝刘岱任用而应曹操征召，纯粹是择主而事的自觉选择行为，体现着他明确的做人方式和特定的政治意向。

不久曹操为复仇而征讨徐州陶谦，程立与荀彧留守鄄城。后来张邈、陈宫等军叛迎吕布，兖州许多郡县都纷纷响应，只有鄄城、范、东阿坚守未动。有吕布军队的降兵说，陈宫欲带兵攻取东阿，又使氾嶷去进攻范县，大家都十分恐慌。荀彧对程立说："如今兖州反叛，唯有三城保全。陈宫以重兵攻城，如果三城不能同心坚守就很危险。您是吏民之望，如今回去劝说他们，才能坚定信心。"程立听从了荀彧的安排，他返回家乡东阿，经过范县时，对县令靳允说："听说吕布拘执了您的母弟妻子，为孝子的真得用心考虑！现在天下大乱，群雄并起，必有命世之主才能平息动乱，有智慧的人就应该慎重选择，能得到命世真主的就昌盛，失掉命世之主就灭亡。陈宫叛迎吕布而百城响应，看起来似乎有作为，但您想想吕布是什么人呢，他粗暴而少亲信，刚直而又无礼，只不过是匹夫之雄，陈宫等人迫于形势而合作，不能互相服从，兵众虽多，终究成不了事情。曹公智略出众，是上天所授的命世之主！您只要固守范县，我坚守东阿，就可立战国田单那样的功勋，这远胜过背叛从恶而母子全亡，希望您好好考虑。"靳允流着眼泪说："不敢怀有二心。"当时陈宫派来的氾嶷已经到达范县，县令靳允约见他，埋伏士兵将其刺杀。程立又派遣一支骑兵守住仓亭津（今山东阳谷北古黄河渡口），陈宫的军队不能渡过。程立到达东阿时，东阿县令枣祗已经率吏民拒城坚守，又有兖州从事薛悌协助程立谋划，最终守住了三城。曹操自徐州返回后，拉着程立的手说："如果不是程君努力坚守，我就无处回归了。"于是表奏程立为东平郡国之相，驻于范县。在保守兖州三县的整个活动中，程立立下了绝大的功劳，在此也展现了他的高超谋划与出众的游说才能，表现了他对君主曹操毫无保留的内心忠诚。

其后曹操与吕布展开了对兖州的争夺，194年在濮阳交战，曹军几度失利，又有蝗虫灾害，于是双方引兵暂去。这时袁绍派人前来游说曹操连和，让曹操全家迁居邺城。当时曹操刚失了兖州，军粮又尽，准备答应袁绍。程立刚从范县返回，他听说后前来见曹操，问道："听说将军您打算迁居家属与袁绍连和，有这事吗？"曹操说："有的。"程立说："我认为将军您只是一时临事惶惧，不然怎么会这样不深思呢？袁绍据有燕、赵之地，怀有兼并天下之心，他的智识达不到目标。您觉得能在他手下做事吗？将军您拥有龙虎之威，可以做韩信、彭越那样臣服他人的事吗？现在兖州虽然残破，尚有三城在手，能战的将士不下万人。以将军您的神武，加上文若和我，如果很好地使用他们，霸王之业完全可以成就的，愿将军慎重考虑！"他还用田横拒绝臣服刘邦的往事激励曹操，曹操于是放弃了连和袁绍的想法。这是一次关乎曹操自己在天下政治定位的重大决策，程立以自己不囿一时和老成持重的战略思考纠正了曹操在政治战略上出现的偏失，帮助他把定了事业发展的方向。

程立少年时常梦见自己登上了泰山，用两手捧着太阳。他私下觉得惊异，来兖州后曾向荀彧说过这梦。张邈陈宫在兖州反叛，全赖程立等人才保全了三县，荀彧事后把程立的梦告诉了曹操，曹操听后说："你最终会成为我的心腹。"他于是给程立的名子"立"上面加了一个"日"字以应梦兆，自此程立称为程昱。

1.11（5）胆识过人的程昱（下）

程昱年轻时梦见自己登上泰山而手捧太阳，古人认为"天无二日"，把太阳视作神圣至尊的象征物，按照当代梦论关于"梦是愿望满足"的心理学观念，程昱的梦反映了他对自己人生的定位，他是立志做战乱年代一位命世君主的辅佐良臣，这和诸葛亮"自比于管仲、乐毅"的人生定位是大致相同的。从他辞绝刘岱而应召曹操的行为，以及守御兖州时给靳允的说辞中都可看到，他正是把曹操当作顺应天命的君主来看待。曹操从程昱的言行态度以及把早年之梦说给荀彧的真情中感受到了他的内心热忱，特意在他的名子之上增加"日"字，改程立为程昱，等于认可了他的想象，接受了他的一腔热忱；按照古代关于梦有预兆性的理念，曹操同时无所避忌地愿意充当程昱双手捧起的那颗太阳。他们各自的人生定位、政治追求与相互间的心理默契在此都充分表现了出来。

196年曹操迁朝廷于许都后,以程昱为尚书。其时兖州尚未完全平定安抚,曹操任程昱为东中郎将,领济阴(治今山东定陶)太守,都督兖州事。这是以朝廷二千石的高级官员兼任兖州一郡太守,并总督兖州事务。曹操到了许都,他是把兖州政务全盘托付给了程昱。

刘备在198年失了徐州来依附曹操(参见2.1.2《在徐州的艰难岁月》),程昱劝曹操将其杀掉以免除后患,这和郭嘉的意见是一致的,曹操因故没有听从。次年曹操派遣刘备领兵前往徐州邀击袁术,程昱与郭嘉对曹操说:"您上次没有处置刘备,我们都没有您考虑周全。现在您让他领兵离去,他必会产生异心。"曹操听罢后悔,但已追之不及了。刘备到了徐州后杀掉了曹操任命的徐州刺史车胄,举兵反叛,程昱两人的看法被证实。有史家注意到,刘备兵败后来许都归附,无论以后是否会给曹操造成威胁,但他对东汉朝廷始终是忠诚的,曹操的谋士中程昱与郭嘉主张杀掉刘备,而荀彧始终没有提出这一谋划,其实这里反映着谋士们对曹操与汉朝廷关系的微妙态度,程昱可以算作曹操个人的铁杆忠臣。

程昱不久升为振威将军,袁绍率军驻扎黎阳(今河南浚县东南古黄河北岸渡口),准备南渡黄河,这时程昱带着七百士兵守卫鄄城(治今山东鄄城北旧城)。曹操获悉袁绍南渡的消息后,派人告知程昱,准备给他增兵两千,程昱不肯接受,他说:袁绍拥兵十万,自以为所向无敌,现在知道我这里兵少,一定会轻视我而不来进攻;如果您增加了我的士兵,人多了那袁绍过河时就一定要来进攻,鄄城必会被他攻克,白白损伤了兵力。希望您不要疑惑!"曹操听从了他的建议。袁绍听说鄄城兵力很少,果然没有去进攻。曹操对贾诩说:"程昱的胆识,可以和古代的孟贲、夏育相比。"官渡决战之后,曹操的战线向北推进,大概鄄城不需要驻军了吧,程昱收集山湖中的流亡人口,得到精兵数千人,他领着军队与曹操会师黎阳,参与对袁谭、袁尚的征讨,平定了河北后,程昱被任奋武将军,封安国亭侯。

曹操208年出征荆州,刘备则撤离樊城依附东吴,许多人都预料孙权会杀掉刘备,程昱分析说:"孙权在位不久,天下人并不了解和恐惧他。

曹公无敌于天下，刚到荆州，威震江南，孙权虽有雄心，但不能独立抵御。刘备有英雄之名，关羽、张飞都力敌万人，孙权必定利用刘备来抵御我军，他们互相依靠，刘备也利用孙权以成事，他不会被孙权所杀的。"孙权果然拨出军队与刘备联合抵御曹军，与程昱分析的情况完全相同。

曹操211年率军西征马超时，他安排程昱辅助曹丕留守邺城，当时将军贾信率军平定了河间郡田银、苏伯等人的反叛，一千多叛军请求投降，曹丕和各位官员准备按照原来的规定将投降者全部杀掉，程昱坚持认为现在天下安定，战事又在国境之内，情况与过去不同，不应按旧法杀掉；他认为即便要杀掉，也应先报告曹操；并提醒曹丕非紧急情况，不应使用丞相授予的专断之权（参见1.4.14《与父亲处事的不同》）。事情汇报给曹操，曹操果然决定不杀。曹操从关中返回后对程昱说："你不单是明于军事筹划，而且善于调适父子间的事情。"

曹操的事业走向巅峰时，他抚摸着程昱的后背说："当年兖州战败，如果不是您的策划劝谏，我怎么能到这个地步？"他是充分肯定了程昱的谋划才能以及关键时刻能把握战略方向的重大功绩。程昱性情刚直猛烈，与他人多有抵牾发生，有人告发程昱谋反，而曹操并不怀疑，对他的赏赐和待遇更加丰厚，这与郭嘉遇到的情况相同。转眼程昱已到了人生暮年，受到曹操表彰后，他的族人拿出牛肉美酒聚会，程昱说："知足不辱，我现在可以离职了。"于是他自己写了申请，缴还兵权，从此闭门不出。

曹操封王建国后，任程昱为卫尉，这属九卿之一，执掌宫禁门卫之事，对程昱大概仅是一种荣誉职位。这期间程昱与中尉邢贞发生了威仪方面的争执，中尉是执掌京师之内宫禁之外巡查缉捕事务的二千石三品官员，古代常有品级相近的官员为道路通行的优先权互不相让而发生争执的情况，如廉颇蔺相如在路上相遇那样，能让对方回避是气势压人很有面子的事情，不知道程昱与邢贞之间究竟发生了什么情况，据说程昱在曹操面前发怒争吵，旁边的人暗中以肘击打提醒他，方才停止下来，事情过后程昱被罢免了职务。220年曹丕受禅做了皇帝后，恢复了程昱的卫尉职务，又进封他为安乡侯，增邑三百户，合计共八百户，个人待遇显著提高。曹丕正考虑将程昱提任为三公，程昱却在当年去世，终年八十岁，曹丕为他难过得流泪，追赠他为车骑将军，谥为肃侯，他的嫡子程武、嫡孙程克、曾孙程良相继嗣爵。他的少子程延及孙子程晓当时被曹丕封为列侯，程晓在司马氏掌政初期为朝廷黄门侍郎，撰有文集多卷，为一时才俊，至今《艺文类聚》中尚有《女典篇》及诗赋等少量文论存世。

晋人郭颁所撰《魏晋世语》（又称《世语》）中记述："当初曹操军中严重缺粮，程昱略取自己所在的东阿县，为曹操提供了三日军粮，而这批粮食中夹杂着人肉脯，为此他受到众人的怨望，所以生前没有成为三公。"这里所指的事情应该发生在曹操与吕布争夺兖州之时，程昱为了全力支持曹操的战争，却做了有违道德人伦的不义之事，从而引起了团队臣僚们长久不能谅解的失望和怨恨，掌政者也不好公开就此事对他做出开脱，以至成为他的德行缺失并最终影响到职位的升迁，这种情况是有可能发生的。后世有人认为"《世语》中的叙述不能相信"，不知其意是想否定事情的真实性，还是要否定事情对升职影响的真实性。史书中提到"人相食"的事情不止一处，这一事情还是不能完全否认的，程昱出于对曹操的忠诚，为完成供粮任务在事不得已时出此下策不是没有可能，但他把个别人暗中的丑恶端上台面，转化为官方公开化的行为，确实是污损曹军，并自毁形象，无论他未升三公是否由此引起，这都应属他一生中消除不了的德行污迹。

出生在141年的程昱，四十四岁时因组织了本地民众对黄巾军的守御反击而出名，他五十二岁接受了曹操的征召任用，在守卫兖州和支持曹操征战的活动中做出了毫无保留的奉献，展现了做事与策划上过人的胆略智识，刚直的性情影响了他晚年的生活，同时增加了他人生经历的丰富性。程昱在年轻时自我期许不小，约八十岁时亲眼看见了自己双手捧起的那轮太阳已经蓬勃而升，他是幸运的。

1.11（6）深察远谋的董昭（上）

在郭嘉之后担任曹操军师祭酒的是董昭，无论是对曹操个人的忠诚还是筹策的深谋远虑，董昭都是不输郭嘉的出色谋士。《三国志·董昭传》及其引注记述了董昭跟随曹操几十年的应事谋划活动，展现了董昭深察远见的筹谋特征，突出表明了他对曹操终生不易的倾心爱戴以及对曹家事业的开创性推动。

　　董昭字公仁，济阴定陶（治今山东定陶西北三公里）人。年轻时举孝廉，被任用为廮陶（治今河北平乡）县长、柏人（治今河北隆尧西十五公里）县令，后被冀州牧袁绍任用为参军事，为参议军事的州府官员。袁绍与公孙瓒192年在界桥（今河北威县东）交战时（参见0.9.8《袁绍军政轶事》），本州属下钜鹿郡（治今河北平乡西南）太守李邵及郡中官员都认为公孙瓒兵势强大，想要归附公孙瓒，袁绍听说后，派董昭前往钜鹿主政，他问董昭说："你去用什么办法对付？"董昭回答说："凭我一个人的力量，难以对付众人的谋划，想要引诱迷惑他们，表示与他们想法一致，等到掌握了他们，然后采取权变之策以制服。对策需要临场决定，现在没法说清。"当时郡中豪族大姓孙伉等几十人专为李邵的谋主，他们鼓动官吏和百姓。董昭到达钜鹿后，伪造了袁绍的檄文，告诉全郡说："抓获敌人侦察兵张吉，得到他的口供，说他们会来进攻钜鹿，原孝廉孙伉等人做内应，檄文传到后即将孙伉等逮捕按军法从事，只惩罚他们本人，妻儿不予连坐。"董昭依照檄文的命令行事，将孙伉等人斩首。全郡人惊惶恐惧，董昭逐一安慰，于是全郡平定下来。事情结束后他向袁绍汇报，袁绍十分赞许。

　　正逢魏郡（治今河北临漳西南）太守栗攀为士兵所害，袁绍又任董昭代理魏郡太守。当时全郡秩序大乱，敌人数万人，他们派使者相互往来，在市场上交易。董昭对他们厚加相待，想法离间他们，乘他们力量虚弱时发兵征讨，将其一举击破，两天内三传捷报。在袁绍与公孙瓒界桥决战的关键时刻，钜鹿郡与魏郡连续出现了不利的意外情况，一介文士董昭受命后只身闯入虎穴狼窟，凭借自己的谋略之策镇服了叛逆势力，消除了隐患，保持了两郡的稳定，同时显示出了他处事沉稳，随情制策与机智灵活的应变才能，他是一位善救危难、才具不凡的大谋大勇之士。

　　董昭的弟弟董访在张邈军中，而张邈与袁绍有矛盾，袁绍听信了有人对董昭的中伤之言，想要对董昭治罪，董昭于是悄悄离开，想去长安刘协的朝廷求职做事。他在193年专程到河内（治今河南武陟西南十公里）

郡，准备托太守张杨把自己任职魏郡的印绶转交袁绍。但张杨见到董昭后非常敬佩，立即任董昭为骑都尉，想让董昭在自己身边干事。其时曹操统领兖州，派使者来到河内郡，想让使者借道去长安朝见汉帝，张杨起初不肯，董昭为其分析利害，认为这里面有很深的情分。张杨于是为曹操促成了此事，并与曹操建立了很好的关系（参见0.2.6《好人张杨》），献帝刘协一行自长安东行，196年初在安邑暂住时，董昭离开河内前往奔投，被朝廷拜为议郎，这是朝中六百石的郎官，尽管职级不高，四十岁的董昭还是抛舍了河内郡的职位，义无反顾地前往遭受困顿的朝廷去干事，这当然也是一种充满风险同时也蕴含前景的职业选择。

　　董昭在离开袁绍后应该留意到了天下政治局势的演变以及各位政治领袖的才质比较，对曹操的军政事务给了更多关注并开始有所倾心。他在河内郡就说服张杨协助曹操，同时还替曹操写信给长安主政的李傕、郭汜等人表示友好。196年春汉帝刘协一行在韩暹、杨奉、董承等人的护卫下返回了洛阳，新任符节令的董昭见杨奉兵马最强而缺乏外部援助，就以曹操名义给杨奉写信，对其联络拉拢，表达合作与友好，以致杨奉主动上表荐举曹操为镇东将军，并让他继承父亲曹嵩的爵位为费亭侯。这是董昭在从未与曹操谋面、对方毫不知情的情况下为其后面的政治举动做暗中铺垫。当时曹操在许县平定了黄巾余党，派使者与朝廷联系，当年八月曹操到洛阳朝见汉帝，董昭第一次见到了曹操，二人倾心相谈，曹操向他征询行动策略时，董昭提出了匡弼天子并离开洛阳而迁都许县的建议，同时拿出了如何对付杨奉在附近关口驻军而暗至许县的成熟方案（参见0.2.5《被忽悠了的杨奉》）。作为朝廷任用的官员，董昭背着皇帝而与曹操商定了迁都许县的计划并立即实施，一意促成把朝廷置放在曹操政治势力的控制之下，其对待朝廷与曹操两者政治态度的倾向性是显而易见的。

　　198年董昭升任河南（治今河南洛阳东北）尹，这是当时汉朝的京畿地区，董昭已成了国家核心区域的地方高级官员。这时张杨被其部将杨丑所杀，河内军队内部矛盾纷争极大，张杨的长史薛洪、河内太守缪尚守住城池，等待袁绍来救，曹操不希望这支部队依附袁绍，他令董昭单身入城，劝谕薛洪、缪尚等人率众归降。董昭几年前在河内郡任职干事，了解

213

内部的情况，他入城劝说，实现了曹操的心愿。曹操让董昭出任冀州牧，也属于一种遥领职务。199年曹操派刘备去邀击袁术，董昭说："刘备英勇而志向远大，关羽、张飞为他的党羽，恐怕刘备的心思还真不好说！"曹操说："我已经答应他了。"刘备到了下邳，杀了徐州刺史车胄而反叛。曹操亲自征讨刘备得胜，事后调任董昭为徐州牧。次年袁绍派大将颜良进攻东郡，董昭被改任魏郡太守，随曹操征讨颜良。可以看出，董昭在政治上是坚定的拥曹派，他跟随曹操常年征战，其间做出过不少贡献。

204年，曹操进兵围困邺城，袁绍的同族人袁春卿担任魏郡太守，正在邺城内，他的父亲袁元长住在扬州，曹操派人把他接到军中。董昭写信给袁春卿说："听说孝敬的人不离开双亲去谋利，仁慈的人不忘记君上去徇私，有志之士不趁动乱以侥幸，明智的人不行诡异之道而自招危险。"董昭说明了对方父亲目前的所在地，劝说袁春卿离开邺城来与父亲相会。并特意指出："您现在所依托的是一个危乱之地，所秉受的是矫诏之命，假若与作恶的人为伍，而对父亲不加体恤，那就谈不上尽孝；忘记了祖宗所居的朝廷，安于不正统的奸邪职位，也称不上尽忠；忠与孝都被抛弃，说不上是智。如果能够幡然悔悟，奉戴天子并侍养老父，归附于曹公，那就坚守了忠孝，彰显了名声。"史书上没有记述董昭该信送给袁春卿后起到的实际作用，表现出的是董昭对曹操瓦解敌军策略的配合以及他极强的说服能力。邺城攻克后，董昭被任为谏议大夫。

207年，曹操远征乌桓，运粮困难，在董昭的建议下开凿了平房（今河北青县与天津独流镇之间的一段古运河）、泉州（南起天津武清西南在宝坻境内的河渠）二渠入海通运，解决了运粮问题。曹操上表封董昭为千秋亭侯。当年郭嘉去世后，董昭转任为军师祭酒，董昭的某些政治策略的确有深察远见的特征，从他先前跳槽中的职业选择以及对待汉曹双方的政治态度看，他注定要为曹家事业做一番不同寻常的业绩。

1.11（6）深察远谋的董昭（下）

定陶才士董昭随情制策、谋划深远，他早年就对曹操表现出了高度倾心，为曹操挟帝迁都和争夺中原做出了重要贡献。207年曹操基本统一了北方，成就了三国时代难以逾越的功业，身任司空军师祭酒的董昭想到了曹操个人功业的巩固，他开始倡导对曹魏家业的培植与支持，并为曹魏事业的发展壮大继续尽心竭力。根据《三国志·董昭传》及其引注记述的事实，董昭是曹魏家业独立发展的首倡人。

当时董昭提出建议："应该恢复古代的制度，建置分封五等爵位。"曹操说："建置五等爵位的是圣人，不是做臣的人所能制定的，我怎么能担当得起呢？"董昭说："自古以来，大臣辅佐天子治国，没有谁能建立像您今天这样的功绩；有您这样功绩的，也没有谁长久居于为臣地位。现在您以进阶为惭，认为自己功德未达尽善，想要辞却更大责任而保守名誉节操，德行的美好超过了伊尹、周公，达到了至善至美的极致。然而太甲、周成王那样的君主未必可以再次遇到，现在百姓难于教化超过了殷、周两代，处在大臣的地位上，让别人在大事上怀疑自己，实在不可不重新做出考虑。"董昭在这里突出强调了曹操个人的功业德行，认为没有哪位臣子有如此大的功德，有如此巨大功德的人都不做臣子了；如果继续做臣子就会遭受疑忌，是把自身置于危险之地。这些言语对曹操必然有极大的诱惑性。

董昭继续对曹操说："明公您虽然威德超越前代，又明于法度，如果不能在此时奠定根基，为子孙万世做出考虑，还是思虑没有到位。奠定基础的根本在于地和人，应该在这两方面树下根基，以便能自我做出保障和护卫。您的忠诚节操已突出显露，天然之威也已显现，当年耿弇在床下对光武帝说：'天下至重，不可让他姓之人得到。'朱英对春申君说：'您处在不可预期的时代，奉事不可预期的君主，怎么可以做有所预期的人呢！'这些话不能过耳就忘啊。我董昭受您的恩惠非比寻常，所以不敢不作陈述。"董昭这里强调，奠定根基不是立下功业就行，其根本在于得到土地和人口，这样才可以实现自我保障，把未来的期冀真正掌握在自己手中。他是主张曹操考虑王公的封爵，受藩立国，以此立足，再图更大的发展。曹操本人似乎并没有想到这些，一开始他没有理解，但经过董昭对事情的分剖说服，曹操终于接受了他的建议。

董昭当时与列侯和各位将领商议说，丞相应该进爵国公，得到九锡之赏，以彰显他的特殊功勋。他写信给荀彧说："过去周公旦和吕望，在周朝兴盛时跟随周文王周武王建功立业，后来辅佐年轻的成王，这样的功勋尚且受上等爵位，封土开国；战国时的田单，战胜了强齐军队，收复七十城池，为弱燕报了怨仇，恢复了齐襄王之位，襄王赏赐田单，让他东有掖邑（在今山东掖县）之封，西有菑上（在今山东淄博东北一带）山林。前代奖赏功劳这样厚重，如今曹公在天下倾覆、宗庙焚灭的时刻，他亲上战场四方征讨，栉风沐雨近三十年，消灭了众多奸凶，为百姓除害，使汉室得以复存，刘氏能够奉祀。曹公与前面提到的几位比较，就像泰山相比土丘，是没法相提并论的。现在仅仅与其他将领功臣一样并列为侯，这不是天下人希望看到的。"董昭在做历史比较中陈述为曹操进爵的理由，似乎也不无道理，而荀彧认为君子爱人就应维护他的德行，不应该这样（参见1.11.1《算无遗策的汉末名臣》下），他并不认可董昭的提议。但曹操终究还是在213年五月被封魏公，并受封冀州十郡，加九锡，当年建立宗庙与社稷，位在诸侯王之上，并在216年进爵魏王。

　　史书上说，曹操后来接受了魏公、魏王的称号，都是董昭所倡导。正是董昭的首先设定和积极促成，才使曹魏拥有了自家的独立基业，为后来曹丕以魏代汉创造了前提。曹操在210年给同朝官员所写《让县自明本志令》中公开表示自己不能放弃军队，怕交出兵权后被人所害，表示"这是既为子孙考虑，也要顾及自己创就的基业，所以不得不慕虚名而受实祸"（参见1.3.6《曹操的自白》），这些所想所言与董昭表达给他的意思基本相同，无疑是受到董昭的影响并认可了他的陈述。可以说，董昭是曹家基业在思想理念上的奠基人。

　　219年，关羽在荆州向曹魏进攻，他水淹七军，斩庞德并擒于禁，把曹仁包围于樊城，一时有威震华夏之势。孙权派军队从侧后偷袭荆州，他给曹操写信说："我将派兵攻夺关羽的地盘，江陵、公安两地十分重要，关羽失掉了这两城，一定会奔逃，樊城的包围会不救自解。请对我们的行动加以保密，不要让关羽有所准备。"曹操询问群臣，大家都认为该为孙权保密，但董昭说："军事上看重权变，一切要合乎时宜，应该给孙权答应保密，实际上把信息泄露出去，关羽听到后若要自我保护，樊城的包围就会很快解除,这使我们受益,还可让孙权与关羽两支军队互相对峙攻击,我们坐等他们疲惫。如果让孙权得志,也不是什么上策。"曹操非常佩服董昭的意见,采纳了他的主张,当即命令前去救援的大将徐晃把孙权的来信射到樊城守军和关羽的军营中,城中曹仁军士知道消息后信心倍增,而关羽则犹豫不决,最终失掉两城,惨遭失败。董昭的策略切合战场实际,特别突出了战争三方中自我一方的利益获得,是真正立足曹魏的上等策划。

曹丕220年继位魏王后,董昭被任为将作大匠,为主管工程修建和御物制作的二千石官员;曹丕称帝后,董昭升为大鸿胪,掌地方诸侯与民族间的往来礼仪事务,进封右乡侯,其弟董访为列侯。221年董昭升任侍中,成了侍从皇帝应对顾问的亲近之臣,222年曹丕组织大军伐吴,董昭就在曹丕身边协助皇帝做出决策,他精准地分析了洞口战场总指挥曹休所处的复杂情势,纠正了江陵战场上夏侯尚进击敌军的错误方案(参见1.4.17《三路伐吴》),曹丕当场称赞他说:"您考虑这些事情竟然如此慎重,就是张良陈平在这里,大概也不能做得更好!"董昭协助曹丕调度军队,对战争的进程发挥了重要作用。

224年,董昭被改封成都乡侯,任太常,为掌管宗庙祭祀礼仪的九卿之一,不久调任光禄大夫、给事中,随从皇帝曹丕再度东征,返回后被任太仆,这是执掌皇宫车马的九卿之一。曹叡执政后,董昭进爵乐平侯,增加封邑千户,转任卫尉,这是掌皇宫门卫的九卿之一。230年曹叡安排他为代理司徒,大概是资历与威望不够三公,只能代理任职吧,232年正式被任司徒一职。担任了司徒的董昭给曹叡上疏,陈述当时的社会弊病,对浮华虚伪的行为风气大加鞭笞,其中说:"我注意到圣上前后所颁布的诏令,对浮华虚伪深恶痛绝,常使用切齿的言辞。"这里不能排除董昭是看准了曹叡崇尚淳朴忠信的治政风格而投其所好的行为,迎合君主的喜好本来就是他心性中隐秘投机的一面。236年五月董昭去世,时年八十一岁,朝廷谥他为定侯。儿子董胄继嗣,其后位至郡守、九卿。

董昭在曹魏建国后职位变动特别频繁,权力忽高忽低,应该是涉及曹魏君臣对董昭一生功劳的评价问题。董昭的谋划富有预见,虑事周密,内涵深远，这应出自他不凡的才质与识见，他称得上是出色的谋略家。但董昭过分考虑对策的个人功利性，这使他的某些谋划往往与个人政治投机难以划清界限，导致人们对其德性品格的疑问，这反而限制了他才智的长久发挥和个人的最终发展。《御览·语林》中说："董昭为魏武帝曹操的重臣，后来失势，文帝、明帝之时成了卫尉。董昭于是交好侏儒，在一次朝臣聚会时，侏儒表演了董卫尉哭述曹操时代的事情，满座人大笑，而明帝曹叡怅然不悦，当月即任董昭为司徒。"这里记述的事情也许并不真实，但却反映了董昭在曹操身后个人遭际的内中心酸。

1.11（7）总被弃置的神策妙算（上）

曹魏三朝重臣刘晔有胆有识，智勇双全，199年在江南投靠曹操后，他在许多时候都能提出与众不同、非常精准的神妙谋策，应是当世出色的战略谋划家。但不知什么原因，刘晔的方案与郭嘉、荀攸等人的谋划效用不同，他的不少主张，包括有些足以改变天下政局的谋策设想，在适用期内多被执政者弃置未用，仅仅只是留下了后世人的无尽遗憾。《三国志·刘晔传》及其引注用较长篇幅介绍了刘晔一生跌宕不凡的活动，给人们留下了一些深长的思考。

刘晔字子扬，淮南郡成德（治今安徽寿县南四十公里）县人，是汉光武帝儿子阜陵王刘延的后代。他的父亲刘普，母亲称脩，生有刘涣、刘晔两个儿子，刘涣大刘晔两岁。刘晔七岁时母亲去世。其母临终时说："你父亲的侍者有陷害人的秉性，我死后必然会乱家，你们长大后应除去此人，我就没有遗憾了。"刘晔十三岁时相约刘涣执行母亲遗命，刘涣没有配合，刘晔即闯入父亲室中杀死了侍者，随后跑到母亲墓前拜祭。当时他的父亲刘普非常愤怒，派人来追刘晔，刘晔回家后向父亲拜谢说："母亲离世前有遗言，没有请示您就擅自行动，愿意接受惩罚。"刘普心中惊异，于是没有苛责。史书上并没有说明这位侍人是男是女，如果是侍女，则更多地表明了这位母亲在当时凡常家庭结构中特有的嫉妒嗔恨心，但也反映了少年刘晔极有胆勇、敢作敢为及勇于担当的突出特征。汝南名人许劭以识人而闻世，他曾在扬州避难时见到刘晔，称赞刘晔有佐治天下的才能。

<<< 1.11 功业彪炳的智谋之士

再看看刘晔其后的重要活动：

手砍郑宝 扬州豪侠郑宝才力过人，自己组织了一支私人部队，他想借用刘晔的贵族出身和知名度，让他出头带领当地百姓渡水到江南去。二十多岁的刘晔为此非常忧虑，恰好曹操有使者来扬州联系，刘晔与其交往，后来郑宝带着几百人前来问候使者。刘晔命令家里的奴仆在中门外设置酒饭招待郑宝的随从，他自己与郑宝在内室设宴痛饮，暗中安排了健壮亲信，让他们听到信号就砍杀郑宝。但郑宝不喜饮酒，他一直十分清醒，行酒的人不敢发出信号，刘晔最后自己拔出佩刀砍杀了郑宝，他将其斩首后宣布说："曹公有令，敢有妄动者与郑宝同罪。"几百名随从奔逃返回军营。营中尚有军队数千，刘晔骑上郑宝的马带着其几位家僮来到郑宝营门，叫出他们的头目，对其陈述利害与福祸，他们都叩头悦服，愿意跟随刘晔，刘晔即掌控了这支部队。从处置郑宝和收降其部队的过程看，刘晔是一位有胆有识、关键时敢于出手的厉害角色。

献策刘勋 刘晔得到了郑宝的几千军队后，感觉自己作为汉室的支属不应该拥有军队，于是把手中的军队交给了庐江（治今安徽庐江西南）太守刘勋。刘勋是袁术的部属，当时在江淮之间兵力强大，孙策在收复江南时正筹划攻夺庐江，他派遣使者携带厚礼，写信对刘勋说："上缭（今江西永修）的土著宗族屡次欺负我方，我痛恨他们好几年了，想去攻击而路途不便，希望借助你们来讨伐。上缭非常富有，攻取后可以富国，我将出兵作为外援。"刘勋为此非常高兴，官员们都来庆贺，但刘晔认为："上缭虽小而城池坚固，易守难攻，往返攻打几十天，内部空虚，孙策会乘虚袭击，后方肯定坚守不住。如果执意出兵，必致灾祸。"刘勋不听刘晔的劝阻，兴兵攻打上缭，孙策果然袭击刘勋的后方营地（参见3.1.6《乘胜进军扩大战果》）。刘勋穷困窘迫，只好与刘晔一同投奔了曹操。

消灭陈策 曹操到达寿春县，庐江郡内的山贼陈策，手下有几万民众，凭险要地势据守。以前曾经派遣将领进剿，都没有能攻克。曹操询问部下征讨之策，刘晔说："陈策是趁着动乱，并依靠险恶的地形来据守，他没有什么爵位得到民众信服。这次征讨应该先公开招降赏赐，再以军势威逼，只要命令一宣布，陈策的军队就会自行溃散。"曹操笑着说："你说的还有些道理!"随即按照他的方案实施,并派遣猛将在前先行,大军殿后,果然一到那里就收服了陈策,与刘晔预料的相同。军队返回后,曹操任命刘晔为司空仓曹掾,这是司空府主管仓粮的三百石七品官员。

策定汉中 215年曹操出军平定汉中张鲁时,转任刘晔为主簿,大军进入汉中后,山势险峻难以行走,军粮很难供应。曹操说:"这是妖孽之国,拿到手又有什么用处?我军粮食缺乏,不如赶快返回。"曹操准备领兵返回,让刘晔在后面安排部队依次退出汉中。刘晔觉得汉中可以攻克,加之粮草不济,即便退军,部队也无法保全。他前去告诉曹操说:"不如继续攻打汉中。"曹操于是转而进攻,多用弓弩箭射敌人军营,张鲁逃奔,汉中终被攻克,刘晔的提议让曹操当时收复了汉中。

谋攻西蜀 当时刘备在214年刚夺取了益州,刘晔在平定汉中后对曹操说:"刘备是人中豪杰,他有谋略而见事迟,得到蜀地的时间又不长,尚未取得民众信任。现在我们拿下了汉中,蜀地的人望风丧胆,乘此气势,蜀地可以轻易得到平定,如果稍微迟缓,诸葛亮明于治国,关羽、张飞勇冠三军,等民众安定下来,据守住险要关口,就没法进攻了。现在不取,必为后患。"曹操表示不愿得陇望蜀,他这里没有听从刘晔的意见。另有资料说,七天之后,一位蜀国投降的人说:"蜀地人心惊恐,刘备当时斩杀了惊慌的人也不能安定人心。"曹操为此再问刘晔是否还可以进攻,刘晔说:"现在蜀中人心已稍有安定,不能进击了。"曹操于是班师。刘晔自汉中返回后任行军长史,兼领军,这是掌禁军的职位,也称中领军。

断言孟达 220年曹丕刚继位魏王时,蜀将孟达率众来降,孟达因为容貌和行止显露才气,曹丕很看重他,让其担任新城(治今湖北房县)太守,加散骑常侍,刘晔见了孟达后说:"孟达有苟且投机之心,他自恃才能而喜好权术,对人不会感恩怀义。新城之地与吴、蜀接连,如果形势有变,他会成为国家祸患。"刘晔是主张在新城另派人选,但曹丕还是坚持他的任命,后来孟达在几年后果然与诸葛亮联络而反叛魏国(参见2.5.4《反复无常的孟达》)。另据《傅子》中说,当年曹操在世时,魏讽具有不错的名声,自卿相以下的官员都与他倾心相交;稍后蜀将孟达脱离刘备前来归降,大家都赞扬孟达有乐毅的气度。刘晔见了魏讽、孟达一面后,断定他们必会反叛，后来果然像刘晔断言的一样（参见1.4.4《继位为王》）。刘晔不仅善于谋划，看来在识人上也有突出的优长。

才具不凡的刘晔自手砍郑宝归附刘勋起，曾临事做出过五次建议，只有曹操最初采纳过两次，获得了消灭陈策与平定汉中的成功；其他三次的意见没有被掌权人所采用，但事情的结果都从反面证实了刘晔所提意见的正确性。这些事情尚且不关乎天下政局的演变，属于一般性的谋划，但足以看到刘晔决事识人的高超才质，他的神策妙算常人难及。

1.11（7）总被弃置的神策妙算（下）

汉室支属刘晔自青少年时就胆识超人，199年归附曹操后提出过许多用兵用人的真知灼见，多数未被采纳。《三国志·刘晔传》及其引注记述，曹丕220年十月受禅称帝后，刘晔被任为侍中，为侍从皇帝应对顾问的二千石三品官员，并受爵为关内侯，刘晔成了曹魏政权决策中枢的人物，按说他在军国大事上有了更多的发言权，加之资格重，见识多，谋策精准，年轻皇帝应该对他言听计从吧，但在重要的决策上并非如此。

220年，当时刘备刚丢失了荆州，天下形势风云诡谲，魏国皇帝曹丕让朝中群臣讨论刘备是否会出兵为关羽报仇，当时众人都说："蜀，只是一个小国，出名的将军只有关羽，现在关羽军败身死，国人忧惧，不可能再出兵了。"只有刘晔一人坚持认为："蜀国虽然地小力弱，而刘备总想表现出威武强大，势必出兵以显示自己力量有余；况且关羽与刘备虽为君臣，恩犹父子，关羽死后不能为其兴军报仇，在道义上也说不过去。"果然刘备组织了数万军队于次年出兵伐吴。在天下政治趋势面临转折而不好把握的时候，国家掌政者组织人们讨论即将到来的局势变化，以便做好应对，也是应对时局的必要步骤，而刘晔对时局的分析紧紧抓住当事人所面对的具体状况，重点关注蜀国握有决策主动权之人的心性特征。他独立判断，不随大流，虽然只是一个人的见解，但真知却在这一人手中。

刘备大举伐吴时孙权非常紧张，他派使者来到魏国称藩请和，当时朝臣都作祝贺，大概以为东吴终于向曹魏新朝称臣归附了，只有刘晔坚持说："吴国远在江、汉之外，没有为臣之心已有很长时间了，陛下您虽然德同虞舜，但僻远丑恶之人的心性未受感化，危难时归附称臣的人，不能轻易相信。他们是在内外交困的情况下被迫这样做的。"另有资料叙述，刘晔单独给曹丕说："东吴外有强敌，内部众心不安，又怕我们乘机出兵讨伐，所以称藩求降，一则防备我国出兵，二则借我们的援助来增强众人信心并疑惑蜀国。孙权见事变策，他的心思必定如此。"刘晔是向曹丕指出孙权的归降并非真心，认为这仅仅是他应对时局的表面态度，不能完全相信。

刘晔继续向曹丕提出了自己的谋划策略，他说："现在天下三分，我们魏国十有其八。吴、蜀各保一州，他们阻山依水，紧急时互相救援，小国只能这样才有好处。现今他们自相攻战，这是天亡之时。应该大举兴师，直接渡过长江进攻东吴中心地。蜀国攻其外，我们袭其内，东吴不出旬月就会灭亡。吴国灭亡后蜀国孤立，就是他们夺得吴国一半土地，也无法长久生存，何况他们得到的仅是外围地盘，我们得到的是中心区域！"按照刘晔的设想，蜀国为报仇正在咬住东吴不放，利用这一天赐良机，魏国只要兴师南渡，直攻东吴腹心地带，东吴就很快会被魏、蜀两家击败和瓜分；而蜀国在强大的魏国面前独力难支，终究不会长久存在下去，魏国统一天下将是指日可待的。

但曹丕不同意刘晔的意见，他心有顾虑地说："人家称臣归降，我们却出兵讨伐，天下想来归降的人会发生怀疑，毕竟会怕了我们，这事不可以做！"他大概觉得刘晔的谋划结果是很美满的，于是对刘晔的方案做了修改，提出另外设想说："我何不接受东吴的归降，反过来从背后袭击蜀国呢？"刘晔认为方案不可修改，他解释说："蜀远吴近，蜀国听说我们前来讨伐，就会还军，不会继续攻吴了。现在刘备已经因怒兴兵进攻东吴，听说我们伐吴，料知东吴必亡，必然大力进击与我们争割吴地，绝不会改变主意转而救吴，这是确定的趋势。"曹丕还是不予听从，他接受了东吴的归降，同时决定拜孙权为吴王（参见 1.4.8《与东吴的短暂"蜜月"》）。

刘晔又劝阻说："不可。先帝（指曹操）四方征伐，天下得到了十分之八，陛下受禅建国，这是势所必然。孙权原来只是汉朝骠骑将军、南昌侯而已，官轻势卑，他的臣民因而对中原有畏惧之心。现在他不得意归降我们魏国，大不了给他个将军名号，封十万户侯就行，不可以封给他王号。王与天子只差一阶，其礼仪服御容易相混淆。如果现在相信他的假降，就封给他尊贵的王号，这是为虎添翼。"刘晔既然认定孙权的归降并非真心，于是不赞成给孙权授予王号，他主张对孙权应该保持政治地位上的悬殊差别，实际上是要保持魏国对东吴政权的傲睨姿态，以便给魏国留下应有的震恐力。他还对孙权封王后的情况做了假设性推测说："孙权如果得了王位，将来蜀国退兵之后，他们东吴对我们外表上尽礼，而实际上会做出无礼之事，必定激怒陛下。陛下若赫然发怒而兴兵征讨，他会对国内民众说：'我屈身事奉魏国，把珍货宝物按时贡献给他们，从未失掉为臣之礼，但魏国却无故攻打我们，他们是想残害我们国家，抓获我们的百姓子女作奴隶姬妾。'吴国民众当然会相信他的话而产生对我们的愤恨，他们上下同心，战斗力会成倍增加。"刘晔详加述说，是要表明封给孙权王号的消极作用，而曹丕又不听从，他最终拜孙权为吴王。

不久夷陵之战后东吴打败了蜀军，孙权表面上尽礼，而实际上对魏国并不顺从，果然像刘晔所说的那样。曹丕决定兴兵讨伐（参见 1.4.9《对吴关系的反转》），刘晔认为："东吴现在刚刚得胜，他们上下齐心，又有江湖阻隔，进攻很难得手。"曹丕并不听从，他组织了三路大军伐吴，一时声势颇大，但最终没有取得成效。

224 年，曹丕再一次出兵伐吴，他亲至广陵泗口（今江苏清江西南古泗水入淮之口），组织荆州、扬州各路军队一同出征，而孙权并没有前来应战，刘晔给曹丕分析了孙权一定驻军等待，不会前来的应对方式，曹丕找不到决战的机会，只好班师返回（参见 1.4.19《长江北岸的两番叹息》）。曹丕对刘晔说："你的考虑是对的。以后不能只清楚敌情如何，还应该时常想着怎样为我们消灭吴、蜀二贼。"曹丕这时候大概已经感觉到了对灭吴机会的丧失，他没有明确表达反悔之意，而内心的苦楚是可以想象，可惜失掉了的机会再也难以获得。

曹叡执政时，刘晔晋爵东亭侯，封邑有所增加，他在 227 年初参与了曹魏宗庙礼仪的确定事宜；几年后辽东公孙渊夺了叔父公孙恭之位，自立为太守后向朝廷上书说明情况。刘晔主张说，公孙渊刚刚夺权，国内必有仇敌，现在应乘他在辽东立足未稳时出兵征讨，防止以后难以控制，生成祸患（参见1.5.5《曹叡的国家治理》下），曹叡没有采纳他的建议，他任命了公孙渊，采取了容忍抚慰的策略。后来公孙渊通过水路与孙权勾结联络，在北方反叛骚扰，曹魏为解决辽东问题付出了巨大的代价（参见1.5.25《对辽东的战争》上），这也反映了刘晔当年所提建议的先见性。

刘晔应该属于曹魏的重臣，在对军国事情的筹谋上可以称得上神策妙算，才质能力当属上乘，然而他在朝廷却始终缺乏应有的威望，后来在曹叡就是否出军伐蜀征询群臣意见时，竟然暴露出了他做人不诚实的品质问题（参见1.5.7《用权力测试真诚》），引起了君臣们的反感。因为曹叡此后疏远了他，将他调任到朝廷中枢之外，他竟精神失常。232年刘晔因病改任太中大夫，不久出任大鸿胪，两年后忧虑而死。谥为景侯，儿子刘寓继嗣，少子刘陶曾任平原太守，史称其"高才而薄行"，才质高超，而德行也是遭人非议。

刘晔在220年关于魏国伐吴的提议是足以扭转三国鼎立局势的策划，这一方案若被实施，三国纷争的历史肯定要被重写，可惜他多方论证说明，总被君主所否决。从刘晔一生的行为表现看，他似乎不是一位没有主见、靠窥测君意的讨巧手段来出谋划策的平庸之人，但不知他晚年为何陷入了受人轻看的尴尬境地，也不知他一生不少的奇谋妙策为何总是得不到执政人的看重而被弃置。这里必定有某处史料记录上的偏差，更有人物活动记录上的空缺处。

1.11（8）蒋济的风光与惭恨（上）

魏国谋臣蒋济约是207年跟随曹操的名臣，曹魏建国后相继辅佐了曹丕、曹叡和曹芳几朝执政，为曹魏的发展和建设出谋划策、屡建功勋，《三国志·蒋济传》及其引注记述了这位四朝元老对曹魏事业的忠诚奉献，也隐约记录了在他高平陵事变中的活动与心迹，表现了他一生的风光和临终的惭恨。

蒋济字子通，楚国平阿（治今安徽怀远西南三十公里）人，先后担任过九江郡计吏、扬州别驾。208年曹操大军出征荆州后在赤壁受挫，又遇上了疫疾而撤军，孙权稍后领军包围了合肥，曹操只派张喜带一千骑兵与汝南军队前来解围。城中等不到援军，蒋济就秘密告诉扬州刺史，诈称得到张喜的书信，步骑四万已经到达雩娄（今安徽霍邱），应派遣主簿迎接张喜援军。他写下书信让三批使者去传递消息，一伙人进城告诉城中守将，另外两批则想法被敌军捉去。孙权接到虚假情报后信以为真，急忙烧了营寨而退走。蒋济这一随机性的谋划坚定了守城将士的信心，同时迷惑和震恐了吴军，合肥因此得以保全。

209年，蒋济出使谯县时见到了曹操，曹操问他说："当年我与袁绍在官渡对峙时，迁徙了白马的百姓，大家没有逃跑，敌军也未敢掳掠。现在我想迁徙淮南百姓，你觉得怎么样？"蒋济说："官渡对峙时我弱敌强，不迁徙就失去了百姓；但现在我们强大，江淮之民没有其他想法，他们怀念故土，不乐于迁徙，听到此事必恐惧不安。"蒋济认为情况不同，不同意迁徙民众。曹操没有听从，仍然决定强制迁移江淮民众，结果当地十余万百姓恐慌地逃到东吴境内。曹操因为这事对蒋济的见识非常欣赏，后来蒋济出使到邺城，曹操见到后大笑着说："本来想让百姓避难，结果反倒把他们赶跑了。"随后任蒋济为丹阳太守，其时丹阳属东吴之地，这一任职应该属蒋济的遥领职位。不久有人诬告蒋济为反叛的主谋，曹操听说后对左将军于禁、沛国相封仁说："蒋济怎么会有此事！如果说有，那就是我不识人了。这一定是愚民作乱，希望引起混乱罢了。"曹操对他自己的识人用将还是有高度自信的，他并不相信那些谣传之言，反而任命蒋济为丞相主簿兼西曹属，两个职位分别主管记录和选举之事，其时司马懿担任丞相主簿兼东曹属。

219年关羽自荆州北上进攻包围了樊城、襄阳，曹操觉得汉帝和朝廷在许都，与战场靠近，为此准备迁都。蒋济和司马懿对曹操说："于禁军队为水所淹，并非战败，这次失败对国家没有多大损失。刘备、孙权外表亲近而内心相嫉，关羽得志，这是孙权不愿看到的。可以派人劝孙权偷袭关羽后方，答应把长江以南割让给孙权，则樊城之围就会自解。"曹操按照这一谋划去办，孙权遂派兵袭取了公安、江陵，关羽兵败被杀。

曹丕 220 年继任魏王，蒋济任相国长史，稍后曹丕称帝后，蒋济出任东中郎将，这是镇守东部边境的职务。蒋济希望留在朝中，曹丕说："汉高祖唱歌：'安得猛士守四方！'天下没有安定，需要良臣镇守边疆，后面边境安定了再回来也不迟。"后来蒋济在职位上写了《万机论》，包括政略、刑论、用奇等多篇，写好后献给了曹丕，曹丕大加赞赏，于是改任蒋济为散骑常侍，为侍从皇帝随事规谏的二千石三品职位，蒋济通过自己的文才被皇帝认可，达到了回朝任职的目的。

蒋济入宫觐见时曹丕问："你往来所见的风俗教化如何？"蒋济答："没有什么好的风俗，只是听到亡国之语。"曹丕听了很生气，询问蒋济原因。原来是征南将军夏侯尚赴边境任职时，曹丕给他所写诏书中包含"你是我的心腹之臣，在职位上可以任意杀人，作威作福"的语句，夏侯尚在路上遇见蒋济，就让他看了（参见 1.4.16《与几位族兄弟的交往》）。蒋济说："'作威作福'是《尚书》中告诫人们不应该做的，天子无戏言，古人对此十分谨慎，希望陛下明察！"于是曹丕急派人追取了那份诏书。

222 年魏国组织大军三路伐吴，蒋济协助大司马曹仁为第二路统兵将领，曹仁欲攻濡须洲，蒋济另外袭击羡溪，其间蒋济提出过很好的用兵建议，曹仁没有采纳而失利。大军撤归后曹仁因感染瘟疫而病逝（参见 1.4.20《战争期间的国内政局》），曹丕再次任命蒋济为东中郎将，让他代领曹仁的部队，并发诏说："你才兼文武，志向豪迈，常有跨越江湖消灭东吴之志，所以重新授给你统兵领将的任务。"不久又调任他为尚书。曹丕在大将去世一时没有合适人选，于是安排蒋济代任军职，负责边境防守；但当蒋济离开朝廷后，曹丕应是感觉到了蒋济在身边的不可或缺性，又很快把他调回朝廷，足见蒋济是一位能文能武、君主信赖的柱石之臣。

225 年冬，曹丕亲自领水陆军队到广陵，他临江阅兵，向东吴炫耀武力，并试图寻找进击东吴的机会。蒋济对当地情况熟悉，他提出冬季水道会有阻塞，不利行军，同时作了《三州论》劝谏，表达水浅难行之意，但曹丕不听，导致返回时数千战船因河道结冰而不能前行。有人建议将军队留在当地屯田驻守，蒋济认为当地东近大湖、北近淮河，当雨季水涨时容易被吴军掠夺，反对在此屯田。曹丕听从了他的建议，军队撤至精湖，水少得不能行船了，曹丕先行回谯，将船只都留给了蒋济。战船前后相连数百里，蒋济令人挖开四五条水道，截断湖水，船只被导入淮河，最终得以返回（参见 1.4.19《江北岸的两番叹息》）。曹丕在洛阳见到蒋济说："你前后所提的建议，其实很符合我的心意，今后征讨孙权的筹划，还需要多加思考。"表达了对蒋济的高度信任。

226 年魏明帝曹叡继位，蒋济被赐爵关内侯。大司马曹休驻军扬州边境时建功心切，他在 228 年受到吴国鄱阳太守周鲂的诈降诱惑，准备率军进击皖城，蒋济认为曹休这次深入东吴与其精兵对抗，上游的吴将朱然会从后袭击，建议不要出兵；但曹休不听劝阻坚持前往。后来吴军在安陆（治今湖北安陆北）一带频繁出没，蒋济立即上疏说："敌人示形于西，必然在东面合兵行动，应该赶快派援兵援救。"曹叡遂令豫州刺史贾逵率部前往，曹休果然在石亭被东吴陆逊的大军伏击，丢弃了大量军需，并被吴军追至夹石，多亏贾逵的援军赶到才阻止了吴军追击，未致全军覆没（参见 1.5.5《曹叡的国家治理》下）。事情表明了蒋济对战局预料的正确性，显示了其判断敌情和运筹帷幄的才能，随后他被提升为中护军。蒋济跟随曹操不是很早，但他依靠自己的文武之才相继得到了三位君主的信赖与看重，同时赢得了不少的人生风光。

1.11（8）蒋济的风光与惭恨（下）

文武全才的蒋济二十多年间相继得到曹操、曹丕和曹叡三代君主的赏识和信赖，他 228 年对夹石战场形势的分析和建议，避免了曹休部队的覆没，展现了他对具体事情极高的敏感与决判能力，曹叡提升他为中护军，这一四品官职是总领诸将、主持武将选举的实权职位，表明了曹叡对他的倚重与信任。从《三国志·蒋济传》及其他史料中能够看到，蒋济利用自己的受宠地位和元老身份，向后来心志沉沦的曹叡提出过许多次谏言，表达了他对曹魏事业的高度忠诚。

当时朝廷实行所谓专任制，在掌管机要的中书省设置中书监、中书令职位，把三公的事务尽量交由他们承担，大概为了加强皇帝的集权吧。其时刘放、孙资两人一直在宫中担任中书监、中书令职务。蒋济对这种过分集权化的机制提出批评，他借用了先秦法家韩非的思想理念提醒曹叡，大臣权力太重则国家危险，主张更多地任用官员，以分散两人的权力（参见1.5.22《治国特征之窥》）。曹叡下诏说："蒋济才兼文武，勤奋尽节，对军国大事总有忠诚的奏议，我非常赞赏。"为此升任蒋济为护军将军，这比中护军的位次更高些，并加官任散骑常侍，为二千石三品官员。

232年，曹叡遣殄夷将军田豫循海路、幽州刺史王雄走陆路，安排两军一起进攻盘踞辽东的公孙渊。蒋济认为："但凡不是意欲吞并本朝的敌国，不是反叛本朝的臣子，都不要轻易讨伐。如果讨伐而不能制服，是把他们逼成对立的敌寇。所以说'虎在路上，就不要急着去消灭狐狸；先除掉大害，小害自然会消除'。辽东那地方，我们几代都没有占取，他们每年报数字，举孝廉，正常奉职纳贡。现在出兵讨伐未必能一举成功，就算攻克其地，得到其百姓不足以强国，获取其财产不足以富国；但若讨伐不如意，就会招致怨恨并失掉和好的信义。"曹叡不听，还是派田豫等进攻，最终无果而还。

曹叡在诸葛亮234年秋去世后，因为感到国家外部压力减弱，转而在国内大兴民力修建宫室，一意追求个人享受（参见1.5.12《心志突然沉沦》），因为当时百姓抱怨甚多，且粮食连年歉收，蒋济上疏说："陛下应该光大基业，而不应该放弃对国家的治理。"他婉转地批评了曹叡的懒政；同时指出："从前勾践鼓励生育以备国家征用，燕昭王抚慰病困百姓谋图报仇雪耻，所以都能以弱小战胜强大。现在吴蜀两敌尚且强盛，陛下在位时不能剪除，将被百世后代所谴责。凭陛下圣明神武的韬略，搁置那些可以缓办的事情，专心讨伐敌人，我认为没有什么难办的。"（参见1.5.13《对忠臣谏言的圆通处置》下）又说："沉浸于男女欢娱就会损于精爽，神太用则竭，形太劳则弊，对陛下的身体均无益处。"建议把那些尚未册封的宫女遣散出宫。这是一次大胆直露的劝谏，曹叡降诏说："若不是护军，我听不到这么好的意见。尽管曹叡没有听从蒋济的意见，但给足了他面子。

238年曹叡派司马懿出军征讨辽东公孙渊，公孙渊派使者去与东吴联系寻求支援，获悉这一消息后，曹叡询问蒋济说："孙权会救援辽东吗？"

蒋济细致地分析了当时各方的力量对比与地理位置，得出结论说：孙权只会口头应诺，实际上不会出兵；但如果辽东的战斗不能速决，那孙权也许会临时决策，作出轻兵突袭（参见 1.5.25《对辽东的战争》下）。蒋济的这一临战分析准确判断出了东吴对辽东战事的态度，预察了可能出现的变化，保证了魏国在远征辽东战争中策略方针的稳定，对理解后世国家间相互关系的本质也有现实借鉴。

239 年曹叡去世，少帝曹芳继位做了皇帝，大将军曹爽与太尉司马懿辅政，蒋济受封为昌陵亭侯。不久曹爽在丁谧、邓飏等亲信的说服下，上奏曹芳晋升司马懿为太傅，实际是剥夺了司马懿的参政权，而蒋济升任为太尉。因为曹爽等人经常更改法度，群臣颇有怨言，当时正好发生了日食，朝臣们据此讨论政治的吉凶得失。蒋济上疏说："现在吴、蜀未灭，将士征战在外已数十年，男女皆怨，百姓贫苦。国家的法度，唯有济世大才才能制定纲法而流传后世，不是一般人可以轻易改动的！随便更改不仅无益于国家治理，还伤害百姓。只要文臣武将各尽其职，国家自能生成和气祥瑞。"蒋济在这里表达的理念也许并非完全正确，但这代表了许多元老之臣的基本想法，曹爽一伙人并未顾及这些意见，在许多方面仍然一意孤行，最终在政治上失去了这些大臣的同情和支持。

249 年正月，曹爽兄弟与曹芳到高平陵拜祭曹叡的陵墓，太傅司马懿在京城发动了政变，以郭太后的名义宣布罢免大将军曹爽等人的职务。蒋济是司马懿行动的支持者，他在事变中随同司马懿一起驻军洛水浮桥。当大司农桓范出城投奔曹爽后，蒋济曾写信给曹爽，称司马懿只是要将他们免官，没有其他意图，劝曹爽尽早交出权力，可以保证他们的爵位和富贵（参见 1.7.2《高平陵之变》中）。蒋济对曹爽的许诺是真诚的，他的书信和保证对曹爽做出进城交权的行为选择起到了重要作用。事变后蒋济被进封都乡侯，增加封邑七百户。

然而司马懿对曹爽的处置并没有停止在罢官的一步，他后来通过张当的审讯供词给曹爽兄弟定了谋反之罪，将他们斩杀并灭族，蒋济曾对司马懿提出"不能让曹真没有后代"，他是反对对曹爽家灭族的，这是在无法保障曹爽兄弟生命之时后退一步，提出了自认为最基本的底线要求，但仍然没有被掌政的司马懿所采纳。所以当司马懿向蒋济封侯时，蒋济上书予以拒绝，他说："我愧任高职，曹爽敢于包藏祸心，这是我没有尽到职责。封侯庆赏必定要加给有功之人，这次行动论谋划我并不是先知之人，论作战我也没有统领军队，我做的事情大家都看到，真诚地希望不要从我这里兴起冒功领赏的风气。"蒋济坚持不受爵赏，并上书表白，是要用行动与司马氏划清界限，借以显示自己的政治态度，而朝廷最终没有答应，蒋济则在当年四月就去世了。《世语》上说："曹爽被灭族后，蒋济感到自己向曹爽的保证失信了，为此发病而死。"朝廷谥蒋济为景侯，他的儿子蒋秀继嗣，蒋秀逝后其子蒋凯继嗣，晋朝265年建国时蒋凯仍有爵位。

后世史家认为，陈寿在晋初撰著时出于某种政治顾忌，对蒋济的事情并未作出全面记述。他们注意到，当时在事变中，蒋济、高柔、孙礼、王观等老臣都曾跟随司马氏而行动，而身为太尉的蒋济职位最高，行动中司马懿派高柔代行大将军的职权，占据曹爽在城中的营所；让王观代行中领军的职权，占据曹羲城中营所，他们两人其实才是司马氏政治上真正的追随者。蒋济在事件中则是随从司马懿屯军洛水浮桥，实际上是司马懿劫持并监视着太尉蒋济。蒋济起先对曹爽一伙是有看法的，希望他们下台后国家自此可以恢复兴盛，但事情走到后来，不仅让他失信于曹爽，而且显示出了司马氏专权夺国的迹象。蒋济是曹魏历代君主都很看重和信赖的忠臣，他眼看着司马氏专权的既成趋势无法扭转，深愧自己连忠臣曹真的一息后嗣也保护不了，想到了自己一生真诚奉献的曹魏事业没有了未来，心中极其后悔悲愤，三月之后即惭恨而亡。

1.11（9）司马懿的为人（上）

对曹魏后期政治走向影响最大的人物是司马懿，司马懿是曹操、曹丕、曹叡执政时期功劳颇大、韬略极深的谋臣，三国政治趋势的演变和司马懿后期的行为息息相关。因为司马懿为西晋事业的开创人，按照传统的撰史体例，陈寿在《三国志》中没有为他单独作传，这里根据《晋书·宣帝纪》对他一生活动的叙述，考察一位出色政治谋略家做事与为人的特征。

司马懿，字仲达，河内温县（治今河南温县西）人，是秦末殷王司马卬的后代，司马卬被项羽封在河内（治今河南武陟西南），十一世后有汉朝京兆尹司马防，司马防的长子为司马朗，第二子即是司马懿。司马懿少年时即有奇特的节操，聪明而有谋略，博学多闻，崇敬儒学。汉末天下大乱，时常慨然为天下忧心。南阳太守杨俊是司马懿的同乡，以善识人著称，见了不到二十岁的司马懿，认定他是非同寻常的人物。当时尚书崔琰与司马朗相好，崔琰对司马朗说："你的弟弟聪明公允，刚毅而英俊，你是赶不上他的。"

201年司马懿被本郡选用为上计掾，负责向朝廷报告地方事务，当时曹操在许都担任司空，听说了司马懿的才情，想征召他任职，司马懿知道汉朝国运衰微，不愿屈身于曹氏，便假称有风痹卧床难起，拒绝征召。曹操派人夜里去暗中观察，司马懿卧床不起。208年曹操做了丞相，又想征召司马懿为文学掾，给使者下令说："他若再推辞不来，就将他逮捕。"司马懿惧而就职，曹操安排他与太子一同居处切磋学问，后调任为黄门侍郎，又转为议郎、丞相东曹属，并任丞相主簿。在这里，司马懿起先不愿在朝中干事，但被迫前来任职后，还是能踏实地做好事情，他相继在三位君主面前发挥出了自己谋划与做事的优长。

首先看看他为曹操军政事务献出的谋策：①得陇望蜀。215年他跟随曹操讨伐张鲁，对曹操说："刘备用诡诈之计夺取了益州，蜀人未归附。"他建议在夺得汉中后乘兵威进攻蜀国，当时刘晔也提出了同样的意见（参见1.11.7《总被弃置的神策妙算》上），曹操不愿意得陇望蜀，因而未予接受。②重视耕种。约214年担任军司马后，司马懿向曹操建议应把天下不参加耕种的二十余万百姓组织起来，一边耕种一边守备。曹操采纳了这一建议，于是务农积谷，弥补了国家的费用。③联吴救樊城。219年关羽自荆州围困樊城，水淹七军，情况紧急，曹操打算迁都，司马懿建议联络孙权自后方袭击荆州，以牵制关羽。当时蒋济也提出了这一策略（参见1.11.8《蒋济的风光与惭恨》上），曹操采纳了他们的意见，最终解了樊城之围。④安定边民。当时曹操觉得荆州之民及在颍川屯田的军民接近东吴，打算将他们向北迁徙。司马懿说："荆楚之民易于流动难以安定，关羽新破后,一些人或藏或逃,他们在观望局势。如果将守法的百姓北迁,违背了他们的意愿,也会使逃走的人不敢回来。"曹操听从了这一意见,后来逃亡的人果然都回来耕作了。

尽管司马懿为曹操的军政事务真诚地奉献了自己的谋划才智,但曹操对其始终缺乏信任,他觉得司马懿有雄心大志,又听说他具有狼一样的回首反顾之相,就想来次试验。有一天召来同行,让他走在前面,突然间令他回头看,司马懿脸面整个向后而身体不动;曹操又曾梦见三马在同一槽中吃食,两件事使他心中很感厌恶,于是对曹丕说:"司马懿不是做臣的人,必然会干预曹家的事情。"他是提醒曹丕要对司马懿多加提防。

其次看看司马懿在曹丕执政时地位的提升。曹丕继位魏王后,封司马懿为河津亭侯,转为丞相长史。当时发生了一件事情:孙权率军西行,群臣以为他要去进攻曹仁镇守的襄阳。大家说樊城襄阳没有军粮,不能抵御吴军,于是请求召回曹仁退守宛城。司马懿坚持说:"孙权新破关羽,他此时正想和我们结好,不会侵犯我们;襄阳是水陆交通要地,不能放弃。"这个意见未被接受,曹仁遂焚烧并放弃襄、樊二城,而孙权果然没侵犯疆土,事后曹丕非常后悔。220年十月曹丕受禅为帝后,任司马懿为尚书。不久转为督军、御史中丞,封安国乡侯,次年调任侍中、尚书右仆射。曹丕对司马懿应是内心佩服的,他在224年和225年连续两次伐吴,领兵要到长江岸边,离开洛阳时,他把留守任务连续交给了司马懿(参见1.4.20《战争期间的国内政局》),在司马懿坚意辞让时,曹丕说:"我处理各种政务,夜以继日,没有片刻休息时间。任此职并非荣耀,只是为我分忧罢了。"

226年曹丕病重时,司马懿与曹真、陈群等被一同召至崇华殿南堂接受临终遗命,曹丕让他们辅助太子曹叡,并给曹叡说:"有人离间此三公的,要慎重处理,不要怀疑他们。"司马懿年龄大曹丕八岁,他刚到许都任职时就与曹丕一同相处,两人性情上有些相合与互补之处,而曹丕大概也不完全认可父亲对司马懿的看法。司马懿在曹丕执政的六七年间尽管做的事情并不多,但一直得到更多的信任,他的地位在此有很大提升。

再来看看司马懿在曹叡执政期间的情况。曹叡即位后,改封其为舞阳侯。这期间司马懿不像陈群、蒋济等大臣那样向曹叡提出很多政治谋划和行为劝谏，而是更加踏实地默然做事：①打败吴军。孙权派兵包围江夏，让诸葛瑾、张霸同时进攻襄阳，司马懿督率诸军反击，吴军败走，他继续进军，斩杀了张霸，取敌首级千余，战后升为骠骑将军。②速擒孟达。227年六月，司马懿受命屯兵于宛，都督荆、豫二州军事，当时新城太守孟达与蜀相诸葛亮暗中联络谋图反叛，司马懿闻听消息后写信麻痹并稳住孟达，暗中组织军队昼夜兼程，八天到达新城将孟达包围（参见2.5.4《反复无常的孟达》），不久破城后将孟达斩首，一举平定了反叛，其后将孟达余众七千多家迁往幽州。③诱捕申仪。申仪长期在魏兴（治今陕西安康西）做太守，做事独断专行，常假借朝廷名义刻印授官。孟达被杀后，各位郡守都来送礼祝贺，司马懿使人暗示申仪也来相贺，申仪到后，司马懿质问他擅自刻印情况，将他拿下送往京师。④配合伐蜀。230年七月，大司马曹真坚持伐蜀，司马懿自宛城出兵配合，他在西城（今陕西安康西北）凿山开道，水陆并进，沿沔水而上（参见1.10.7《养子曹真》），军队到达朐忍（治今重庆云阳西南十公里），屯驻丹口，遇雨回师。⑤守御祁山。231年曹真病逝，诸葛亮侵扰天水，魏将贾嗣、魏平被围，曹叡对司马懿说："西方有事，除过你没有可委托的人。"安排司马懿屯军长安，都督雍、梁二州军事，统领车骑将军张郃、后将军费曜等抵御蜀军（参见2.3.9《射杀张郃的祁山之战》），这是司马懿在战场上与诸葛亮的首次正面交手，魏国损失不小，但蜀军也没夺取魏国的地盘。⑥充实国库。诸葛亮从祁山退兵后，司马懿对众人说："诸葛亮每次都是粮尽而退，以后他出兵将不再攻城，而是寻求野战，我估计他回去后必然广积粮草，三年内是不会出兵的。"于是向曹叡上表，迁徙冀州农民到上邽种田，在京兆、天水、南安兴办冶铁业；233年又开凿成国渠，修筑临晋陂，灌田数千顷，使国库得到充实。⑦熬死诸葛亮。234年诸葛亮率十万军队出斜谷，四月在渭水南原五丈原筑垒扎营，司马懿奉行守御防敌、拒不出战的既定策略，与蜀军对垒相持了一百多天，出乎意料地拖垮了诸葛亮的身体，当年八月诸葛亮病逝，蜀军全部撤归（参见2.3.12《秋风五丈原》），魏国的防御策略在司马懿手中获得了巨大成功。

235年司马懿升任太尉，曹叡多次为他增加封地。当年关东发生饥荒，司马懿将五百万斛粮食从长安运往京师。236年他将得到的一只白鹿献给曹叡，曹叡说："昔日周公旦辅助成王，有人贡上白雉；现在你在陕之西任职，有白鹿献来，忠诚之心与千年前的周公完全相同。"司马懿与现任君主曹叡似乎没有如同前代那样的深厚信任，但他默默地在前方埋头做事，并且把艰难的事情做得非常出色，同时用精准手段表达自己的一腔忠诚，事情在慢慢发生转变。

1.11（9）司马懿的为人（中）

魏国元老重臣司马懿虽然是曹丕临终的顾命大臣，由骠骑将军不久升为太尉，但因和年轻皇帝曹叡缺乏深厚的信赖关系，因而他十多年间在边境战场上只是默默无闻地埋头做事，借此展现了他无人可敌的用兵才能和抗难克险的超强韧劲，他主要用自己的履职行为以及必要的瑞祥献礼来表明自己对朝廷的忠诚。《晋书·宣帝纪》与《三国志·魏书》多处篇章记述了司马懿后期的活动，表现了他在曹魏集团政治纷争中站稳脚跟、后发制人的人生轨迹。

曹魏建国后的太尉是武官的最高荣誉职位，并不参与朝政，为皇帝的军事顾问。在司马懿227年平定了孟达叛乱之后，曹叡曾把他从宛城召回京师，就边民户籍管理方式征询意见。当时边郡新归附的民众大多没有户口姓名，朝廷准备加以核查，司马懿说："吴蜀实行密网管束，所以百姓抛弃他们。我朝应该行施宽松大政，百姓自然就安乐了。"曹叡又问吴蜀都应讨伐，该以谁家为先？司马懿回答说："吴国以为中原人不习水战，所以敢散居东关（在今安徽含山西南三十公里濡须山上的关隘）。凡攻击敌人，必先扼住咽喉再捣其心窝。夏口（今武汉市武昌区）、东关就是吴国的心和喉，若率陆军向皖城（今安徽潜山附近），引诱孙权东下，再率水军向夏口，乘其空虚而进攻，就像神兵从天而降，必然会攻破吴国。"司马懿这里只说自己驻军地的进军策略，而对当时曹真驻守的西方战场并不提及，也并未谈先攻吴蜀谁家的问题，他把话题紧紧限制在自己职责范围之内而不越界，应该不是无意的。其中论及的边民管理与攻吴之策两条

<<< 1.11 功业彪炳的智谋之士

意见，曹叡认为说得都很对，事后让他继续前往边境驻军。

尚书令陈矫是可以信任的老臣，曹叡有一次在与陈矫谈论其他事情后询问说："司马公忠诚正直，是可以托付社稷的重臣吗？"陈矫回答："在朝廷有威望；是否可以托付社稷，就不知道了。"（参见1.5.18《曹叡的用人和处事》中），曹叡是想了解其他臣僚对司马懿的看法，这正好表明他本人对司马懿一直是有保留态度的，也许他是受到了祖父曹操看法的影响，尽管司马懿尽量表现出自己做事的踏实和对朝廷的忠诚，但曹叡一直觉得他能力太强，而思想深沉不可捉摸，能否作为可以托付的社稷之臣是无法确定的。

司马懿在曹真逝后被调任西线战场防御蜀国，在此遇到了他军事上真正的对手诸葛亮，231年的祁山防御战是诸葛亮第五次进攻魏国的军事活动，由于蜀国准备充分，司马懿在战场上处于被动地位，仅仅能够保证对方夺不走属于魏国的地盘。蜀军粮尽退兵时司马懿命令大将张郃追击，不幸中箭身亡。有人认为这是司马懿对曹魏柱石张郃的有意陷害，但这仅属一种主观臆想，没有任何证据能对此作出说明。当时司马懿与张郃在战术安排上有过分歧，张郃也有不乐于接受司马懿统辖的心意，但按当时司马懿的地位和实际情景看，他还不至于有意折损手下的第一大将，他所追求的仅是对蜀战争的胜利和朝廷对自己忠诚之心的认可。

三年后司马懿在与诸葛亮五丈原对峙的战场上相持数月，他的弟弟司马孚曾写信询问军中情况，司马懿复信说："诸葛亮有大志但看不见机会，谋略多而决断少，喜好用兵却无权变，虽然率十万大军，但已坠入我的谋划中，打败蜀军是肯定的了。"他还根据诸葛亮的饮食起居和做事方式断定了其难以长久相持的情况。司马懿在战场上善于看到敌人的缺失，利用对方的弱点采取灵活的对策，避敌所长而击其所短，在平定孟达、远征辽东的作战中都是如此。他在这里对蜀军坚壁拒战，其实并非消极的应对行为，实际上是针对诸葛亮后勤、用兵和其心性上的弱点而采取的以时间换优势、致敌毙命的特殊策略。

司马懿在长期守边的军事活动中几乎保持了战场不败的记录，展现了他突出的军事才能，他因此而把自己提升到了解决国家大事非他不可的地位上。238年正月，曹叡从长安召回司马懿，命他率军讨伐辽东，告诉他说："此事不值得烦劳你，只是想出师必胜，所以还需要你统兵出征。"司马懿于是统领四万大军远征辽东，全军在路上历尽艰辛，后来绕过辽遂，直逼襄平，在大雨月余、辽河暴涨的严峻情势下努力坚守，最终经过艰苦攻战夺取了襄平，斩杀了公孙渊，消灭了辽东的分裂势力（参见1.5.25《对辽东的战争》上）。这是曹叡执政后期规模最大的一次征战，军队出征历时一年之久。战斗结束后，朝廷指令司马懿继续前往长安镇守西境，司马懿遵照执行，他按朝廷给定的路线走小道从轵关（今河南济源西北）向西返回长安。

就在司马懿班师返回长安的途中，执政十三年的曹叡却走到了自己生命的终点。曹叡在病重时已经安排自己八岁的养子曹芳继位，并决定由自己叔父燕王曹宇担任大将军，协同领军将军夏侯献、武卫将军曹爽、屯骑校尉曹肇、骁骑将军秦朗等共同辅政。然而由于拥有专任权的中书官员刘放、孙资与这些人一直关系不睦，他们挑弄是非，诱使和协助病榻上的曹叡在四天之后改变了主意，决定由曹爽与司马懿辅佐曹芳，并重新向司马懿发出诏书，让他即刻改变行程返回京师，司马懿见到曹叡后接受了临终嘱托，曹叡还告诉他说："我强忍着不死是为等待您，能够与您相见，再无遗憾了。"（参见1.5.26《帝王曹叡之逝》）显示出了对司马懿极大的信赖。

实在些说，曹叡从未怀疑司马懿的才能，但即使在病重时他对司马懿也没有过分的信任，主要是对他忠诚度的疑问。而在刘放、孙资反映曹肇、秦朗等人曾调戏伺候疾病的宫中才人等问题后，心有怒气的曹叡才决定改变身后辅政之人（参见1.6.7《掌政四天的曹宇》），由于曹丕曾制定过皇家亲族不得参政的规定，曹叡临急时实在找不出有哪位可靠之人可以替代曹宇等人辅政。自己信任的曹爽算一个，但他知道曹爽能力不足，只是在刘放两人的提醒下，曹叡才想到了征战返回的司马懿。在关键时刻，司马懿二十多年间履行本职工作的踏实劲，在曹叡执政十多年间埋头做事、勤恳无怨，以及表现出来的做人的真诚，这都为他的品行加分不少；具有这样出众的才能与战功，同时又毫无杂念的大臣，在魏国是找不到第二位的，曹叡在急迫的情况下终于认可了司马懿的辅政资格，司马懿最终成了下一代皇帝的辅佐大臣。司马懿在遭受君主疑忌的不利环境中，并没有在政治上去刻意争胜，似乎放弃了政治诉求，但他却是政治上收益最大的臣属。

1.11（9）司马懿的为人（下）

司马懿在曹叡执政的十多年间一直在守边的驻地踏实履职，把对朝廷的真诚行为几乎展现到了极致，最终得到了曹叡的信任，成了他临终时决定托付社稷的辅政之臣。《晋书·宣帝纪》记述，239年少帝曹芳继位为帝后，司马懿被调任为侍中、持节、都督中外诸军事、录尚书事，与大将军曹爽各统兵三千人，共执朝政，轮流在殿中值勤。

曹爽为了让尚书奏事先通过自己，就向曹芳提议，让司马懿改任为大司马，而几位朝臣提出，前面两位大司马（曹真、曹休）连续死在职位上，大概是强调这一职位不吉利吧，提出应该让司马懿升任太傅，于是给了他入殿不趋、赞拜不称名等汉朝萧何那样的待遇，并任他的长子司马师为散骑常侍，同时将司马懿进位为太傅。曹爽和几位朝臣在这里的两重提议很可能是他们为架空司马懿而演出的双簧，曹爽由此独掌了朝廷的实际权力。

司马懿处在被曹爽等人排挤的不利氛围中，他似乎并没有放弃自己争取情况好转的积极性努力，这包括：①主动请战。241年五月，吴将全琮侵扰芍陂（故址安徽寿县南），朱然、孙伦包围樊城，诸葛瑾、步骘掳掠柤中（今湖北宜城西）。朝臣大多认为吴兵远来侵掠，只需坚城守御，他们自会失败。司马懿说："边城受敌侵扰而大臣安坐庙堂，会使疆场骚动不安，众心疑惑，这是社稷的大忧患。"他请求亲自出征讨伐，于是领军六月到达前线，命轻骑挑战，朱然不敢出战。魏军休整军队，选拔精锐勇士，显示出进攻的气势。吴军见状夜间逃走，魏军追至三州口（今湖北襄樊南），斩杀俘获万余人，收取吴人的舟船军资而还。两年后司马懿再次亲征，督率诸军进击屯兵于皖的吴将诸葛恪，迫使诸葛恪烧毁粮草，弃城而逃。守疆征战是司马懿的强项，却是曹爽一伙不曾具有的能力，司马懿出征吴军，自然是魏国大臣的本分，同时他也是借机向同朝政敌们表示自己具有不可替代的地位！②施政利民。司马懿在242年上奏曹芳开广漕渠，引黄河水入汴水，灌溉东南各陂，开始在淮北大批屯田。不久又提出屯田守边，开凿淮阳、百尺二渠，又在颍水南北筑堤成陂，得良田万余顷。自此淮北逐渐变得富庶。他早先还停止了曹叡后期大肆修建的宏大宫室等工程，使百姓专心务农。③谦逊待人。司马懿功勋与威望日渐盛大，然而却更加谦恭。当时他的同乡长者常林担任主管宗庙礼仪的太常，为九卿之一，职位在司马懿之下，但司马懿见了他总要下拜。他常告诫家人子弟说："盛满是道家所忌的，春夏秋冬尚且变化推移，我有何德居于高位，减损再减损，或可以免于灾祸！"道家的思想一直是司马懿做人的根本指引，当他身居高位时，大概觉得才有资格把这种理念公开出来传授家人。④劝阻伐蜀。244年邓飏、李胜等人说服曹爽组织军队伐蜀，他们嫉妒司马懿的军功，大概是想让曹爽也能在军事上建功立业吧。当时根本不具备伐蜀的条件，属于盲目行动（参见1.10.8《曹爽如何失政》上），司马懿劝阻曹爽，而曹爽不听，终于损失巨大，无功而返。司马懿这里的劝谏应该是出于对国家军事资源的珍惜，显示的是他真诚为国的考虑。

遭受到曹爽一伙排挤的司马懿并没有撂下挑子回家休息，他仍然以最大的耐心积极尽责，主动承担繁难的事务，展现出对国家的忠诚，在做事待人两方面上积累自己的威德与人望，坚韧耐压本来就是他的优长。但在政治生活的分歧中，不知收敛的一方总是会在有意无意间愈益放肆，把本有的分歧扩大化。司马懿和曹爽就发生了这种情况。一是245年八月，曹爽撤销中垒军的主力营，这是掌管北军营垒的部队，曹叡将其兵将归属于其弟中领军曹羲。司马懿认为这是朝廷旧制，不同意这样做，但曹爽我行我素，并不听从。二是246年，吴人侵扰柤中，当地吏民万余家为躲避敌寇北渡沔水，围绕对柤中吏民的安置，曹爽与司马懿发生了争议，曹爽坚持自己的想法让吏民迁回原址，后来损失人口数万人；此外还有选官用人方面一直存在的纷争（参见1.7.1《十年政局的走向》上）。247年四月司马懿的夫人张氏去世，时年七十岁的司马懿于是宣称有病，从此再不上朝，从而也就不再参与朝政。曹爽一伙对司马懿的病情并不确知，李胜在

248年被派往荆州任职时，他前往司马懿家中礼节性地拜访和辞别，司马懿做出病重的样子，看得李胜心中凄惨，他回去流着泪对曹爽说："太傅病体难以复元，实在令人悲伤。"

239年正月，是明帝曹叡去世十周年，曹爽兄弟与皇帝曹芳一块儿去安葬曹叡的高平陵举行祭奠，他们离开洛阳城后，司马懿即组织力量在城内起事（参见1.7.2《高平陵之变》上），一举夺去了曹爽一伙掌握的国家政权，并将其斩草除根，司马懿回到了国家最高执政的地位。事后曹芳任命司马懿为丞相，增加封邑到两万户，并有其他各种更高的待遇，司马懿辞掉了丞相职务，因病不能进宫朝见，每有大事，少帝曹芳都会亲自到府第询问。

司马氏掌政后，魏国社会的政治结构出现新的分化，国内反司马氏的政治势力开始抬头。不久太尉蒋济离世，司空王凌继任太尉。王凌和兖州刺史令狐愚属于司马氏的暗中反对派，他们甥舅二人同掌重兵，承担淮南防务，谋划立楚王曹彪为皇帝，其后令狐愚不幸病逝，王凌在251年正月诈称吴人堵塞涂水，请求发兵讨伐，司马懿知道他的计划，但没有说破，他在四月领军乘船突然前往收捕了王凌，迫使其自杀（参见1.7.3《司马懿的最后一搏》）。司马懿这次平叛返回后，当年六月生了重病，八月在京师逝世，终年七十三岁。他留下遗言，在首阳山土藏，不起坟头、不树标志，后死者不需合葬，与当年曹丕的安葬方式相同。

司马懿的夫人张春华是河内郡平皋县（治今河南温县东）人，生有司马师、司马昭、司马干三个儿子和一女南阳公主。《晋书·后妃传》中记述了她两件事情：早年司马懿拒绝曹操的征召，假称有风痹而卧床装病时，有一天晾晒书籍，忽然下起了暴雨，司马懿自己去收书，家中的婢女看到了此事，张春华担心司马懿装病之事泄露出去招致灾祸，便亲手杀死婢女以灭口，司马懿由此十分看重她。另一事情是，司马懿后来宠爱柏夫人，张春华很难有机会进见夫君。司马懿生病卧床时，张春华前去探望，司马懿说："老东西真讨厌，哪用得着你出来呢！"张春华羞惭怨恨，于是拒绝进食，准备自杀，但几个孩子也都不吃饭。司马懿惊恐地致歉，张春华才停止绝食。司马懿出来后对人说："老东西不值得可惜，只是担心苦了我的好儿子们。"张春华247年死时五十九岁，当时安葬于洛阳高原陵。

司马懿无疑是三国时代出色的军事家，但他首先是机谋深沉的政治家，他能看清时局，谋不妄发，做事以踏实奠基，努力展现为人的真诚；他善于在不利的环境中积极作为，依靠坚持的韧劲和机巧的手段来扭转局势，静待出手时机，而得手后则毫无情面，追求干净彻底地致敌死命。司马懿死后，司马师被任为抚军大将军，录尚书事，掌管中枢机要，不久升任大将军。司马懿的弟弟司马孚为太尉，次子司马昭任安西将军，也为掌军重臣，司马氏在国家政权结构中的核心地位已经稳定获得并实现了延续。十四年后，孙子司马炎接受曹奂禅让，建立了司马氏的家天下帝国（参见1.9.4《禅让帝位》）。司马氏在曹魏特殊的政治结构中能够后来而上位，得益于时运之助，同时也离不开司马懿的人谋。

1.11（10）司马朗的才与情

司马懿的兄长司马朗是出名较早并在年轻时就跟随曹操的人物，他与司马懿有着相同的出身和家庭背景，同时有着不同的做事方式与处人之道，他富有才智，热爱百姓，目光远大，在岗位上忠于职守，具有高尚不俗的品行。《三国志·魏书十五》及其引注中记述了他一生的事迹，展现了他不同寻常的才智与情怀。

司马朗字伯达，河内温县人，他是司马防的长子、司马懿的兄长。司马朗九岁时，有人当面称呼他父亲的名字，司马朗说："轻慢他人至亲的人，是不敬自己的至亲。"来人听到后向他致谢。他十二岁时参加选拔童子郎的经学考试，监考的人看他身体壮大，怀疑他隐瞒了年龄，就考问他。司马朗说："我的内外之亲几代人都长得高大，我本人虽然年小体弱，但没有仰望高大的心思，折损年寿而祈求早成，不是我想要的。"监考人听后感到惊异。后来在190年关东起兵，原冀州刺史李邵因为家在野王（今河南沁阳），靠近山险之地，想要徙居温县，司马朗对李邵说："温县与野王也可比喻为唇齿关系，现在离开野王而居于温县，只是躲避了早亡的时间而已，况且您是地方百姓的寄望，贼寇未至就先徙走，靠山之县的民众必然惊骇，这是动摇民心而促使违法作乱的行为，真让人为本郡的安全担忧。"李邵不听他的意见，后来山边一带的民众果然暴乱，并向内地转移，有的变成了贼寇到处抢掠。

其时朝廷迁都长安，董卓尚滞留洛阳，司马朗的父亲司马防当时任朝廷治书御史，为依据法律处置疑难案件的官员，因为马上要向西迁徙，他感到天下到处都不安静，于是让儿子司马朗带家属返回本县。有人向朝廷报告说司马朗准备逃亡，把他带到董卓跟前，董卓对司马朗说："你与我亡故的儿子同岁，怎么这样辜负我！"司马朗对董卓的功德做了一些夸大性的抬举，向他指出了当前的战乱情景，告诉他带家属返回家乡的真实想法，表达了希望董卓再建丰功伟绩的心愿。董卓大概是在高兴之下相信了他的话，同意他送回家属。裴松之对司马朗和董卓在这里不得要领的问答之辞表示怀疑，但不管怎样，司马朗是在洛阳带家属返回了温县，并且得到了董卓的认可，他没有随朝廷西往长安。

司马朗当时料到董卓必然失败，他散财物贿赂董卓身边用事的人，很快返回家乡。到了温县后他对父老乡亲说："董卓悖逆作乱，为天下人所愤恨，这是忠臣义士奋发作为之时。"他还分析说："我们郡与京都地境相接，洛阳东有成皋（指有虎牢关），北临大河，天下兴义兵的人如果不能进击，必然会在此停止，这里会是各方争夺之地，难有安全，不如乘现在道路尚通，全族东迁黎阳。"司马朗认为黎阳（治今河南浚县东）有东汉初建立的兵营，当时担任监营谒者的赵威孙统领军营兵马，其人与温县家乡人有婚亲关系，必要时可以依靠，所以他决定先到黎阳，然后再观察形势决定去向。当时许多人都留恋旧居，没有人跟从他，只有同县人赵咨愿意带着家属与他同往。数月之后，关东各州郡果然起兵数十万对抗董卓，大军都聚集在荥阳及河内郡，各位将领行动难以统一，有些士兵便在当地劫掠，百姓死伤过半。其后关东联军解散，兖州刺史曹操与吕布在濮阳对峙，司马朗则带着家属回到温县。当年发生饥荒，人相食，司马朗收留抚恤宗族之人，教导各位弟弟，没有因世道衰败而家业凋零。总之，司马郎代替父亲承担起了保护家庭的责任，他通过自己的准确判断回避了家乡的战乱，保证了家人的安全，并对各位弟弟作出引导，守护了家业的兴盛，这对于二十出头的年轻人说来，肯定不是一件容易的事情，缺少应有的才

241

能是做不到这些的。

司马朗二十多岁时，曹操征召他为司空掾属，这为司空府的一般官员。曹操是迁朝廷到许都后次年（197年）担任司空职位，他给府中征召掾属最早应是该年。司马朗不久调任成皋县令，因病离职，后来再任堂阳（治今河北新河北）县长。他在地方治理中务求宽厚惠民，不施行鞭杖刑罚，而百姓也不犯禁。先前有迁徙充实到京畿内的民众，后来司马朗掌管的县把征收绢绵的税改作造船，迁走的百姓担心县里做不好船，他们互相联系私下做出协助，可见他与百姓的情意之深。司马朗后来调任元城（治今河北大名东二十公里）县令，又为丞相主簿，担任曹操的文字秘书。

根据天下大乱的趋势，司马朗提出了恢复古代五等爵位制和井田制的两种设想，他认为："天下所以土崩分裂，是因为秦朝取消了五等爵位制，而郡国没有练兵作战的军队与装备；现在五等爵位难以完全恢复，可以让州郡设置军队，对外防备四夷，对内威慑反叛不轨之徒，这是长远的治国之策。"他又主张恢复井田制，认为："古时民众各家有几世基业，难以被剥夺，所以能延续至今。现在天下大乱之后，百姓分散，土地无主，都成了公田，应该在此时立即恢复。"司马朗的提议虽然未被施行，但州郡领兵，也合于他的本意。他后来升任兖州刺史，在地方治理中大力施行道德教化，得到了百姓称赞。他即便人在军旅中，也经常穿着粗布衣裳，吃着粗劣的饭食，为百姓做出节俭表率。他喜好人伦典籍，同乡人李觐得到了颇大的名誉，他经常对其贬斥，李觐后来败落，当时人们就佩服他的先见之明。

钟繇、王粲写文章说："非圣人不能致太平。"司马朗则以为："伊尹、颜渊等人虽然不是圣人，但让他们这些人几代相承，太平之世是可以达到的。"据说曹丕很喜欢司马朗的文章，他还让秘书抄下了司马朗的文论。217年，司马朗与夏侯惇、臧霸等领军队征吴，到达居巢，军中发生瘟疫，司马朗亲身巡视，给士兵问医送药，不幸染疾而逝，时年四十七岁。他临终时对将士说："我身为刺史，承蒙国家厚恩，这次带领军队远征，没有建立任何功劳，却遭受了疫疾而不能自救，辜负了国恩。我身死之后，请用布衣幅巾裹尸，穿上普通服装即可，不要违背我的心意。"

司马朗是在曹操生前去世的，他这里所说的国家当然是指汉朝，不能判断出他对曹魏家族事业的态度，但无论如何，他身为国家中高级官员，在军政活动中始终如一地热爱和施惠百姓，真诚地体恤士卒，以及倡导节俭的德行与精神，展现了乱世中不顾私利的高尚人格与悲天悯人的宏大情怀，他是司马家族中才情突出的一位。

1.11（11）司马氏与曹家的交往

曹操是东汉末年董卓乱朝以来战功最高、影响最大的政治家，他以复兴汉室为号召，开创了一片占有北方广大疆土的宏大基业，圈划了三国鼎立的天下政治格局；以司马懿为代表的司马家族是久居中原的世家大族，曾经是曹魏鼎盛政治的依附者，最终成了三国时代最大的获益集团。司马氏与曹家关系的演变转化内含着许多复杂因素的交织作用，《晋书》与《三国志》相关篇章及其引注等史料记录了他们两家人物的某些交往，为后世人们认识体会诸多深层的历史原因提供了线索。

司马家族是秦末殷王司马卬的后代，项羽在公元前206年分封十八路诸侯，赵将司马卬被封殷王，地在河内，建都朝歌（今河南淇县），汉朝在此设置河内郡，司马卬的子孙后代就居住在此地。司马卬的八世孙有汉朝征西将军司马钧，司马钧之后的三代亲传为豫章太守司马量、颍川太守司马儁、京兆尹司马防，司马防即是司马朗和司马懿的父亲。《续汉书·序传》中记，司马朗的祖父司马儁，字元异，博学好古，身高八尺三寸，腰带十围，约今一米九高，腰围一米有余，长得魁梧伟岸，与众人不同；做事洒脱不拘，宽宏大度，同乡与宗族的人都敬仰归附，曾任颍川太守。司马朗的父亲司马防字建公，生性正直公正，做事有原则，即使闲居独处，也丝毫不失威仪；他喜好《汉书》中的名臣列传，能带着感情背诵几十万字的文论。年轻时在州郡任职，曾任洛阳令、京兆尹，这是京都地区的最高行政长官，因年老被调任朝廷骑都尉，为掌监羽林骑的二千石高官。他离职后在家中街巷间修身养志，闭门不出，几个儿子虽然已长大成人，没有发话他们就不敢进门，没有命令就不敢坐下，没有提问也不敢说话，父子之间非常严肃，司马防在219年七十一岁时去世，有八个儿子，

243

司马朗年龄最长，次子即是司马懿，另有司马孚、司马馗、司马恂、司马进、司马通、司马敏。八个兄弟都很知名，各人字中都含有"达"字，所以当时被人们称为"八达"。

综合各种资料看，司马家族几百年间就一直是河内郡的世家大族，在地方上有较高的社会地位，此外这个家族还有如下特点：①家族之人世代都长得身材魁梧，司马朗在十二岁参加童子郎选拔考试时因为长得高大而引起监考人误会，看看司马儁的长相和司马朗对监考官的回答，对此就非常清楚。②这个家族的人长寿，当时社会上年龄能超过七十岁的人并不多，但在司马家族中却是常见的。③司马卬是武将出身，到司马钧仍是担任征西将军的武将；其后他们家族由武转文，司马防一代是完成这一转变的重要环节，希望自己能成为载入史册的名臣是他们人生的重要目标，"八达"兄弟基本都是如此。

谯县曹氏家族在东汉后期的兴盛是从曹操的祖父曹腾开始（参见1.1《一位穷小子的咸鱼翻身》），曹腾在朝廷逐渐取得权位，任中常侍大长秋，担任皇帝与皇后的近侍，秩两千石的职位，并且在汉桓帝的朝廷关注清流，荐举人才，他和颍川太守司马儁、京兆尹司马防父子应该是有交集的；曹操的父亲曹嵩后来也在朝廷任九卿职位。无论具体情况如何，曹腾、曹嵩父子在汉桓帝、汉灵帝时期必然与司马儁、司马防总有过一些没有被记录下来的故事。《曹瞒传》中说，曹操约在174年担任洛阳北部尉是京兆尹司马防推荐的，216年他进位魏王后专门邀请司马防到邺都欢饮，并笑问："您看我今天还能作尉吗？"司马防回答说："当年举荐大王时，正好适合作尉。"（参见1.3.4《初入职场的感触与历练》）。曹操担任洛阳北部尉职务时在京城为自己赢得了声誉，其中离不开司马防的支持协助，他做了魏王后尚且没有忘记这位伯乐的荐举之情，但这其实是他们前辈友好交往的折射与延续。

司马朗是曹操掌控东汉朝廷后征召的司马子弟，他是东汉末期少有的目光远大、热爱百姓的忠信之士。司马朗曾向曹操提出过恢复古代五等爵位制和井田制的两种设想，直到明清时代的思想家顾炎武仍然赞叹说："天下事情有言在一时，效用见于百世之后的。司马朗恢复井田制的建议当时没有实行,后来北魏拓跋氏占据中原后开始推行这一方式,实行世业制度,直到隋唐还在执行。"他对司马朗最早的这一建议给了充分肯定。司马朗惠顾百姓和体恤士卒的真诚行为应是无人能及的,可惜感染瘟疫而早逝。他217年去世时曹家与东汉朝廷的利益纠纷已经暴露,司马朗并没有像荀彧那样以某种形式做抗争,曹叡执政后封司马朗的儿子司马遗为昌武亭侯,并有封邑百户,这应该基本反映着司马朗与曹魏间善意合作的政治关系。司马朗跟随曹操许多年,他看重对天下百姓的拯救,而并不反对曹魏势力的兴盛。

司马孚自曹操在世时就被任为文学掾,开始与曹植交好,但并不合意,其后经历了魏国五代皇帝。高平陵之变时他协助兄长司马懿控制京师,也曾督军防御吴、蜀的进攻,但自司马氏掌控魏国政权起,他渐次引退,没有主动参加废立魏帝曹芳的活动;曹髦被成济刺杀的当天,他是第一个前去现场伏尸痛哭的大臣(参见1.8.7《曹髦的拼争》上),并坚持对曹髦以王礼安葬,表现了对魏国皇帝的不少忠诚。《晋书·宗室传》中记述,265年司马炎受禅称帝后,司马孚拉着曹奂的手流泪说:"我就是到死之日,也是大魏的纯臣。"这应该不是他的虚假之辞。司马孚对曹爽掌政时的某些作为是不赞成的,希望国家政治能够改弦更张,但他似乎并不赞成司马家族替代曹魏而篡政。司马孚晚年受到家族后辈司马炎等人的尊宠,但他不以为荣,反而常有忧色,特殊的身份把他放置在了想当忠臣而不大被人相信的地步。司马孚的五位弟弟都曾担任过魏国的官职,当时均属曹魏之臣,史书上对他们的事迹记述很少。272年九十三岁的司马孚去世,应该说,他的才能逊于两位兄长,但却具有与大兄长司马朗一样的忠诚情怀。

司马懿是一位人生与心性极复杂的人物,他被曹操强迫征召出仕,凭借自己的突出才能不断升职,连续辅佐了几代君主,在曹操、曹丕、曹叡掌政时经受了不同的对待,尤其是曹叡执政的十多年间,他在不被充分信任的环境中一直守边御敌,促成了他军事才质的发挥与提升,成长为魏国无人替代的文武全才,他以自己做事的踏实与韧性最终赢得了君主的信任。没有曹爽专权的政治排挤,也许他能成为曹魏的终生忠臣,但曹爽一伙的作为与他们在249年初提供的机会终于促成了司马懿主导的高平陵事变。当司马懿夺得了政权后，他又处在了曹操当年那种不敢放权的境地（参见1.3.6《曹操的自白》），怕放权后遭到对手报复，为人所害，因此宁可把事情做到底，对政敌斩草除根，同时一意建立自己司马家的政治统治，这样就彻底走上了对曹魏政治作叛逆的道路。司马家本来为世家大族，他们不是没有社会根基，取代曹魏的客观条件其实早已成熟，只是司马师、司马昭一直属大魏之臣，他们不愿背负奸臣篡政的恶名，所以宁可保持政权现状，并不断扩大和培植司马家的政治势力。在司马昭连续许多年的经营后，曹家的政治统治仅仅剩下了没有内核的空壳。265年八月司马昭去世，继位的司马炎没有忠诚魏国的政治包袱，他连曹丕当年那种"三辞而诏不许"的虚假形式也不屑去做，就接受了曹奂的禅让而建立晋国。

《晋书·宣帝纪》记述说，东晋明帝司马绍在位时，王导陪坐。司马绍询问司马家怎么得到天下，王导就向他叙述前辈司马懿如何创业，以及文帝司马昭掌政时高贵乡公曹髦被害的事。司马绍把脸伏在床上说："如您所说，晋朝的天下又怎能长久呢?"当司马家族成了国家政权的掌控人时，他们的地位和立场发生了变化，当然不能接受以臣弑君和政治篡逆的行为。司马氏与曹家的交往，内含着历史演变中多重政治关系与个人心理等因素的叠加作用，认真分析会有更多的体悟。

参考文献

《三国志》(上下册)

  (晋) 陈寿撰, (南朝宋) 裴松之注, 岳麓书社 1990 年 7 月第 1 版。

《三国志集解》(全八册)

  卢弼集解, 钱剑夫整理, 上海古籍出版社 2009 年 6 月第 1 版。

《后汉书今注今译》(三册)

  (南朝宋) 范晔撰, 章惠康易孟醇主编, 岳麓书社 1998 年 7 月版。

《晋书》(第 1-5 册)

  (唐) 房玄龄等撰, 中华书局 1974 年 11 月版。

《中国历史大事年表·古代卷》

  上海辞书出版社 2001 年 1 月第 1 版。

《资治通鉴》(全二册)

  (宋) 司马光编著, (元) 胡三省音注, 上海古籍出版社 1987 年 5 月第 1 版。

《文白对照资治通鉴》(全二十册)

  (宋) 司马光编撰, 李伯钦主编, 北京联合出版公司 2016 年 3 月第 1 版。

《三国志辞典》

  张舜徽主编, 山东教育出版社 1992 年 4 月版。

《晋书辞典》

  刘乃和主编, 山东教育出版社 2001 年 1 月版。

《世说新语》

（南朝宋）刘义庆著，曹瑛、金川注释，华夏出版社2000年5月版。

《周易全译》

徐子宏著，贵州人民出版社1991年5月第1版。

《诗经全译》

袁愈荌译诗，唐莫尧注释，贵州人民出版社1981年6月第1版。

《礼记》（上下）

钱玄、钱兴奇、徐克谦等注译，岳麓书社2001年7月第1版。

《辞源》（修订本1-4册）

商务印书馆1980年8月修订版。

后 记

《三国职场探迹》系本人对公元180年至280年一百年间汉末三国时代真实历史人物活动与社会政治演变作出的全面性翻译陈述及分析议论，其中也表达了自己对社会历史的一些认识，反映着本人对这段历史学习和探索的阶段成果。整个书系在表达形式上有一些新的尝试，思想内容上也力图做出更多的拓展和提升。该书系的撰述过程及其特征在《前言》中已做了说明，现当八个分册要一并推出，同时接受广大读者朋友的鉴赏评价和时间光阴的洗磨检验时，内心仍然有些惶恐之感，我是希望该书能像作者以前其他撰著一样经受起两方面的考验，并希望能为三国文化、职场文化和中华历史文化拓展空间、增添色彩。

本人自2019年5月开始做三国人物与历史解读以来的两年半时间内，除过参加广东省教育系统一个月的集中活动外，基本上坚持每天有所进展，中间经历了全民抗疫的曲折反复历程，同时也有个人、学界及单位的诸多事务，不能说没有遇到困难和阻力，但客观环境毕竟是提供了很多有利的条件，促进了原初设想的实现。这里要衷心感谢原供职单位广东省社会科学院提供的保障条件，感谢夫人杨春霞所给予的积极协助以及各位家人的理解支持。中联华文（北京）社科咨询中心的樊景良、张金良经理十年前协助出版发行了本人关于春秋至西汉武帝八百多年间历史解读的七本论著，在今年出版业面临巨大困难的前提下，仍然本着兴盛文化事业的强烈使命感，一如既往地鼓励支持了《三国职场探迹》的选题；中国书籍出版社的领导和编辑积极支持了书系的出版，全书的面世成果中凝结着他们的劳动，在此一并表示感谢！

作者

2022 年 5 月 8 日